国家教师资格证统考辅导核心教材

综合素质

（幼儿园中小学教师通用）

北京师大教科文·编著

中国文联出版社
http://www.clapnet.cn

图书在版编目（CIP）数据

综合素质：幼儿园中小学教师通用 / 北京师大教科文编著.
-- 北京：中国文联出版社，2019.1
国家教师资格证统考辅导核心教材
ISBN 978-7-5190-4207-3

Ⅰ．①综… Ⅱ．①北… Ⅲ．①教师素质-资格考试-教材 Ⅳ．① G451.6

中国版本图书馆CIP数据核字（2019）第 007604 号

综合素质（幼儿园中小学教师通用）

编　　著：北京师大教科文	
出 版 人：朱　庆	
终 审 人：朱彦玲	复 审 人：王　军
责任编辑：郭　锋	责任校对：王洪强
封面设计：周　延	责任印制：陈　晨

出版发行：中国文联出版社
地　　址：北京市朝阳区农展馆南里10号，100125
电　　话：010-85923033（咨询）85923000（编务）85923020（邮购）
传　　真：010-85923000（总编室），　　010-85923020（发行部）
网　　址：http://www.clapnet.cn　　http://www.claplus.cn
E - mail：clap@clapnet.cn　　guof@clapnet.cn
印　　刷：中煤（北京）印务有限公司
装　　订：中煤（北京）印务有限公司
法律顾问：北京市德鸿律师事务所王振勇律师
本书如有破损、缺页、装订错误，请与本社联系调换

开　　本：889×1194	1/16
字　　数：445千字	印　　张：16.5
版　　次：2019年1月第1版	印　　次：2019年1月第1次印刷
书　　号：ISBN 978-7-5190-4207-3	
定　　价：49.00元	

版权所有　　翻印必究

前 言

教师资格是国家实行的教师职业从业许可制度。《中华人民共和国教育法》和《中华人民共和国教师法》明确规定，凡在各级各类学校和其他教育机构中从事教育教学工作的教师，必须具备相应的教师资格。也即意味着拥有教师资格是公民从事教师工作的前提条件。

2011年中小学教师资格考试改革率先在湖北、浙江两省开展试点工作，随后试点的范围不断扩大。目前，除了内蒙古、新疆和西藏外，我国其余省份全部实行教师资格全国统一考试。

教师资格考试分为幼儿园、小学和中学三个学段，包括笔试和面试。笔试科目及面试内容如下表所示：

学段		笔试科目			面试
		科目一	科目二	科目三	
幼儿园		综合素质	保教知识与能力	—	教育教学实践能力
小学		综合素质	教育教学知识与能力	—	教育教学实践能力
初级中学		综合素质	教育知识与能力	学科知识与教学能力	教育教学实践能力
高级中学				学科知识与教学能力	教育教学实践能力
中职	文化课教师			学科知识与教学能力	教育教学实践能力
	专业课教师			各省自行组织	各省自行组织
中职实习指导教师				各省自行组织	各省自行组织

温馨提示：

1.初级中学学科知识与教学能力科目为：语文、数学、物理、化学、科学、生物、历史、地理、思想品德（政治）、英语、音乐、美术、体育与健康、信息技术、历史与社会科学等学科。

2.高级中学、中等职业学校文化课的学科知识与教学能力科目为：语文、数学、物理、化学、生物、历史、地理、思想品德（政治）、英语、音乐、美术、体育与健康、信息技术、通用技术等学科。

3.幼儿园面试不分科目，小学面试科目分语文、英语、社会、数学、科学、音乐、体育、美术。中学面试科目与科目三一致。

为了帮助广大考生顺利通过考试，北京师大教科文图书研发团队精心研发了本系列教材。具体来说，本系列教材具有以下特点：

一、严格依据教师资格考试大纲编写

教师资格考试大纲对考试内容的模块与要求、试卷结构和题型等做了全面细致的说明，不仅是命题和考试的依据，也是考生复习备考的重要依据。北京师大教科文图书研发团队严格依据教师资格考试大纲编写此书，最大限度的贴合考情，对考点出现的频率和难度进行细致分析，在内容编写上，尽可能做到内容全面、重点突出。

二、精选历年真题，助力备考

教师资格历年真题是教师资格考试重要的备考依据，认真研究历年真题，可以快速掌握命题思路，把握命题规律。本教材在重要考点下均设有历年真题，帮助考生迅速掌握重要考点，理清思路，高效备考。

三、紧扣考情，体系设置科学合理

本书在版式设计上，采用双色印刷，对重要知识用红色标记，可以更好地凸显重难点。

本书在体系编排上，采用"考情分析""考点梳理""知识拓展""真题链接"和"高频考点训练"等模块。

"考情分析"为考生指明了每节内容在历年考试中的题型和题量，帮助考生明确考试重点，有侧重地复习。"考点梳理"涵盖了考试大纲要求的、考生需要掌握的知识点。"真题链接"是在重要考点处添加历年真题，让考生可以熟悉命题规律。"知识拓展"是拓展考点内容，补充背景知识，提高专业水平。"高频考点训练"选取的是与真题高度契合的模拟试题，考生可以对各节知识点的掌握程度进行自评。

希望本系列教材能够给读者带来切实的帮助，预祝广大考生顺利通过考试！

由于时间和编者水平有限，本系列图书在编写过程中难免会存在不足之处，衷心希望广大读者多提宝贵意见，以便我们改进，更好地服务读者。

目 录 Contents

第一章　职业理念

本章考情分析 ························· (1)

第一节　教育观 ························· (1)

考点梳理 ························· (1)
一、素质教育的发展历程 ························· (1)
二、素质教育的基本内涵 ························· (2)
三、实施素质教育的途径和方法 ························· (8)

第二节　学生观 ························· (13)

考点梳理 ························· (13)
一、"人的全面发展"的思想 ························· (13)
二、"以人为本"的学生观 ························· (13)
三、"以幼儿为本"的教育理念（"育人为本"的儿童观） ························· (16)

第三节　教师观 ························· (20)

考点梳理 ························· (20)
一、教师观与教师角色 ························· (20)
二、新课程改革背景下的教师观 ························· (21)
三、教师专业化发展 ························· (24)

闯关训练 ························· (27)

第二章　教育法律法规

本章考情分析 ························· (30)

第一节　有关教育的法律法规 ························· (30)

考点梳理	(30)
一、《国家中长期教育改革和发展规划纲要（2010—2020年）》	(30)
二、《中华人民共和国教育法》	(47)
三、《中华人民共和国义务教育法》	(57)
四、《中华人民共和国教师法》	(67)
五、《中华人民共和国未成年人保护法》	(75)
六、《中华人民共和国预防未成年人犯罪法》	(85)
七、《学生伤害事故处理办法》	(95)
八、《幼儿园工作规程》	(102)
九、《儿童权利公约》（节选）	(110)

第二节　教师的权利和义务 .... (119)

考点梳理	(119)
一、教师的公民权利	(119)
二、教师的职业权利	(121)
三、教师的义务	(122)

第三节　学生的权利和保护 .... (123)

考点梳理	(123)
一、学生的公民权利	(123)
二、学生的受教育权	(124)

闯关训练	(125)

第三章　教师职业道德

本章考情分析	(126)

第一节　《中小学教师职业道德规范》 .... (126)

考点梳理	(126)
一、《中小学教师职业道德规范》（1997年修订）	(126)
二、《中小学教师职业道德规范》（2008年修订）	(127)

第二节　《中小学班主任工作规定》 .... (132)

考点梳理	(132)
一、主要内容	(132)
二、解读	(134)

第三节　教师职业行为规范 (135)

考点梳理 (135)
一、教师职业行为规范 (135)
二、教师在教育活动中的人际关系处理 (136)

闯关训练 (140)

第四章　教师文化素养

本章考情分析 (142)

第一节　科技文化素养 (142)

考点梳理 (142)
一、中国古代科技成就 (142)
二、中国近现代科技成就 (147)
三、外国主要科学家及成就 (148)

第二节　传统文化常识 (150)

考点梳理 (150)
一、二十四节气 (150)
二、干支纪年 (150)
三、古代特殊称谓 (151)
四、古代传统节日 (153)
五、中国汉字 (155)
六、与少数民族有关的文化 (156)

第三节　历史常识 (158)

考点梳理 (158)
一、中国历史部分 (158)
二、世界历史部分 (168)

第四节　文学常识 (171)

考点梳理 (171)
一、中国文学部分 (171)
二、外国文学部分 (183)
三、中外主要儿童文学作品 (188)

第五节　艺术文化素养 ··(190)

考点梳理 ··(190)
　　一、绘画 ··(190)
　　二、雕塑 ··(192)
　　三、建筑和工程 ··(195)
　　四、音乐 ··(198)
　　五、中国戏曲 ··(200)
　　六、电影 ··(202)
　　七、其他 ··(203)
闯关训练 ··(204)

第五章　教师基本能力

本章考情分析 ··(205)
第一节　信息处理能力 ··(205)
考点梳理 ··(205)
　　一、Word 的应用 ··(205)
　　二、Excel 的应用 ···(209)
　　三、Powerpoint 的应用 ··(210)
第二节　逻辑信息推理能力 ··(213)
考点梳理 ··(213)
　　一、概念 ··(213)
　　二、命题 ··(214)
　　三、推理 ··(216)
第三节　阅读能力 ··(219)
考点梳理 ··(219)
　　一、答题思路 ··(219)
　　二、基本要求 ··(219)
　　三、真题例释 ··(219)
第四节　写作能力 ··(229)
考点梳理 ··(229)

一、审题 ………………………………………………………………… (229)
二、立意 ………………………………………………………………… (231)
三、拟题 ………………………………………………………………… (232)
四、行文 ………………………………………………………………… (233)
闯关训练 ………………………………………………………………… (239)

附录1 综合素质（幼儿园）考试大纲 ………………………………… (242)

附录2 综合素质（小学）考试大纲 …………………………………… (246)

附录3 综合素质（中学）考试大纲 …………………………………… (250)

第一章　职业理念

本章考情分析

本章主要考查素质教育观的发展与基本要求、以人为本的学生观和教师的专业化发展。考试题型包括选择题和材料分析题。选择题一般为4个题目，共8分；材料分析题一般为1个题目，共14分。

近年来，材料分析题考试情况如下：

	2018年·下	2018年·上	2017年·下	2017年·上	2016年·下	2016年·上	2015年·下	2015年·上
中学	学生观	学生观	学生观	教育观	学生观	教师观	学生观	学生观
小学	教师观	教师观	学生观	学生观	学生观	教育观	学生观	学生观
幼儿园	儿童观	教育观	儿童观	教育观	教育观	教育观	教育观	儿童观

第一节　教育观

【考点梳理】

一、素质教育的发展历程

素质教育发展历程：
- 1993年，《中国教育改革和发展纲要》
- 1997年，《关于当前积极推进中小学实施素质教育的若干意见》
- 1999年，《中共中央国务院关于深化教育改革全面推进素质教育的决定》
- 2001年，《国务院关于基础教育改革与发展的决定》
- 2006年，《中华人民共和国义务教育法》
- 2010年，《国家中长期教育改革和发展规划纲要（2010—2020年）》

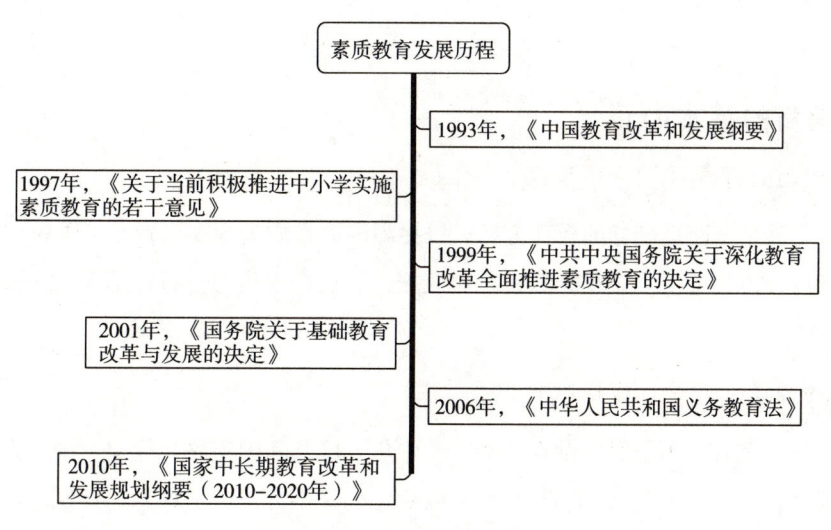

图1-1　素质教育发展历程

1993年，《中国教育改革和发展纲要》指出，中小学要由"应试教育"转向全面提高国民素质的轨道，面向全体学生，全面提高学生的思想道德、文化科学、劳动技能和身体心理素质，促进学生生动活泼地发展。办出各自的特色。普通高中的办学体制和办学模式要多样化。

1997年，《关于当前积极推进中小学实施素质教育的若干意见》指出，实施素质教育是迎接２１世纪挑战，提高国民素质，培养跨世纪人才的战略举措。在中小学全面贯彻国家的教育方针，积极推进素质教育，已经是摆在我们面前的刻不容缓的重大任务。

素质教育是以提高民族素质为宗旨的教育。它是依据《中华人民共和国教育法》规定的国家教育方针，着眼于受教育者及社会长远发展的要求，以面向全体学生、全面提高学生的基本素质为根本宗旨，以注重培养受教育者的态度、能力，促进他们在德智体等方面生动、活泼、主动地发展为基本特征的教育。素质教育要使学生学会做人、学会求知、学会劳动、学会生活、学会健体和学会审美，为培养他们成为有理想、有道德、有文化、有纪律的社会主义公民奠定基础。

1999年，《中共中央国务院关于深化教育改革全面推进素质教育的决定》指出，实施素质教育，就是全面贯彻党的教育方针，以提高国民素质为根本宗旨，以培养学生的创新精神、实践能力为重点，造就"有理想、有道德、有文化、有纪律"的、德智体美等全面发展的社会主义事业建设者和接班人。

2001年，《国务院关于基础教育改革与发展的决定》指出，实施素质教育，必须全面贯彻党的教育方针，端正教育思想，转变教育观念，面向全体学生，加强学生思想品德教育，重视培养学生的创新精神和实践能力，为学生全面发展和终身发展奠定基础。

2006年，《中华人民共和国义务教育法》指出，义务教育必须贯彻国家的教育方针，实施素质教育，提高教育质量，使适龄儿童、少年在品德、智力、体质等方面全面发展，为培养有理想、有道德、有文化、有纪律的社会主义建设者和接班人奠定基础。

2010年，《国家中长期教育改革和发展规划纲要（2010—2020年）》指出，按照面向现代化、面向世界、面向未来的要求，适应全面建设小康社会、建设创新型国家的需要，坚持育人为本，以改革创新为动力，以促进公平为重点，以提高质量为核心，全面实施素质教育，推动教育事业在新的历史起点上科学发展，加快从教育大国向教育强国、从人力资源大国向人力资源强国迈进，为中华民族伟大复兴和人类文明进步作出更大贡献。

二、素质教育的基本内涵

（一）素质教育以提高国民素质为根本宗旨

实施素质教育，就是全面贯彻党的教育方针，以提高国民素质为根本宗旨。《国家中长期教育改革和发展规划纲要（2010—2020年）》指出，教育是民族振兴、社会进步的基石，是提高国民素质、促进人的全面发展的根本途径。

（二）素质教育是面向全体学生的教育

受教育权是中华人民共和国公民的基本权利，《中华人民共和国宪法》规定，中华人民共和国公民有受教育的权利和义务。《中华人民共和国教育法》规定，公民不分民族、种族、性别、职业、财产状况、宗教信仰等，依法享有平等的受教育机会。所以，素质教育要面向全体学生。

【真题链接】

【例1】某班主任制定的班干部竞选条件，成绩在后10名的不能参选，理由是"连自己都管不好，怎么能管好别人"。这种做法（   ）。（2018年上·中学）

A. 正确，有利于学困生安心学习　　B. 正确，有利于刺激学困生上进

C. 不正确，不能促进学生个性发展　　D. 不正确，未能平等对待所有学生

【答案】D。

【解析】素质教育是面向全体学生的教育，班主任在工作中不能因成绩好坏而区分对待学生，所以选D。

（三）素质教育是促进学生全面发展的教育

素质教育促进学生德、智、体、美等方面全面发展。《国家中长期教育改革和发展规划纲要（2010-2020年）》对学生的全面发展作出了具体要求：

全面加强和改进德育、智育、体育、美育。坚持文化知识学习与思想品德修养的统一、理论学习与社会实践的统一、全面发展与个性发展的统一。加强体育，牢固树立健康第一的思想，确保学生体育课程和课余活动时间，提高体育教学质量，加强心理健康教育，促进学生身心健康、体魄强健、意志坚强；加强美育，培养学生良好的审美情趣和人文素养。加强劳动教育，培养学生热爱劳动、热爱劳动人民的情感。重视安全教育、生命教育、国防教育、可持续发展教育。促进德育、智育、体育、美育有机融合，提高学生综合素质，使学生成为德智体美全面发展的社会主义建设者和接班人。

【注意】素质教育是促进学生全面、协调、和谐地发展，而不是平均发展。

【知识链接】

关于德育、智育、体育、美育等教育工作的要求

实施素质教育，必须把德育、智育、体育、美育等有机地统一在教育活动的各个环节中。学校教育不仅要抓好智育，更要重视德育，还要加强体育、美育、劳动技术教育和社会实践，使诸方面教育相互渗透、协调发展，促进学生的全面发展和健康成长。

各级各类学校必须更加重视德育工作，以马克思列宁主义、毛泽东思想和邓小平理论为指导，按照德育总体目标和学生成长规律，确定不同学龄阶段的德育内容和要求，在培养学生的思想品德和行为规范方面，要形成一定的目标递进层次。要加强辩证唯物主义和历史唯物主义教育，使学生树立科学的世界观和人生观。要有针对性地开展爱国主义、集体主义和社会主义教育，中华民族优秀文化传统和革命传统教育，理想、伦理道德以及文明习惯养成教育，中国近现代史、基本国情、国内外形势教育和民主法制教育。把发扬中华民族优良传统同积极学习世界上一切优秀文明成果结合起来。高等学校要进一步加强邓小平理论"进教材、进课堂、进学生头脑"工作。职业学校要加强职业道德教育。

进一步改进德育工作的方式方法，寓德育于各学科教学之中，加强学校德育与学生生活和社会实践的联系，讲究实际效果，克服形式主义倾向。针对新形势下青少年成长的特点，加强学生的心理健康教育，

培养学生坚韧不拔的意志、艰苦奋斗的精神，增强青少年适应社会生活的能力。加强民族团结教育，规范国防教育，提高学生的国家安全意识，继续搞好军训工作并使之制度化。加强校园的精神文明建设，严禁一切封建迷信和其他有害于学生身心健康的活动及物品传入校园。加强共青团、少先队和学生会工作，在培养和提高学生素质方面发挥更大的作用。社会各方面要为青少年提供优秀的精神文化产品和德育活动基地，形成学校、家庭和社会共同参与德育工作的新格局。

智育工作要转变教育观念，改革人才培养模式，积极实行启发式和讨论式教学，激发学生独立思考和创新的意识，切实提高教学质量。要让学生感受、理解知识产生和发展的过程，培养学生的科学精神和创新思维习惯，重视培养学生收集处理信息的能力、获取新知识的能力、分析和解决问题的能力、语言文字表达能力以及团结协作和社会活动的能力。

高等教育要重视培养大学生的创新能力、实践能力和创业精神，普遍提高大学生的人文素养和科学素质。职业教育和成人教育要使学生在掌握必需的文化知识的同时，具有熟练的职业技能和适应职业变化的能力。减轻中小学生课业负担已成为推行素质教育中刻不容缓的问题，要切实认真加以解决。各级政府都要建立健全减轻学生课业负担的监督检查机制。要重视婴幼儿的身体发育和智力开发，普及婴幼儿早期教育的科学知识和方法。

健康体魄是青少年为祖国和人民服务的基本前提，是中华民族旺盛生命力的体现。学校教育要树立健康第一的指导思想，切实加强体育工作，使学生掌握基本的运动技能，养成坚持锻炼身体的良好习惯。确保学生体育课程和课外体育活动时间，不准挤占体育活动时间和场所。举办多种多样的群体性体育活动，培养学生的竞争意识、合作精神和坚强毅力。地方各级人民政府要统筹规划，为学校开展体育活动提供必要条件。培养学生的良好卫生习惯，了解科学营养知识。根据农村的实际条件和需要，有针对性地加强农村学校的体育和卫生工作。

美育不仅能陶冶情操、提高素养，而且有助于开发智力，对于促进学生全面发展具有不可替代的作用。要尽快改变学校美育工作薄弱的状况，将美育融入学校教育全过程。中小学要加强音乐、美术课堂教学，高等学校应要求学生选修一定学时的包括艺术在内的人文学科课程。开展丰富多彩的课外文化艺术活动，增强学生的美感体验，培养学生欣赏美和创造美的能力。地方各级人民政府和各有关部门要为学校美育工作创造条件，继续完善文化经济政策，各类文化场所（博物馆、科技馆、文化馆、纪念馆等）要向学生免费或优惠开放，鼓励文化艺术团体到学校演出高雅健康的节目。农村中小学也要充分利用当地文化资源，因地制宜地开展美育活动。

教育与生产劳动相结合是培养全面发展人才的重要途径。各级各类学校要从实际出发，加强和改进对学生的生产劳动和实践教育，使其接触自然、了解社会，培养热爱劳动的习惯和艰苦奋斗的精神。建立青少年参与社区服务和社区建设的制度。中小学要鼓励学生积极参加形式多样的课外实践活动，培养动手能力；职业学校要实行产教结合，鼓励学生在实践中掌握职业技能；高等学校要加强社会实践，组织学生参加科学研究、技术开发和推广活动以及社会服务活动。利用假期组织志愿者到城乡支工、支农、支医和支教。社会各方面要为学校开展生产劳动、科技活动和其他社会实践活动提供必要的条件，同时要加强学生校外劳动和社会实践基地的建设。

——《中共中央国务院关于深化教育改革，全面推进素质教育的决定》

【真题链接】

【例2】 下列选项中，不属于素质教育任务的是（　　）。（2014年上·小学）

A．增强学生的身体素质　　　　　　B．增强学生的心理素质

C．促进学生道德品质的发展　　　　D．促进学生能力的平均发展

【答案】D。

【例3】 刚开学，班主任周老师言辞恳切地对学生讲："迎接中考是一年的重中之重，关系到你们的人生发展，大家不要把时间浪费在课外活动上。"周老师的说法（　　）。（2018年上·中学）

A．合理，有利于学生复习应考　　　B．合理，体现了强烈的责任心

C．不合理，不利于学生全面发展　　D．不合理，不利于学生主动发展

【答案】C。

【解析】素质教育要求促进学生的全面发展，与应试教育相对。题目中的周老师只注重学生的应试教育，忽视了学生的全面发展，所以选C。

【例4】 小丽的语文成绩很好，庄老师常常鼓励她多阅读、勤写作，力争将来做一名优秀的作家；小刚学习基础较差，但篮球打得很好，庄老师就鼓励他将来做一名职业运动员。对庄老师的做法，下列评价中不正确的是（　　）。（2017年上·小学）

A．善于因材施教　　　　　　　　　B．注重学生的全面性

C．善于激发学生的自信　　　　　　D．注重学生的差异性

【答案】B。

【解析】本题中，庄老师注重到了学生的不同个性，抓住了学生的差异性，有针对性地进行鼓励，因材施教，但忽视了学生的全面发展，故选B。

（四）素质教育是促进学生个性发展的教育

素质教育既强调学生的共性，也重视学生的个性。素质教育注重学生成长的个体差异性，在促进学生全面发展的同时，也注重对学生个性成长的培养，坚持学生全面发展与个性发展的统一。

【真题链接】

【例5】 午餐时，有些幼儿边吃边玩，为了让幼儿专心就餐，李老师正确的说法是（　　）。（2016年下·幼儿园）

A．没吃完的不许睡觉　　　　　　　B．比比谁吃得最快

C．我看看谁吃得最香　　　　　　　D．看看谁还在那儿磨蹭

【答案】C。

【解析】本题容易误选B，幼儿教师要尊重儿童的个体差异性，每个儿童的吃饭习惯不同，不能用速度来督促。同时，仔细审题可知，本题是让幼儿专心就餐，并不是尽快吃完，所以C选项为最佳答案。

（五）素质教育以培养学生创新精神和实践能力为重点

创新是民族的灵魂，培养学生创新和实践能力是素质教育的特征，也是现代教育与传统教育的根本区别。《国家中长期教育改革和发展规划纲要（2010—2020年）》指出，素质教育要坚持能力为重，着力提高学生的学习能力、实践能力、创新能力，教育学生学会知识技能，学会动手动脑，学会生存生活，学会做人做事，促进学生主动适应社会，开创美好未来。

【真题链接】

【例6】 课堂上杨老师对某个问题的解释有误，学生指出后，杨老师不但没有批评，反而表扬该生善于思考，具有质疑精神。下列说法不恰当的是（　　）。（2014年下·幼儿园）

A. 杨老师注重培养学生的反思能力　　B. 杨老师注重培养学生的自我评价能力
C. 杨老师注重培养学生的创新能力　　D. 杨老师注重培养学生的求异思维能力

【答案】 B。

【解析】 本题中，杨老师的做法培养了学生的创新精神、反思能力和求异思维能力，并没有培养学生的自我评价能力，故选B。

【例7】 在全县校长经验交流会上，某校校长介绍完教育改革的情况后，强调素质教育就是减负和增加课外活动。该校校长的认识（　　）。（2018年上·中学）

A. 是对素质教育的片面理解　　B. 体现素质教育与学科教学的结合
C. 符合提升学校实力的需要　　D. 符合凝练学校办学特色的需要

【答案】 A。

【解析】 素质教育的内涵是非常丰富的，该校校长的理解比较片面，正确答案为A。

【例8】 下列对素质教育的理解，存在片面性的是（　　）。（2013年下·中学）

A. 促进学生的专业发展　　B. 尊重学生的个性发展
C. 教育面向全体学生　　D. 引导学生协调发展

【答案】 A。

【解析】 素质教育要求面向全体学生，促进学生全面而协调的发展，坚持全面发展与个性发展相统一。所以，存在片面性理解的是A项。

【知识链接】

素质教育与应试教育的区别

（1）素质教育面向全体学生，应试教育只面向少数学生。

（2）素质教育旨在促进学生全面素质的发展，如德、智、体、美、劳，而应试教育旨在发展学生的智育，忽视其他方面的发展。

（3）素质教育对学生的评价是全面的、多角度的，注重过程性评价、多元化评价，而应试教育主要以考试成绩作为评价标准。

（4）素质教育以培养学生的实践能力和创新精神为重点，多采用启发式、探究式教育方法，而应试教育主要是传授知识，以死记硬背和重复训练为主要教学方法。

（5）素质教育不是某一类、某一阶段的教育，而是各级各类教育都要遵从的，而应试教育一般只局限于学校教育。

【真题链接】

【例9】"多一把衡量的尺子，就会多出一批好学生"的理论依据是（　　）。（2013年下·中学）

A. 个体需求具有层次性　　　　　　B. 气质类型具有多样性

C. 人类智能具有多元性　　　　　　D. 人类发展具有共同性

【答案】C。

【解析】本题所依据的理论是美国心理学家加德纳的多元智能理论。

【知识链接】

20世纪80年代，美国著名发展心理学家、哈佛大学教授霍华德·加德纳提出多元智能理论，他认为，人类的智能是多元化而非单一的，每个人都拥有不同的智能优势组合，主要由语言智能、数学逻辑智能、空间智能、身体运动智能、音乐智能、人际智能、自我认知智能、自然认知智能八项组成：

1. 语言智能，是指能够有效地运用口头语言或文字表达自己的思想并理解他人的能力。如主持人、律师、演说家、记者、教师等。

2. 数学逻辑智能，是指能够有效地计算、测量、推理、归纳、分类，并进行复杂数学运算的能力。如科学家、会计师、统计学家等。

3. 空间智能，是指能够准确感知视觉空间及周围一切事物，并且能把所感觉到的形象以图画的形式表现出来的能力。如室内设计师、建筑师、摄影师、画家、飞行员等。

4. 身体运动智能，是指善于运用整个身体来表达思想和情感、灵巧地运用双手制作或操作物体的能力。如运动员、演员、舞蹈家、外科医生、宝石匠、机械师等。

5. 音乐智能，是指人能够敏锐地感知音调、旋律、节奏、音色等能力。如歌唱家、作曲家、指挥家、音乐评论家、调琴师等。

6. 人际智能，是指能很好地理解别人和与人交往的能力。如政治家、外交家、领导者、心理咨询师、公关人员、推销员等。

7. 自我认知智能，是指善于自我认识和有自知之明并据此做出适当行为的能力。如哲学家、政治家、思想家、心理学家等。

8. 自然认知智能，是指善于观察自然界中的各种事物，对物体进行辨识和分类的能力。如天文学家、生物学家、地质学家、考古学家、环境设计师等。

> **【真题链接】**
>
> **【例10】** 材料分析题：李老师是一名中学美术老师。他常常说："美术课堂不仅要教会学生画画，还应该培养学生更多的能力。"有一次，在和学生聊天时，李老师听说学生家里都有不少闲置的废旧衣物，弃之可惜，留之占地。于是，李老师组织了"变旧为新"创意大赛，号召大家收集家里无用的旧衣物，将其进行改造。这一活动吸引了很多学生和家长参与。有的学生将旧衣服改成符合时尚潮流又具有独特魅力的新衣服；有的学生将旧衣物裁剪成布条、布块，制作成灯笼、小布娃等布艺饰品……学生们给旧衣物赋予了新的功能和价值，制作出缤纷多彩的作品。
>
> 在教学中，李老师经常运用绘图技术进行视觉教学，听音乐作画、古诗词意境配画等，还带学生去郊外写生。每年市里举办美术展览，他都带学生去参观，引导学生仔细观察，用心体会。李老师的美术课成了学生追捧的热门课，他个人也被评为学校最受学生喜爱的"十大明星老师"之一。
>
> 问题：请结合材料，从教育观的角度，评析李老师的教育行为。（2017年上•中学）
>
> **【参考答案】**
>
> 材料中李老师的教育行为符合素质观的要求。
>
> 首先，李老师以培养学生的创新精神和实践能力为重点。材料中，他懂得美术课应该培养学生更多的能力，并组织开展"变旧为新"创意大赛，培养了学生的创新精神和实践能力。
>
> 其次，李老师的行为促进了学生的全面发展。材料中，李老师的课堂是多种多样的，不仅有郊外写生，还有参观展览、创意大赛。他引导学生细心观察，用心体会，这样的课堂可以促进学生德、智、体、美等全方面发展。
>
> 再次，李老师具有课程开发意识，是课程的建设者和开发者。材料中，他不是纯粹地教学生画画，而是留心学生身边的资源以及社会公共资源（美术展览等），开展了丰富多彩的能力课堂、实践课堂。同时，李老师，还善于运用信息技术，对美术课程进行开发和创新。
>
> 最后，李老师还进行了角色转换，从传统的知识传授者变成了学生学习的引导者。他的课堂不是纯粹的知识灌输，而是引导学生仔细观察，用心体会，是学生学习的引导者。
>
> 总之，材料中李老师的教育行为符合素质教育观的要求。

三、实施素质教育的途径和方法

（一）根本要求——全面贯彻党的教育方针

实施素质教育，就是全面贯彻党的教育方针，以提高国民素质为根本宗旨，以培养学生的创新精神和实践能力为重点，面向全体学生，坚持学生的全面发展与个性发展相统一，造就"有理想、有道德、有文化、有纪律"的、德智体美等全面发展的社会主义事业建设者和接班人。

（二）关键环节——将实施素质教育贯穿各级各类教育

素质教育不是指某一阶级某一方面的教育，而是贯穿各级各类教育的全阶段和各方面。实施素质教育应当贯穿于学前教育、中小学教育、职业教育、成人教育、高等教育等各级各类教育，应当贯穿于学校教育、家庭教育和社会教育等各个方面。在不同阶段和不同方面应当有不同的内容和重点，相互配合，全面推进。在不同地区还应体现地区特点，如少数民族地区的教育。

（三）首要任务——重视和加强德育工作

实施素质教育要坚持德育为先、能力并重、全面发展的工作方针，各级各类学校必须重视德育工作，把德育渗透于教育教学的各个环节，贯穿于学校教育、家庭教育和社会教育的各个方面。构建大中小学有效衔接的德育体系，创新德育形式，丰富德育内容，不断提高德育工作的吸引力和感染力，增强德育工作的针对性和实效性。

（四）基本保证——建设高质量教师队伍

建设高质量的教师队伍，是全面推进素质教育的基本保证。实施素质教育，要严格教师资质，提升教师素质，从加强师德建设、提高教师业务水平、创新农村教师补充机制、培养"双师型"教师、提高教师地位待遇等环节入手，努力造就一支师德高尚、业务精湛、结构合理、充满活力的高素质专业化教师队伍。

（五）强大动力——改革创新，为实施素质教育创造条件

《国家中长期教育改革和发展规划纲要（2010—2020年）》指出，把改革创新作为教育发展的强大动力。教育要发展，根本靠改革。

1. 推进"两基"工作

基本普及九年义务教育和基本扫除青壮年文盲（简称"两基"），是全面推进素质教育的基础。

2. 人才培养体制改革

《国家中长期教育改革和发展规划纲要（2010—2020年）》指出，深化教育体制改革，核心是改革人才培养体制。实施素质教育，就要遵循教育规律和人才成长规律，探索多种培养方式。

注重学思结合，倡导启发式、探究式、讨论式、参与式教学，帮助学生学会学习。

注重知行统一，坚持教育教学与生产劳动、社会实践相结合。

注重因材施教，关注学生不同特点和个性差异，发展每一个学生的优势潜能。推进分层教学、走班制、学分制、导师制等教学管理制度改革。

3. 教育质量评价和人才评价制度改革

根据培养目标和人才理念，建立科学、多样的评价标准。开展由政府、学校、家长及社会各方面参与的教育质量评价活动。做好学生成长记录，完善综合素质评价。探索促进学生发展的多种评价方式，激励学生乐观向上、自主自立、努力成才。

4. 考试招生制度改革

以考试招生制度改革为突破口，推进考试招生制度改革，克服一考定终身的弊端，推进素质教育实施和创新人才培养。按照有利于科学选拔人才、促进学生健康发展、维护社会公平的原则，探索招生与考试相对分离的办法，学校依法自主招生，学生多次选择，逐步形成分类考试、综合评价、多元录取的考试招

生制度。

5.调整和改革基础教育课程体系

调整和改革课程体系、结构、内容，建立新的基础教育课程体系，试行国家课程、地方课程和学校课程。改变课程过分强调学科体系、脱离时代和社会发展以及学生实际的状况。

【知识链接】

1.基础教育课程改革的六个具体目标：

改变课程过于注重知识传授的倾向，强调形成积极主动的学习态度，使获得基础知识与基本技能的过程同时成为学会学习和形成正确价值观的过程。

改变课程结构过于强调学科本位、科目过多和缺乏整合的现状，整体设置九年一贯的课程门类和课时比例，并设置综合课程，以适应不同地区和学生发展的需求，体现课程结构的均衡性、综合性和选择性。

改变课程内容"难、繁、偏、旧"和过于注重书本知识的现状，加强课程内容与学生生活以及现代社会和科技发展的联系，关注学生的学习兴趣和经验，精选终身学习必备的基础知识和技能。

改变课程实施过于强调接受学习、死记硬背、机械训练的现状，倡导学生主动参与、乐于探究、勤于动手，培养学生搜集和处理信息的能力、获取新知识的能力、分析和解决问题的能力以及交流与合作的能力。

改变课程评价过分强调甄别与选拔的功能，发挥评价促进学生发展、教师提高和改进教学实践的功能。

改变课程管理过于集中的状况，实行国家、地方、学校三级课程管理，增强课程对地方、学校及学生的适应性。

2.国家课程标准是教材编写、教学、评估和考试命题的依据，是国家管理和评价课程的基础。应体现国家对不同阶段的学生在知识与技能、过程与方法、情感态度与价值观等方面的基本要求，规定各门课程的性质、目标、内容框架，提出教学和评价建议。

——《基础教育课程改革纲要》

3.教学的三维目标，即知识与技能（Knowledge & skills）目标、过程与方法（Process & steps）目标和情感态度价值观（Emotional attitude & values）目标。这三个纬度就是K、A、P，加上学习事件（Occurrence）本身首字母为O，就是我们所说的KAPO模型。

【真题链接】

【例11】古人云："知之者不如好之者，好之者不如乐之者。"这句话提示教师在教学过程中应重视（　　）。（2013年上·小学）

A.学生的知识储备　　B.学生的情感体验　　C.学生的习惯培训　　D.学生的人格养成

【答案】B。

【真题链接】

【例12】 综合实践活动中，段老师设计了主题为"社会旅游资源"的调查。有部分同学对一座古塔的建筑材料、风格产生了兴趣。在指导大家完成调查报告之后，段老师又指导这部分同学确定了新课题——"古塔建筑材料、风格与保护"。对于段老师的做法，下列评价不恰当的是（　　）。（2017年下·中学）

A. 尊重了学生的学习兴趣
B. 培养了学生的探究意识
C. 激发了学生的学习兴趣
D. 纠正了学生的研究方法

【答案】 D。

【解析】 段老师尊重了学生的学习兴趣，并加以引导，激发他们自主探究，获得更多的知识，做法是正确的，故不恰当的选D。同时，从选项中可以看出，D与A、B、C三个选项的态度刚好相反，也不难选出D。

【例13】 多年来，曾老师坚持让学生采用反思记录表、学习日志或成长记录袋等多种方法记录学习过程，并不断指导学生优化记录的方法。曾老师的做法（　　）。（2017年下·中学）

A. 忽视了学生的发展性
B. 忽视了学生的差异性
C. 尊重了学生的创造性
D. 尊重了学生的自主性

【答案】 D。

【解析】 曾老师的做法，引导学生主动、自主地去记录自己的成长和学习过程，是值得肯定的，所以选D。C选项虽然也是肯定，但题目中并没有体现与创造性相关的信息，故不选。

【例14】 为了改变学生从课本中找"标准答案"的习惯，刘老师经常在课堂上设计一些开放性的问题，引导学生自由讨论，探索答案。同事马老师对刘老师说："你这样做会使学生思维太发散，也浪费时间，将来考试肯定会吃亏的。我从来不这样做！"下列选项正确的是（　　）。（2017年上·中学）

A. 马老师的说法合理，有利于提高学生的学习成绩
B. 刘老师的做法得当，有利于培养学生的创新意识
C. 马老师的说法欠妥，不利于维持课堂秩序
D. 刘老师的做法欠妥，不利于保证正常教学进度

【答案】 B。

【解析】 刘老师引导学生探究学习，符合素质教育的要求，所以选B。

【提示】 本题可以分组讨论刘老师和马老师的行为，直接根据两个老师做法的妥当与否，即可选出正确选项。

【知识链接】

国家课程、地方课程与校本课程（注意制定主体）

国家课程——国家制定课程发展总体规划，确定国家课程门类和课时，制定国家课程标准，宏观指导课程实施，是一个国家基础教育课程的主体部分。

地方课程——省级教育行政部门根据国家对课程的总体设置，规划符合不同地区需要的课程实施方案，包括地方课程的开发与选用等。

校本课程——是学校根据国家课程计划、课程标准，结合本校的实际情况，为实现学校的培养目标而进行的课程设计、实施与评价。学校在执行国家和地方课程的同时，开发或选用适合本校特点的课程。

虽然国家课程、地方课程、校本课程的开发主体各不相同，但国家基础教育课程体系的建设实际上是国家、地方和学校三级权力主体共同完成的。

> 【真题链接】
>
> 【例15】根据我国基础课程改革的精神，某中学决定开发一门校本课程，下列做法中恰当的是（　　）。（2013年上·中学）
>
> A. 根据自身特长和学生兴趣，某老师在班上定期开展"音乐鉴赏"活动
> B. 根据当地教育部门要求，利用戏剧文化资源开设"××剧欣赏"课程
> C. 根据学校办学理念和优势，发扬学校传统，建设"我爱阅读"课程
> D. 按照当地教育部门要求，利用旅游资源开发"小小导游"课程
>
> 【答案】C。
>
> 【解析】校本课程的制定者是学校，开发主体是学校的老师，所以选C。

第二节 学生观

【考点梳理】

一、"人的全面发展"的思想

人的全面发展思想主要源于马克思的人的全面发展理论，实现人的全面发展的根本途径是教育与生产劳动相结合。

"人的全面发展"的思想主要内涵有：

①人的全面发展是指人的能力多方面的发展；

②人的全面发展是自由的、和谐的发展；

③人的全面发展不仅指全社会人的全面发展，也指个人的全面发展。

【注意】"人的全面发展"思想要与第一节"素质教育促进学生的全面发展"结合起来理解，它指的是人的全面、和谐的发展，不是平均发展。

二、"以人为本"的学生观

（一）教育活动中的"以人为本"

《国家中长期教育改革和发展规划纲要（2010—2020年）》指出，把育人为本作为教育工作的根本要求。要以学生为主体，以教师为主导，充分发挥学生的主动性，把促进学生健康成长作为学校一切工作的出发点和落脚点。（注意：主体、主导和主动性三个关键词）

坚持以人为本、全面实施素质教育是教育改革发展的战略主题，是贯彻党的教育方针的时代要求，其核心是解决好培养什么人、怎样培养人的重大问题，重点是面向全体学生、促进学生全面发展，着力提高学生服务国家服务人民的社会责任感、勇于探索的创新精神和善于解决问题的实践能力。

（二）"以人为本"的学生观的内涵

1.学生是具有独立意义的主体，教学中要尊重学生的主体地位

学生是学习的主体，教师必须以学生为主体进行教学，教师要尊重学生的主体地位，调动学生的主观能动性，引导学生积极参与到教学活动中来。

学生是责权的主体，学校和教师要保护学生的合法权利，学生要学会对学习、对生活、对自己、对他人负责，学会承担责任。

每个学生独立于教师的头脑之外，不以教师意志为转移而客观存在。教师要把学生当作独立的人来看待，使自己的教育和教学适应他们的情况、条件、要求和思想认识的发展规律。

【真题链接】

【例1】陈老师在教学时引用徐霞客的诗句"五岳归来不看山，黄山归来不看岳"，有学生产生了疑问："为什么黄山不在五岳之列"？陈老师下列处理方式恰当的是（ ）。（2018年下·小学）

A.不予理睬继续上课　　B.批评该生上课分心　　C.组织学生课外探究　　D.解释说作者弄错了

【答案】C。

【解析】素质教育的学生观要求教师在教学中应当尊重学生的主体地位。针对学生提出的疑问，教师不能忽视，更不能敷衍应付。A和B选项都没有尊重学生的主体地位，不符合以人为本的学生观的要求。D选项属于敷衍了事，违背了教师职业道德的基本要求。

2.学生是发展的人，具有巨大的潜能，要用发展的观点看待学生

学生的身心发展是有规律性的，它要求教师应当努力学习，掌握学生的身心发展特点，依据学生身心发展规律和特点开展教学活动。

学生具有巨大的发展潜能，教师应该相信每一个学生都是可以积极成长的，是有培养前途的，是追求进步和完善的，是可以获得成功的。

学生是处于发展过程中的人，中小学生的成长还不够成熟，需要教师进行正确的引导。

【知识链接】

学生身心发展的一般规律：顺序性、阶段性、不平衡性、互补性和个别差异性。

①顺序性

身心发展的顺序性是指人的身心发展是一个由低级到高级、由简单到复杂、由量变到质变的连续不断的发展过程。因此对于教育工作者而言，应按照学生身心发展的序列施教，做到循序渐进。

②阶段性

身心发展的阶段性是指个体在不同的年龄阶段表现出身心发展不同的总体特征及主要矛盾，面临着不同的发展任务，如小学生的思维具有较大的具体性和形象性特点，不容易理解抽象的道理。

身心发展的阶段性规律决定教育工作者必须根据不同年龄阶段的特点分阶段进行，在教育教学的要求、内容和方法的选择上，不能搞"一刀切"，还要注意各阶段间的衔接和过渡。

③不平衡性

身心发展的不平衡性是指在连续不断的发展过程中，儿童身心发展的速度并不是完全与时间相一致地匀速运动，在不同的时间里，其发展的速度和水平是有明显差异的。

④互补性

身心发展的互补性是指机体各部分或心理机能与生理机能之间存在着互补关系，某一方面受损或缺失之后可以由其他方面的超常发展得到弥补。身心发展的互补性要求教育应结合学生实际，扬长避短，注重发现学生的自身优势，促进学生的个性化发展。

⑤个别差异性

身心发展的个别差异性是指不同个体之间的身心发展存在着速度和水平的不同。根据身心发展的个别差异性，教育必须因材施教，充分发挥每个学生的潜能和积极因素，有的放矢地进行教学，使每个学生都能得到最大的发展。

【注意】不平衡性指的是"个体自身不同阶段"的变化发展速度是不平衡的。例如存在关键期、青春期发展速度快，这些都只涉及个体自身。而个体差异指的是"个体之间"的身心发展，例如不同儿童之间的个性心理特征或者智力发展存在差异。

第一章 职业理念

【真题链接】

【例2】高中一年级入学开始，班主任王老师通过各种渠道，深入了解班级每个学生的情况，并据此制定个人三年发展规划，这种做法表明王老师关注（　　）。（2014年上·中学）

A.学生发展的差异性　　B.学生发展的互补性　　C.学生发展的平衡性　　D.学生发展的顺序性

【答案】A。

【解析】王老师之所以关注每个学生的情况，是因为每个学生具有个体差异性，不能用同一个规划来适用所有人，所以选A。

【例3】张老师在小学英语教学中恰当运用英语话剧形式进行教学，让学生在角色扮演中学习英语。张老师的做法（　　）。（2016年上·小学）

A.优化了教学目标　　B.优化了教学条件　　C.优化了教学过程　　D.优化了教学资源

【答案】C。

【解析】本题中，张老师充分发挥了学生的主体性，在教学过程中充分建构了学生主体，所以选C。

3.学生是**独特**的人，具有自身独特性

每个学生都是独特的。独特性是个性的本质特征，珍视学生的独特性和培养具有独特个性的人，应成为教师对待学生的基本态度。

学生是完整的人。教育活动中，要把学生作为完整的人来对待，要丰富学生的精神生活，给予学生全面展现个性力量的时间和空间。

学生与成人之间存在着巨大的差异。老师应当把成人看作成人，把学生看作学生。

【真题链接】

【例4】"人心不同，各如其面"，这句话提示教师在教育活动中应该关注（　　）。（2013年上·小学）

A.学生的独特性　　B.学生的自主性　　C.学生的发展性　　D.学生的主体性

【答案】A。

（三）"以人为本"的学生观的要求

"以人为本"的思想，要求在教育教学活动中，要做到以学生的**全面发展**为本。"以人为本"的学生观，要求在教育教学活动中要**公正地对待**每一个学生，不因性别、民族、地域、经济状况、家庭背景和身心缺陷等歧视学生。

【真题链接】

【例5】期末考试要到了，数学老师请综合实践活动课的吴老师把课时让给他上数学课，吴老师欣然同意。他们的做法（　　）。（2016年上·中学）

A.合理，体现了教师双方的意愿　　　　B.不合理，不利于学生的全面发展
C.合理，有利于提高学生的成绩　　　　D.不合理，违背了团结协作的要求

【答案】B。

15

【解析】坚持以人为本的学生观，必须促进学生的全面发展，题目中两位老师的做法不利于学生的全面发展，所以选B。

【提示】"让课""取消副科"等类似题目经常在考试题中出现，这种行为一般都是违背素质教育促进学生全面发展理念的。

【例6】材料分析题：本节课的教学内容是引导学生欣赏几幅字画，其中有一幅是郑板桥的《丝竹图》。可是，课堂上许多学生说不懂国画，谈不出体会，课堂出现了冷场。

教师看到这一情况，立即调整了教学思路，不再要求学生谈体会，而是从学生实际出发，从他们最熟悉的竹子入手来引导他们打开思路。教师给出了一个学习任务"由竹子所想到的……"，并要求学生由竹子展开多角度、多方面的想象。很快，学生就进入了情境，发言变得十分踊跃。

学生说，"竹子的外形没有牡丹花那么华贵，它朴实无华""竹子中空外直，好像人的品格——谦虚、正直""由竹子的挺拔想到人的高风亮节""竹子一年四季都郁郁葱葱，说明它不畏严寒，不畏酷暑""竹子对人无所求——不需灌溉、不需施肥；给予人的却很多——竹笋、竹竿、竹叶各有其用处"，还有的学生引用"墙上芦苇头重脚轻，根底浅，山间竹笋嘴尖皮厚腹中空"说有人华而不实。

学生注意力高度集中，各抒己见。说完了竹子再来看画，学生对这幅画就有了理解与看法，发言更加热烈。在发言中，学生们谈竹子、谈画，既陶冶了审美情趣，又懂得了许多做人的道理。课后，教师对这次教学行为进行了反思。

问题：请从学生观的角度，评析该老师的教育行为。（2017年下·中学）

【参考答案】

材料中老师的行为符合育人为本的学生观的要求。

首先，学生是发展中的人，具有巨大的潜能，该老师用发展的眼光看待学生。材料中，课堂出现冷场时，老师没有批评学生，而是调整教学思路，引导和启发学生，挖掘学生的潜能。

其次，学生是学习的主体，该教师尊重了学生的主体地位。材料中，老师尊重学生的主体地位，不是知识灌输式的教学，而是从学生的实际出发，通过学生的思考，不断引向深入。

最后，每个学生都是独特的，都是有个性的。材料中，每个同学结合自己的特点，对竹子发表自己的看法。该老师尊重了学生的独特性和个性，没有用标准答案统一大家的看法。

总之，该老师的教育行为符合育人为本的学生观。

三、"以幼儿为本"的教育理念（"育人为本"的儿童观）

（一）儿童观的内容

1. 幼儿是发展中的人，要用发展的眼光看待幼儿

幼儿是发展中的人，不是一成不变的，要用发展的眼光看待幼儿。在教学中，当幼儿出现问题的时候，应当耐心寻问，查找原因，进行诱导和启发。

幼儿是发展中的人，对幼儿进行教育要使用符合幼儿身心发展规律的方式。

幼儿的发展是连续不断的，是按照一定的顺序，由简单到复杂，由幼稚到成熟，逐步发展的。

【真题链接】

【例7】下列图表，体现了儿童发展的（　　）。（2016年下·幼儿园）

年龄（月）	细致动作
4	能抓住玩具，握物时有大拇指参与
8	用拇指和食指平夹取物
15	能几页几页翻书
18	能叠2-3块积木
24	会叠6-7块积木，能一页一页地翻书
36	能叠9-10块积木

A.连续性　　B.个体差异性　　C.整体性　　D.不均衡性

【答案】A。

2.幼儿是独立意义的主体，教学中要尊重幼儿的主体地位

幼儿是受教育的对象，但也是学习的主体。在教学中，教师应当尊重幼儿的主体地位。幼儿在教育活动中具有主观能动性和自我教育的可能性，幼儿的学习和发展是其主动建构的过程。

【真题链接】

【例8】为了培养幼儿的想象力，老师让幼儿画蝴蝶。下列做法恰当的是（　　）。（2016年上·幼儿园）

A.老师画好左半边蝴蝶，幼儿模仿完成右半边　　B.老师在黑板上逐笔示范，让幼儿跟着画

C.幼儿先观察蝴蝶，然后让幼儿自己画　　D.老师先画蝴蝶，然后让幼儿照着画

【答案】C。

【解析】在教学中，应当尊重儿童的主体地位，以儿童为中心，引导儿童进行教学。综合来看，C选项为最佳答案。

3.幼儿是独特的人，具有自身独特性

每一个幼儿都是独特的，独一无二的，具有个性的。教师应当欣赏和尊重幼儿的个性，促进他们的全面发展与个性发展。

（二）"育人为本"儿童观的要求

"以人为本"的学生观，运用到幼儿的学前教育中就是"育人为本"的儿童观，或者称为"幼儿为本"的教育理念。"育人为本"的儿童观要求教育者要爱幼儿、尊重幼儿，相信每一个幼儿都具有发展潜力，维护每一个幼儿的人格与权利。具体来讲，主要包括以下几个方面：

1.尊重幼儿的人格和尊严

幼儿是学前教育中的主体，具有独立的人格和尊严。在教学中，老师必须将幼儿作为一个独立意义的主体去对待，必须尊重幼儿的人格和尊严。

2. 公平对待每一个幼儿

素质教育要求面向全体学生，学前教育要求面向全体儿童。每一个儿童都是平等的、独立的，在教学中，教师必须平等尊重和对待每一个幼儿，不因性别、民族、地域、经济状况、家庭背景和身心缺陷等歧视幼儿。

3. 调动幼儿的主动性

幼儿是学习的主体，在教学中，教师必须调动幼儿的主动性，让幼儿发挥自己的主观能动性，才能实现学前教育对幼儿全面发展的主导作用。

4. 为幼儿提供合适的教育

学前教育必须符合幼儿的身心发展规律，设计或选择丰富多样、适当的活动方式，因材施教以促进儿童的个性发展。

【知识链接】

《幼儿园工作规程》对幼儿园教育工作的部分规定：

第二十五条　幼儿园教育应当贯彻以下原则和要求：

（一）德、智、体、美等方面的教育应当互相渗透，有机结合。

（二）遵循幼儿身心发展规律，符合幼儿年龄特点，注重个体差异，因人施教，引导幼儿个性健康发展。

（三）面向全体幼儿，热爱幼儿，坚持积极鼓励、启发引导的正面教育。

（四）综合组织健康、语言、社会、科学、艺术各领域的教育内容，渗透于幼儿一日生活的各项活动中，充分发挥各种教育手段的交互作用。

（五）以游戏为基本活动，寓教育于各项活动之中。

（六）创设与教育相适应的良好环境，为幼儿提供活动和表现能力的机会与条件。

第二十六条　幼儿一日活动的组织应当动静交替，注重幼儿的直接感知、实际操作和亲身体验，保证幼儿愉快的、有益的自由活动。

第二十九条　幼儿园应当将游戏作为对幼儿进行全面发展教育的重要形式。

幼儿园应当因地制宜创设游戏条件，提供丰富、适宜的游戏材料，保证充足的游戏时间，开展多种游戏。

幼儿园应当根据幼儿的年龄特点指导游戏，鼓励和支持幼儿根据自身兴趣、需要和经验水平，自主选择游戏内容、游戏材料和伙伴，使幼儿在游戏过程中获得积极的情绪情感，促进幼儿能力和个性的全面发展。

第三十条　幼儿园应当将环境作为重要的教育资源，合理利用室内外环境，创设开放的、多样的区域活动空间，提供适合幼儿年龄特点的丰富的玩具、操作材料和幼儿读物，支持幼儿自主选择和主动学习，激发幼儿学习的兴趣与探究的愿望。

幼儿园应当营造尊重、接纳和关爱的氛围，建立良好的同伴和师生关系。

幼儿园应当充分利用家庭和社区的有利条件，丰富和拓展幼儿园的教育资源。

【真题链接】

【例9】 郑老师搜集矿泉水瓶、报纸、纸箱、塑料绳等材料，并改造成适合幼儿的教学材料。郑老师行为是（　　）。（2017年上·幼儿园）

A.环境创设的能力　　B.随机教育的能力　　C.教学反思的能力　　D.教学生成的能力

【答案】A。

【解析】《幼儿园工作规程》第三十条规定：幼儿园应当将环境作为重要的教育资源，合理利用室内外环境，创设开放的、多样的区域活动空间，提供适合幼儿年龄特点的丰富的玩具、操作材料和幼儿读物，支持幼儿自主选择和主动学习，激发幼儿学习的兴趣与探究的愿望。B项随机教育能力，指在教师教育计划之外的、随客观提供的教育情景而临时组织进行的教育。D项教学生成能力，也叫生成性教学，它指的是教师根据课堂中的状态，及时地调整教学思路和教学行为的一种教学形态。

【例10】 为体现"幼儿为本"的教育理念，教师的做法不正确的是（　　）。（2016年上·幼儿园）

A.尊重幼儿人格　　　　　　　　B.为幼儿提供合适教育

C.调动幼儿的主动性　　　　　　D.让幼儿主动选择课程

【答案】D。

【解析】"幼儿为本"的教育理念要求要为幼儿提供合适的教育，而不是让幼儿主动选择课程。此外，幼儿园教育要符合幼儿的身心发展特点，幼儿此时还不具备主动选择课程的能力。所以，D选项不正确，选D。

【例11】 语言活动中，吴老师发现凯凯正在拔前面一个女孩外套上的绒毛。此时，吴老师恰当的做法是（　　）。（2015年下·幼儿园）

A.停止教学，点名批评　　　　　B.停止教学，当众罚站

C.继续教学，不予理睬　　　　　D.继续教学，微笑提醒

【答案】D。

【解析】对幼儿的教育要符合幼儿的身心发展规律，以诱导式的启发为主，不能不理睬，也不能进行体罚和直接的批评，所以D选项最为合适。

第三节 教师观

【考点梳理】

一、教师观与教师角色

（一）教师观的基本内涵

所谓"教师观"就是教师的教育观念，是教师对其职业的特点、责任、教师角色以及科学履行职责所必须具备的基本素质等方面的认识。

（二）教师职业的角色

（1）传道授业者的角色。

（2）答疑解惑者的角色。

（3）为人示范者的角色。

（4）教学管理者的角色。

（5）朋友的角色。

（6）研究者的角色。

（三）教师劳动的特点

1. 教师劳动的复杂性和创造性

素质教育与应试教育的区别在于，素质教育要促进学生的全面发展，不是促进学生单一方面的发展，所以教师的劳动相对来说就具有复杂性。因为教师劳动具有复杂性，这就要求教师要创造性地开展工作，要针对学生的身心发展特点，注重学生的个体差异性，因材施教。

2. 教师劳动的连续性和广延性

教师的劳动不仅仅局限于课堂45分钟，课下还要进行作业批改、教学研讨、专业提升、家校合作等，所以教师的劳动具有连续性和广延性。

3. 教师劳动的长期性和间接性

"十年树木，百年树人"说的就是教师劳动的长期性。所谓间接性是指教师教书育人的成果，并不是当下育人，当下就能看到成果的，而是需要在一个长期的时间段内，通过学生的成长以及学生成人为社会服务来体现的。

4. 教师劳动的主体性和示范性

教师劳动是教师主观能动性的一种体现，具有主体性。所谓示范性，指教师要担当榜样的角色，言行一致，率先垂范，为人师表，通过自己一言一行影响学生，给学生做示范。

5. 教师劳动方式的个体性和劳动成果的群体性

教师劳动主要是通过个人进行的，但劳动成果，即一个健康成长直至成才的学生并不是一个老师的教育成果，而是集体老师的成果。这就是教师劳动方式的个体性与劳动成果的群体性体现。

二、新课程改革背景下的教师观

（一）教师角色的转变

1. 教师由知识的传授者转变为学生学习的引导者和学生发展的促进者

首先，教师应该把激发学生学习的动机，指导学生的学习方法，组织管理和指导学生的学习过程，培养学生自主学习、合作学习的能力作为自己工作的主要目标。

其次，现代社会的发展要求教师不仅仅是向学生传播知识和社会规范，更要关注学生人格的健康成长与个性发展，真正成为学生发展的促进者。

【真题链接】

【例1】"道而弗牵，强而弗抑，开而弗达。"（《学记》）下列对这句话的理解不正确的是（　　）。（2015年下·中学）

A.体现主体教育思想　　B.强调学生自主发展

C.鼓励学生自学成才　　D.注重对学生的引导

【答案】C。

【解析】"道而弗牵，强而弗抑，开而弗达"意思是说，教育要引导学生，而不是牵着学生鼻子走；要严格要求学生，而决不使学生感到压抑；要启发学生，而不是只告诉学生结论。这句话既体现了教育要尊重学生的主体地位，即A选项的主体教育思想，也体现了新课改中老师要对学生进行引导，做学生发展的促进者。C选项的意思并没有体现。

2. 教师从课程的忠实执行者转变为课程的建设者和开发者

新课程要求教师具有强烈的课程意识和参与意识，改变以往学科本位的观念和被动实施课程的做法。教师要整体理解基础教育课程的结构系统，熟悉国家课程方案，理解国家课程、地方课程、校本课程的关系，理解课程实施中从"讲师课程"到"现实课程"的转变过程，正确认识教材在课程中的地位和功能，变过去习惯的"教教材"为"用教材教"，创造性地使用国家课程教材，积极进行国家课程地方化、校本化的实践探索。

【真题链接】

【例2】物理教师李强结合课程教学内容，查阅材料，利用现有资源自制实验器材，开设了不少探究性物理实验课，这表明李老师具有（　　）。（2015年上·中学）

A.全面发展理念　　B.和谐发展理念

C.长善救失意识　　D.课程开发意识

【答案】D。

【解析】从题干中可以发现，李强老师善于抓住身边的资源开发课程，说明李老师具有课程开发意识，故选D。

【真题链接】

【例3】某老师经常利用周末向农民请教农业知识，看科普书籍，并把这些内容融入到教学中，还印成小册子发给同事。这说明教师具有（　　）。（2014年下·小学）

A.校本教研意识　　　　　　B.课程开发意识
C.课程评价意识　　　　　　D.校本培训意识

【答案】B。

【解析】本题中，老师将生活中的现实内容融入到教学，体现的是课程开发意识，故选B。

【例4】常老师经常利用周末向农民请教农业知识，看科普书籍，并把这些内容融入到教学中，还印成小册子发给同事。这说明教师具有（　　）。（2014年下·幼儿园）

A.课程研发的意识　　　　　B.园本教研的意识
C.课程评价的意识　　　　　D.园本培训的意识

【答案】A。

【例5】美术课上，曾老师指导学生把天然的竹根须做成卷曲的头发，还演示如何借助竹节的弧度制成黄包车的顶棚。这表明曾老师具有（　　）。（2017年上·小学）

A.课程资源开发的意识与能力　　B.自我反思的意识与能力
C.教育科学研究的意识与能力　　D.自主发展的意识与能力

【答案】A。

【解析】本题中，曾老师善于在课程实施中，将讲师课程变成现实课程，具有较强的课程资源开发意识与能力，因此选A。

【提示】本题中，有不少同学选择C选项，研究意识主要体现在对教学实践过程中问题的研究以及反思。本题突出的内容是曾老师的课程研发，同学们在做题的时候，一定要对题干进行认真阅读和理解。

3. 教师要从"教书匠"转变为教育教学的研究者和反思的实践者

新课程要求教师应该是一个研究者，在教学过程中以研究者的心态置身于教学情境中，以研究者的眼光审视和分析教学理论与教学实践中的各种问题，对出现的教学问题进行研究，总结经验，并形成规律性的认识。

【真题链接】

【例6】吴老师把课堂教学中存在的突出问题归纳、提炼为若干主题进行研究，并发表系列论文。这表明吴老师具有（　　）。（2017年上·中学）

A.良好的教学研究能力　　　　B.良好的课堂管理能力
C.良好的课程开发能力　　　　D.良好的校本研修能力

【答案】A。

【解析】根据题干可以发现，吴老师善于以研究者的心态置身于教学情境，以研究者的眼光审视教学实践中的问题，具备较好的教学研究能力，所以选A。

【提示】做题时，同学们应当善于抓住题干中的关键词"进行研究"。

【例7】邱老师在工作日志中写道："在今天的教研会上，我说做教研跟写论文的方法是一样的，居然没有得到认可。是我错了？还是大家不理解我？我得把这个问题搞清楚。"这表明邱老师（ ）。（2016年下·中学）

A.善于自我反思　　　　B.缺乏探索精神
C.缺乏问题意识　　　　D.善于自我暗示

【答案】A。

【解析】根据题干可以发现，邱老师善于对实践中的问题或困境进行自我反思，所以选A。

【例8】沈老师收集旧轮胎、破篮球、塑料绳等废旧材料，"变废为宝"，将之改造成各种合适的教具、学具。这表明沈老师具有（ ）。（2016年下·小学）

A.教学资源开发能力　　　B.课程组织实施能力
C.教学程序设计能力　　　D.教育启发引导能力

【答案】A。

【解析】教具、学具属于教学资源的一种，本题中沈老师的做法体现的是对教学资源的开发。

4.教师要从学校的教师转变为社区型的开放的教师

新课程特别强调学校与社区的互动，重视挖掘社区的教育资源。在这种情况下，教师的角色不能再仅仅局限于学校和课堂。教师不仅是学校的一员，而且是整个社区的一员，是整个社区教育、文化事业的共建者。

（二）教师行为的转变

1.在对待师生关系上，新课程强调尊重、赞赏。首先，"为了每一位学生的发展"是新课程改革的核心理念。为了实现这一理念，教师必须尊重每一位学生做人的尊严和价值，尤其是对于学习成绩不好的学生、有缺点和过错的学生。

其次，尊重学生意味着不能伤害学生的自尊心，这就要求教师不能体罚学生，不大声训斥学生，不羞辱、嘲笑学生，不随意当众批评学生。

最后，教师不仅要尊重每一位学生，还要学会赞赏每一位学生。

2.在对待教学上，新课程强调帮助、引导。教师的本质在于引导，引导的特点是含而不露，指而不明，开而不达，引而不发；引导的内容包括方法、思维、价值观等。

3.在对待自我上，新课程强调反思。按教学的进程，教学反思分为教学前、教学中、教学后三个阶段。教学反思是教师专业发展和自我成长的重要因素，促使教师形成自我反思的意识和自我监控的能力。

4.在对待与其他教育者的关系上，新课程强调合作。这种趋势特别需要教师之间的合作。

三、教师专业化发展

（一）教师专业知识的构成

1. 本体性知识

教师的本体性知识，即学科专业知识，是指教师所具有的任教学科的知识。具体包括：掌握该学科的基本知识和基本技能，掌握该学科的知识结构体系及相关知识、学科发展的历史及趋势以及学科的思维方式和方法论。

2. 条件性知识

教师的条件性知识，也称必备的教育科学知识，主要是指教师必须具备的教育学、心理学和教育管理的知识。这类知识是用来支撑学科内容的本体性知识的，为教师的教学设计和实施提供教育学和心理学的基础。

3. 实践性知识

教师的实践性知识是教师在实现有目的的教学行为中所具有的课堂情境知识以及相关的学科教学法知识。这类知识包含对具体教学目标、教学情境、教学策略和方法的相互关系的认识，它帮助教师解决"具体怎么教"的问题。

4. 文化知识

教师的文化知识是教师专业知识结构的基础，是指教师应具备的一般的人文知识、社会科学和自然科学知识，以及基本的艺术素养。

（二）教师专业发展的阶段理论

1. 三阶段发展理论

福勒和布朗根据教师关注的焦点问题，把教师的发展分为三个阶段：

（1）关注生存阶段

处于这一阶段的教师，非常关注自己的生存适应性，他们经常关心的问题是：学生喜欢我吗，同事们怎么看我，领导是否觉得我干得不错，等等。

（2）关注情境阶段

处于这一阶段的教师，所关注的是如何教好每一堂课的内容，他们所关心的问题是：教学内容是否充分得当、如何呈现教学信息、如何掌握教学时间等与教学情境有关的问题。

（3）关注学生阶段

处于这一阶段的教师，考虑学生的个别差异，认识到不同发展水平的儿童有着不同的社会和情感需要。能否自觉关注学生是衡量一个教师是否成熟的重要标志。

2. 五阶段理论

伯林纳认为教师专业的发展过程包括五个阶段：

第一阶段：新手阶段

新手阶段是教师获取教学所需知识和技能的阶段。

第二阶段：熟练阶段

这一阶段中，教师将自己的实践经验与所学的知识逐步联系起来，并能找出不同情境中的一些相似性，而且有关情境的知识也在增加。

第三阶段：胜任阶段

处在这一阶段的教师有两个特点，一是对要做的事情有明确的选择，做事情能分清主次，能制定合理的计划和明确的目标，能够选择恰当的手段达到目标；二是能够依据经验决定哪些环节是重要的，哪些是不重要的，他们知道应关注什么、忽略什么。

第四阶段：业务精干阶段

这一阶段的教师具有较强的直觉判断能力，教学技能接近了自动化水平，教学行为比较娴熟、灵活。

第五阶段：专家阶段

处于这一阶段的教师对教学情境不但有直觉的把握，而且能以非分析性、非随意性的方式，理智地作出合适的反应。专家阶段是教师发展的最终阶段，只有少部分能达到。

3.专业化发展要求

（1）更新理念，成为终身学习者

教师要树立终身学习的理念，不断学习新知，不断提高能力，学会掌握现代教育技术，并用于自己的教育教学，以适应不断变化的时代对教育提出的要求。

【真题链接】

【例9】学校派骨干教师王老师外出参加培训。王老师说："我经常给别人作讲座，哪里还需要去接受培训？还是让刚参加工作的年轻人去吧！"关于此事的下列说法中，正确的是（　　）。（2016年上·中学）

A.王老师具有团结协作的意识　　B.王老师具有专业发展的意识

C.王老师缺乏终身学习的意识　　D.王老师缺乏课程建设意识

【答案】C。

【解析】任何老师都要树立终身学习的意识，无论是新入职的老师，还是技巧娴熟的老教师。题干中的王老师缺乏终身学习的意识，故选C。

（2）总结提升，成为反思的实践者

教师要善于运用多种手段，总结提升，成为教学反思的实践者。教师常用的反思工具有教后记、教学日志、教育案例等。教师要把自己已有的教育实践作为思考的对象，对成功的经验及时总结和提炼，对失败或不足，及时想办法改进，或寻求优秀教师的帮助，不断完善自己，从而获得解决教育实际问题的心智。

【真题链接】

【例10】青年教师王老师为提高教学水平，从课堂教学设计、教学方法，乃至教学语言等方面都严格认真模仿特级教师李老师的做法，但教学效果仍然不佳，导致王老师教学效果不佳的原因不包括（　　）。（2018年下·中学）

A.王老师缺乏反思意识　　B.王老师忽视学生的差异性

C.王老师缺乏教学创新　　D.王老师缺乏诚恳学习态度

【答案】D。

【解析】王老师为了提高教学水平，认真模仿李老师，体现了诚恳的学习态度。教学效果不佳是方法不对，缺少创新和反思，没有注意到学生的差异性。

【真题链接】

【例11】万老师教学很认真，经常辛辛苦苦地从上课讲到下课，嗓门特别大，被同事戏称为"全天候广播员"，可教学效果一直不好。万老师需要反思的是（　　）。（2015年下·小学）

A.教学态度　　B.教学方式　　C.教学目的　　D.教学条件

【答案】B。

（3）坚持研究，成为教育教学的研究者

教师应当拥有"教育家"意识，不断地对自己的专业教育教学进行研究，不断地向研究型教师、专家型教师的目标迈进。在研究中，发现自己的教育问题，深入研究，不断提高，促进自身的专业化发展。

（4）主动沟通，成为教育发展的团结协作者

教师要注重培养自己的沟通与表达、团结与协作能力。新形势下，教师之间的竞争会比较激烈，但是没有合作的竞争是行不通的，没有竞争的合作也是行不通的。教师应当主动与同事、学生进行沟通，团结协作，提高自己的专业化发展水平。

（5）敢于创新，成为课程研发的创新者

教师要一改传统的单一教学手段，敢于创新，善于将现代化的教育手段融入到课程的研发中去，开设特色课程、能力课程、趣味课程。这既提高了自己的课程研发创新能力，也培养了学生的创新精神和实践能力。

4.专业化发展方法

（1）观摩和分析优秀教师的教学活动

课堂教学观摩可分为组织化观摩和非组织化观摩。组织化观摩是有计划、有目的的观摩，非组织化观摩则没有这些特征。为提高新教师的教学经验，可以进行组织化观摩；非组织化观摩要求观摩者有相当完备的理论知识和洞察力。

（2）开展微格教学

微格教学的对象是少数学生，也可以称为小课，一般用时较短（30分钟以内）。微格教学一般会进行摄录，课后进行分析。这是训练新教师、提高教学水平的一种重要方法。

（3）进行专门训练

要想促进新教师的成长，可以对其进行专门化的训练。比如：组织教学研讨会、建立评课制度、举行说课或试讲活动、进行优质课分享等。

（4）反思教学经验

对教学经验的反思是指教师以自己的教学活动为意识对象，进行认真的自我审视、评价、调节等，可以通过批改学生作业、组织班会、邀请其他老师来评课等多种形式进行。

5.实现教师专业化发展的途径

（1）师徒结对

师徒结对，是指初任老师在老教师的指导和帮助下，不断完善教学各个环节，以达到新教师专业化发展的目的。

（2）同伴互助

同伴互助指在两个或两个以上教师间发生的、以专业发展为指向、通过多种手段开展的，旨在实现教师持续主动地自我提升、相互合作并共同进步的教学研究活动。常用的形式有沙龙会谈、一课多研和专业对话。

（3）校本培训

校本培训是指在教育行政部门、教师培训机构的规划指导下，由中小学校长组织领导，教师任职学校自主开展，紧密结合学校工作实践，以提高学校教学质量和办学效益、促进教师专业发展为目的的教师在职培训形式。

（4）教学反思

教学反思，是指教师对教育教学实践的再认识、再思考，并以此来总结经验教训，如很多教师会通过教育案例、教育故事或教育心得等来提高教学反思的质量。

【真题链接】

【例12】焦老师积极参加教师培训，返校后致力于跟同事交流学习的心得，并用于实践教学。关于焦老师的做法，下列说法不正确的是（　　）。（2015年上·小学）

A. 体现了终身学习的理念　　　　B. 有助于师生共同发展

C. 推动了学校的校本研究　　　　D. 有助于增进学校合作

【答案】D。

【解析】题干中焦老师的做法与D选项没有关系，故选D。

【例13】焦老师积极参加教师培训，返校后致力于跟同事交流学习的心得，并用于实践教学。关于焦老师的做法，下列说法不正确的是（　　）。（2015年上·幼儿园）

A. 体现了终身学习的理念　　　　B. 有助于幼师共同发展

C. 推动了幼儿园的园本研究　　　　D. 有助于增进家园合作

【答案】D。

【闯关训练】

1. 新任职的青年教师廖鸿莹，每次课后都认真批改作业，从中总结自己教学的不足，并不断提高自己的教学水平。这体现了廖老师具有（　　）。

A. 课程开发意识　　B. 教学反思意识　　C. 教学研究意识　　D. 终身学习意识

2. 尽管工作压力大，事务繁杂，但陈老师始终保持积极的工作态度，用微笑面对每一个学生。这体现了陈老师（　　）。

A. 身体素质好　　B. 职业心理健康　　C. 教学水平高超　　D. 学科知识丰富

3. 王红老师在指导新教师时说，了解小学生身心发展规律、学习心理等，对做好教育教学工作极为重要。王老师的体会表明，教师不可忽视（　　）。

A. 政治理论知识　　B. 文化基础知识　　C. 学科专业知识　　D. 教育科学知识

4. 青年教师小王刚入职就加入了曹老师主持的名师工作室，积极参与各种教研活动，很快适应了岗位工作。这表明王老师在专业发展上注重（　　）。

A. 同伴互助　　　B. 自我反思　　　C. 自我研修　　　D. 脱产进修

5. 有家长对孩子说："我们与别人交同样多的钱，分水果时不要拿小的。"针对这种现象，胡老师讲"孔融让梨"的故事，教育儿童。胡老师的做法（　　）。

A. 错误，违背了一致性原则　　　　B. 错误，违背了公平性原则
C. 正确，遵循了公平性原则　　　　D. 正确，遵循了适时性原则

6. 老师在组织规则游戏时，发现有孩子开小差。老师应采取的措施是（　　）。

A. 点名批评，制止这种行为　　　　B. 继续游戏，完全视而不见
C. 大发雷霆，把幼儿赶出教室　　　D. 轻拍幼儿，提醒幼儿集中精力

7. 绘画时，飞飞在纸上画了一个黑色的太阳，对此李老师恰当的做法是（　　）。

A. 批评飞飞的画不合常理　　　　B. 耐心地询问飞飞的想法
C. 替飞飞把太阳涂成红色　　　　D. 要求飞飞重新画红太阳

8. 材料分析题

（1）一天，一位老师给学生上科学课，主题是"寻找有生命的物体"。老师安排学生去校园里甚至校外的大自然里寻找有生命的物体，并作记录。走出课堂的孩子们显得很兴奋。不久，一位同学跑过来说："老师，我捉到一只蚂蚱。"其他同学也围过来看。突然，一个同学说："这是只公的。"围观的同学哄堂大笑。老师问道："你怎么知道的？""我观察的，公蚂蚱有劲，跳得高。"他自信地说。这是孩子最直接的推理，确实难能可贵！老师及时表扬道："你真是一个小生物学家。科学就是提出问题、研究问题、解决问题，希望你能认真研究一番。"孩子认真地点点头。就在这时，一位同学跑过来告状："一个同学把蚂蚱踩死了。"老师很快意识到这是一个绝好的教育机会。他走过去，看见几个同学正在气乎乎地责备那个同学。这位老师说：

"一个蚂蚱也是一个有生命的物体。我们应该爱护每一个有生命的物体。我相信，这位同学一定是无意踩死的。这样吧，老师提一个建议：不如挖一个坑，把它安葬了吧！"于是，在学校的草地上，举行了一个特殊的"葬礼"。可以说在这潜移默化中，学生对生命的理解和珍惜，会比多少遍说教都来得有效！

问题：试从教师职业理念的角度，评析老师的教学行为。

（2）有一天，我请学生读课文，只有四名学生举手。我说："杨萌你读。"她大大方方读起来。等她坐下，我说："还有谁愿意读？"一个举手的都没有了，是什么原因呢？

课后，我就这一问题与学生聊起来。一位学生说："老师，您每堂课总是先提问杨萌，我们这些无名小卒没有她答得好，就不想回答了。"我恍然大悟，是啊，让杨萌先回答已经成了习惯。她的语文功底好，回答问题准确严密，简捷利落。

下午，我组织了一次"为老师出主意"的班会。大家畅所欲言，我详细记录大家的想法，收获了好多方法。我还请大家通过打电话、发信息、发邮件的形式继续提建议。

以后的课堂互动中，我鼓励学生积极回答问题。有的学生说话不流畅，我会引导他组织语言；有的学生不敢站起来回答，我就让他坐着说；有的学生内向、声音小，我就到他身边听清楚后复述给大家……

后来我又尝试让学生参与组织教学，共同探索出了"辩论教学""说书教学""戏剧教学"等以前没有尝试过的形式。

慢慢地，我的课堂再也不是一潭死水了。

问题：结合材料，从学生观的角度，评析"我"的教育行为。

【参考答案及解析】

1.【答案】B。解析：廖老师善于从学生的作业中查找自己教学的不足，并不断改善，是教学反思意识的体现。

2.【答案】B。解析：从题干中不难发现，陈老师善于调节心理，以较好的心理状态面对工作压力。

3.【答案】D。解析：四个选项都是一个老师需要具备的知识，但题干中关于学生成长的知识，属于教育科学知识。

4.【答案】C。解析：题干中的小王主动加入名师工作室，是自我研修、自我学习、自我提升的体现。此题有不少同学容易误选A项，仔细审题可以发现，题干自始至终都没有提到同伴的相关信息，所以A选项不正确。

5.【答案】D。"育人为本"的儿童观要求要为幼儿提供合适的教育，题干中的胡老师结合了当前的实际情况，及时进行启发式教育，体现了教育的适时性原则。

6.【答案】D。

7.【答案】B。

8.【参考答案】

（1）材料中的老师体现了以人为本的素质教育观、学生观和新课程改革背景下的教师专业发展观。

首先，老师以培养学生的创新精神和实践能力为重点，是以人为本的素质教育观的体现。材料中，老师并不是灌输式的知识讲解，而是带领同学们去校园和大自然，亲身实践和感受"生命"。

其次，老师在教学中尊重了学生的主体地位。材料中，老师对学生的反馈和提问，及时进行点拨和启发，让学生多去思考。学生是独立意义的主体，是学习的主体，是课堂的主体。材料中的老师尊重了学生的主体地位。

最后，老师在对待师生关系上，运用的是尊重和赞赏。他对学生的回答，能够及时赞赏和回应。在其他同学责备踩死蚂蚱的那个同学时，老师更多的是尊重和引导。这是新课改背景下教师行为转变的重要体现。

总之，材料中的老师行为体现了素质教育观下的教师职业理念，他以人为本，培养学生的创新精神和实践能力，能够尊重和赞赏学生，值得我们学习。

（2）材料中"我"的行为符合育人为本的学生观的要求。

首先，"我"善于进行教学反思，尊重学生的主体地位。素质教育的学生观要求，教育要以人为本，学生是独立意义的主体，是课堂的主体，要尊重学生的主体地位。

材料中，当课堂上的同学不举手的时候，"我"主动进行反思，并通过"为老师出主意"的班会，反思自己的教学，最后改变了课堂是一潭死水的局面，将课堂还给了学生，尊重了学生的主体地位。

其次，学生是发展的人，要用发展的眼光看待学生。材料中，"我"没有对不积极回答问题、说话不流畅、内向的同学定性下结论，而是倾听他们的心声，并通过教学反思，改变教学方式，让每个学生都能得到充分的发展。

最后，学生是独特的人，教学中要关注学生的差异性，因材施教。材料中，针对内向的同学、不敢站起来的同学、说话不流畅的同学，"我"采取不同的方式，引导他们参与课堂，这是因材施教的体现。

总之，材料中的"我"体现了育人为本的学生观的要求。

第二章　教育法律法规

本章考情分析

本章主要介绍教育工作的相关法律法规知识，考试题型均为选择题，分值为16分。重点内容为《国家中长期教育改革和发展规划纲要（2010—2020年）》中的总体战略和发展任务、各相关教育法律法规中教师的权利和义务、学生的权利和保护、法律责任。

第一节　有关教育的法律法规

【考点梳理】

一、《国家中长期教育改革和发展规划纲要（2010—2020年）》

实　施

根据党的十七大关于"优先发展教育，建设人力资源强国"的战略部署，为促进教育事业科学发展，全面提高国民素质，加快社会主义现代化进程，制定本《教育规划纲要》。

序　言

百年大计，教育为本。教育是民族振兴、社会进步的基石，是提高国民素质、促进人的全面发展的根本途径，寄托着亿万家庭对美好生活的期盼。强国必先强教。优先发展教育、提高教育现代化水平，对实现全面建设小康社会奋斗目标、建设富强民主文明和谐的社会主义现代化国家具有决定性意义。

……

国运兴衰，系于教育；教育振兴，全民有责。在党和国家工作全局中，必须始终坚持把教育摆在优先发展的位置。按照面向现代化、面向世界、面向未来的要求，适应全面建设小康社会、建设创新型国家的需要，坚持育人为本，以改革创新为动力，以促进公平为重点，以提高质量为核心，全面实施素质教育，推动教育事业在新的历史起点上科学发展，加快从教育大国向教育强国、从人力资源大国向人力资源强国迈进，为中华民族伟大复兴和人类文明进步作出更大贡献。

第一部分　总体战略

第一章　指导思想和工作方针

（一）指导思想。高举中国特色社会主义伟大旗帜，以邓小平理论和"三个代表"重要思想为指导，深入贯彻落实科学发展观，实施科教兴国战略和人才强国战略，优先发展教育，完善中国特色社会主义现代教育体系，办好人民满意的教育，建设人力资源强国。

全面贯彻党的教育方针，坚持教育为社会主义现代化建设服务，为人民服务，与生产劳动和社会实践相结合，培养德智体美全面发展的社会主义建设者和接班人。

全面推进教育事业科学发展，立足社会主义初级阶段基本国情，把握教育发展阶段性特征，坚持以人为本，遵循教育规律，面向社会需求，优化结构布局，提高教育现代化水平。

（二）工作方针。优先发展、育人为本、改革创新、促进公平、提高质量。

把教育摆在优先发展的战略地位。教育优先发展是党和国家提出并长期坚持的一项重大方针。各级党委和政府要把优先发展教育作为贯彻落实科学发展观的一项基本要求，切实保证经济社会发展规划优先安排教育发展，财政资金优先保障教育投入，公共资源优先满足教育和人力资源开发需要。充分调动全社会关心支持教育的积极性，共同担负起培育下一代的责任，为青少年健康成长创造良好环境。完善体制和政策，鼓励社会力量兴办教育，不断扩大社会资源对教育的投入。

把育人为本作为教育工作的根本要求。人力资源是我国经济社会发展的第一资源，教育是开发人力资源的主要途径。要以学生为主体，以教师为主导，充分发挥学生的主动性，把促进学生健康成长作为学校一切工作的出发点和落脚点。关心每个学生，促进每个学生主动地、生动活泼地发展，尊重教育规律和学生身心发展规律，为每个学生提供适合的教育。努力培养造就数以亿计的高素质劳动者、数以千万计的专门人才和一大批拔尖创新人才。

把改革创新作为教育发展的强大动力。教育要发展，根本靠改革。要以体制机制改革为重点，鼓励地方和学校大胆探索和试验，加快重要领域和关键环节改革步伐。创新人才培养体制、办学体制、教育管理体制，改革质量评价和考试招生制度，改革教学内容、方法、手段，建设现代学校制度。加快解决经济社会发展对高质量多样化人才需要与教育培养能力不足的矛盾、人民群众期盼良好教育与资源相对短缺的矛盾、增强教育活力与体制机制约束的矛盾，为教育事业持续健康发展提供强大动力。

把促进公平作为国家基本教育政策。教育公平是社会公平的重要基础。教育公平的关键是机会公平，基本要求是保障公民依法享有受教育的权利，重点是促进义务教育均衡发展和扶持困难群体，根本措施是合理配置教育资源，向农村地区、边远贫困地区和民族地区倾斜，加快缩小教育差距。教育公平的主要责任在政府，全社会要共同促进教育公平。

把提高质量作为教育改革发展的核心任务。树立科学的质量观，把促进人的全面发展、适应社会需要作为衡量教育质量的根本标准。树立以提高质量为核心的教育发展观，注重教育内涵发展，鼓励学校办出特色、办出水平，出名师，育英才。建立以提高教育质量为导向的管理制度和工作机制，把教育资源配置和学校工作重点集中到强化教学环节、提高教育质量上来。制定教育质量国家标准，建立健全教育质量保障体系。加强教师队伍建设，提高教师整体素质。

【真题链接】

【例1】《国家中长期教育改革和发展规划纲要（2010-2020年）》提出，要把教育摆在优先发展的战略地位。对于教育优先发展战略的理解，下列选项中不恰当的是（　　）。（2017年下·中学）

A. 财政资金优先保障教育投入　　　　　　B. 社会资源优先向教育领域倾斜
C. 经济社会发展规划优先安排教育发展　　D. 公共资源优先满足教育和人力资源开发需要

【答案】B。

【解析】《国家中长期教育改革和发展规划纲要（2010—2020年）》规定，公共资源应当优先向教育领域倾斜，而不是社会资源。社会资源有一部分是公共资源，有一部分不是公共资源。

【例2】《国家中长期教育改革和发展规划纲要（2010—2020年）》指出，建立以提高教育质量为导向的管理制度和工作机制，把教育资源配置和学校工作重点集中到（　　）。（2018年上·小学）

　A.均衡发展，提高教育质量上来
　B.强化特色发展，适应社会需要上来
　C.强化内涵发展，提高办学特色上来
　D.强化教学环节，提高教育质量上来

【答案】D。

第二章　战略目标和战略主题

（三）战略目标。到2020年，基本实现教育现代化，基本形成学习型社会，进入人力资源强国行列。

实现更高水平的普及教育。基本普及学前教育；巩固提高九年义务教育水平；普及高中阶段教育，毛入学率达到90%；高等教育大众化水平进一步提高，毛入学率达到40%；扫除青壮年文盲。新增劳动力平均受教育年限从12.4年提高到13.5年；主要劳动年龄人口平均受教育年限从9.5年提高到11.2年，其中受过高等教育的比例达到20%，具有高等教育文化程度的人数比2009年翻一番。

形成惠及全民的公平教育。坚持教育的公益性和普惠性，保障公民依法享有接受良好教育的机会。建成覆盖城乡的基本公共教育服务体系，逐步实现基本公共教育服务均等化，缩小区域差距。努力办好每一所学校，教好每一个学生，不让一个学生因家庭经济困难而失学。切实解决进城务工人员子女平等接受义务教育问题。保障残疾人受教育权利。

提供更加丰富的优质教育。教育质量整体提升，教育现代化水平明显提高。优质教育资源总量不断扩大，更好满足人民群众接受高质量教育的需求。学生思想道德素质、科学文化素质和健康素质明显提高。各类人才服务国家、服务人民和参与国际竞争能力显著增强。

构建体系完备的终身教育。学历教育和非学历教育协调发展，职业教育和普通教育相互沟通，职前教育和职后教育有效衔接。继续教育参与率大幅提升，从业人员继续教育年参与率达到50%。现代国民教育体系更加完善，终身教育体系基本形成，促进全体人民学有所教、学有所成、学有所用。

健全充满活力的教育体制。进一步解放思想，更新观念，深化改革，提高教育开放水平，全面形成与社会主义市场经济体制和全面建设小康社会目标相适应的充满活力、富有效率、更加开放、有利于科学发展的教育体制机制，办出具有中国特色、世界水平的现代教育。

【真题链接】

【例3】根据《国家中长期教育改革和发展规划纲要（2010—2020年）》，下列关于我国教育发展战略目标不合理的是（　　）。（2014年上·中学）

　A.全面实现我国教育现代化　　　　B.形成惠及全民的公平教育
　C.健全充满活力的教育体制　　　　D.构建体系完备的终身教育

【答案】A。

【解析】《国家中长期教育改革和发展规划纲要（2010—2020年）》指出，到2020年，基本实现教育现代化。A项是"全面实现"，所以不正确。

【例4】《国家中长期教育改革和发展规划纲要（2010—2020年）》提出了教育战略目标。下列关于教育战略目标的选项中不正确的是（　　）。（2018年上·中学）

A. 到2020年，进入人力资源强国行列　　B. 到2020年，基本形成学习型社会
C. 到2020年，终身教育体系全面形成　　D. 到2020年，基本实现教育现代化

【答案】C。

（四）战略主题。坚持以人为本、全面实施素质教育是教育改革发展的战略主题，是贯彻党的教育方针的时代要求，其核心是解决好培养什么人、怎样培养人的重大问题，重点是面向全体学生、促进学生全面发展，着力提高学生服务国家服务人民的社会责任感、勇于探索的创新精神和善于解决问题的实践能力。

坚持德育为先。立德树人，把社会主义核心价值体系融入国民教育全过程。加强马克思主义中国化最新成果教育，引导学生形成正确的世界观、人生观、价值观；加强理想信念教育和道德教育，坚定学生对中国共产党领导、社会主义制度的信念和信心；加强以爱国主义为核心的民族精神和以改革创新为核心的时代精神教育；加强社会主义荣辱观教育，培养学生团结互助、诚实守信、遵纪守法、艰苦奋斗的良好品质。加强公民意识教育，树立社会主义民主法治、自由平等、公平正义理念，培养社会主义合格公民。加强中华民族优秀文化传统教育和革命传统教育。把德育渗透于教育教学的各个环节，贯穿于学校教育、家庭教育和社会教育的各个方面。切实加强和改进未成年人思想道德建设和大学生思想政治教育工作。构建大中小学有效衔接的德育体系，创新德育形式，丰富德育内容，不断提高德育工作的吸引力和感染力，增强德育工作的针对性和实效性。加强辅导员、班主任队伍建设。

坚持能力为重。优化知识结构，丰富社会实践，强化能力培养。着力提高学生的学习能力、实践能力、创新能力，教育学生学会知识技能，学会动手动脑，学会生存生活，学会做人做事，促进学生主动适应社会，开创美好未来。

坚持全面发展。全面加强和改进德育、智育、体育、美育。坚持文化知识学习与思想品德修养的统一、理论学习与社会实践的统一、全面发展与个性发展的统一。加强体育，牢固树立健康第一的思想，确保学生体育课程和课余活动时间，提高体育教学质量，加强心理健康教育，促进学生身心健康、体魄强健、意志坚强；加强美育，培养学生良好的审美情趣和人文素养。加强劳动教育，培养学生热爱劳动、热爱劳动人民的情感。重视安全教育、生命教育、国防教育、可持续发展教育。促进德育、智育、体育、美育有机融合，提高学生综合素质，使学生成为德智体美全面发展的社会主义建设者和接班人。

第二部分　发展任务
第三章　学前教育

（五）基本普及学前教育。学前教育对幼儿身心健康、习惯养成、智力发展具有重要意义。遵循幼儿身心发展规律，坚持科学保教方法，保障幼儿快乐健康成长。积极发展学前教育，到2020年，普及学前一年教育，基本普及学前两年教育，有条件的地区普及学前三年教育。重视0至3岁婴幼儿教育。

（六）明确政府职责。把发展学前教育纳入城镇、社会主义新农村建设规划。建立政府主导、社会参与、公办民办并举的办园体制。大力发展公办幼儿园，积极扶持民办幼儿园。加大政府投入，完善成本合理分担机制，对家庭经济困难幼儿入园给予补助。加强学前教育管理，规范办园行为。制定学前教育办园标准，建立幼儿园准入制度。完善幼儿园收费管理办法。严格执行幼儿教师资格标准，切实加强幼儿教师培养培训，提高幼儿教师队伍整体素质，依法落实幼儿教师地位和待遇。教育行政部门加强对学前教育的宏观指导和管理，相关部门履行各自职责，充分调动各方面力量发展学前教育。

（七）重点发展农村学前教育。努力提高农村学前教育普及程度。着力保证留守儿童入园。采取多种形式扩大农村学前教育资源，改扩建、新建幼儿园，充分利用中小学布局调整富余的校舍和教师举办幼儿园（班）。发挥乡镇中心幼儿园对村幼儿园的示范指导作用。支持贫困地区发展学前教育。

【真题链接】

【例5】《国家中长期教育改革和发展规划纲要（2010—2020年）》提出了学前教育发展的政府职责。关于政府职责说法，下列选项中不正确的是（　　）。（2018年上·幼儿园）

A. 制定审核幼儿园的章程　　　　　　B. 建立幼儿园准入制度

C. 制定学前教育的办园标准　　　　　D. 完善幼儿园收费管理办法

【答案】 A。

【解析】 幼儿园章程其实是幼儿园工作和管理的基本制度，在不违反相关法律法规的情况下，由幼儿园自行确定，所以答案选A。B选项中的幼儿园准入制度指的是建立幼儿园需要具备的条件、资质等。

【例6】 根据《国家中长期教育改革和发展规划纲要（2010—2020年）》的规定，下列对于我国重点发展农村学前教育的表述，不正确的是（　　）。（2017年下·幼儿园）

A. 将村小学改扩建为幼儿园　　　　　B. 着力保证留守儿童入园

C. 提高农村学前教育普及程度　　　　D. 支持贫困地区发展学前教育

【答案】 A。

【解析】《国家中长期教育改革和发展规划纲要（2010—2020年）》规定，采取多种形式扩大农村学前教育资源，改扩建、新建幼儿园，充分利用中小学布局调整富余的校舍和教师举办幼儿园（班）。

【例7】 根据《国家中长期教育改革和发展规划纲要（2010—2020年）》，下列关于学前教育发展任务的说法不正确的是（　　）。（2017年上·幼儿园）

A. 建立政府主导、社会参与、公办为主、民办为辅的办园体制

B. 着力保证留守儿童入园，努力提高农村学前教育的普及程度

C. 制定学前教育办园标准，建立幼儿园准入制度

D. 到2010年，有条件的地区普及学前三年教育

【答案】 D。

【解析】 D项时间错误，《国家中长期教育改革和发展规划纲要（2010—2020年）》规定：到2020年，普及学前一年教育，基本普及学前两年教育，有条件的地区普及学前三年教育。

【例8】《国家中长期教育改革和发展规划纲要（2010—2020年）》提出重点发展农村学前教育。下列措施不正确的是（　　）。（2017年上·幼儿园）

A.扩大农村学前教育资源　　　　　　B.着力保证留守儿童入园

C.着力保证农村幼儿园现有规模　　　D.发挥乡镇中心幼儿园示范作用

【答案】C。

第四章　义务教育

（八）巩固提高九年义务教育水平。义务教育是国家依法统一实施、所有适龄儿童少年必须接受的教育，具有强制性、免费性和普及性，是教育工作的重中之重。注重品行培养，激发学习兴趣，培育健康体魄，养成良好习惯。到2020年，全面提高普及水平，全面提高教育质量，基本实现区域内均衡发展，确保适龄儿童少年接受良好义务教育。

巩固义务教育普及成果。适应城乡发展需要，合理规划学校布局，办好必要的教学点，方便学生就近入学。坚持以输入地政府管理为主、以全日制公办中小学为主，确保进城务工人员随迁子女平等接受义务教育，研究制定进城务工人员随迁子女接受义务教育后在当地参加升学考试的办法。建立健全政府主导、社会参与的农村留守儿童关爱服务体系和动态监测机制。加快农村寄宿制学校建设，优先满足留守儿童住宿需求。采取必要措施，确保适龄儿童少年不因家庭经济困难、就学困难、学习困难等原因而失学，努力消除辍学现象。

提高义务教育质量。建立国家义务教育质量基本标准和监测制度。严格执行义务教育国家课程标准、教师资格标准。深化课程与教学方法改革，推行小班教学。配齐音乐、体育、美术等学科教师，开足开好规定课程。大力推广普通话教学，使用规范汉字。

增强学生体质。科学安排学习、生活、锻炼，保证学生睡眠时间。大力开展"阳光体育"运动，保证学生每天锻炼一小时，不断提高学生体质健康水平。提倡合理膳食，改善学生营养状况，提高贫困地区农村学生营养水平。保护学生视力。

【真题链接】

【例9】《国家中长期教育改革和发展规划纲要（2010—2020年）》提出，建立城乡一体化义务教育发展机制，在有些方面向农村倾斜，下列选项中不符合要求的是（　　）。（2017年上·中学）

A.财政拨款向农村倾斜　　　　　　B.课程标准向农村倾斜

C.教师配置向农村倾斜　　　　　　D.学校建设向农村倾斜

【答案】B。

【解析】"课程标准"是国家制定的，需要严格执行。

（九）推进义务教育均衡发展。均衡发展是义务教育的战略性任务。建立健全义务教育均衡发展保障机制。推进义务教育学校标准化建设，均衡配置教师、设备、图书、校舍等资源。

切实缩小校际差距，着力解决择校问题。加快薄弱学校改造，着力提高师资水平。实行县（区）域内教师、校长交流制度。实行优质普通高中和优质中等职业学校招生名额合理分配到区域内初中的办法。义务教育阶段不得设置重点学校和重点班。在保障适龄儿童少年就近进入公办学校的前提下，发展民办教育，提供选择机会。

加快缩小城乡差距。建立城乡一体化义务教育发展机制，在财政拨款、学校建设、教师配置等方面向农村倾斜。率先在县（区）域内实现城乡均衡发展，逐步在更大范围内推进。

努力缩小区域差距。加大对革命老区、民族地区、边疆地区、贫困地区义务教育的转移支付力度。鼓励发达地区支援欠发达地区。

【真题链接】

【例10】《国家中长期教育改革和发展规划纲要（2010—2020年）》提出，均衡发展是义务教育的战略性任务。下列实施这一战略任务的措施，不正确的是（　　）。（2017年下·小学）
A.推进义务教育学校标准化建设　　　　B.建立城乡二元结构义务教育发展机制
C.建立健全义务教育均衡发展保障机制　D.均衡配置教师、设备、校舍等资源

【答案】B。

【解析】《国家中长期教育改革和发展规划纲要（2010—2020年）》规定，建立城乡一体化义务教育发展机制。"一体化"才是均衡的，二元结构是"不均衡"的表现。

【例11】根据《国家中长期教育改革和发展规划纲要（2010—2020年）》，切实推进义务教育均衡发展，要实行（　　）。（2015年下·小学）
A.县（区）域内教师、校长交流制度　　B.镇（乡）域内教师、校长交流制度
C.省（区）域内教师、校长交流制度　　D.地（市）域内教师、校长交流制度

【答案】A。

（十）减轻中小学生课业负担。过重的课业负担严重损害儿童少年身心健康。减轻学生课业负担是全社会的共同责任，政府、学校、家庭、社会必须共同努力，标本兼治，综合治理。把减负落实到中小学教育全过程，促进学生生动活泼学习、健康快乐成长。率先实现小学生减负。

各级政府要把减负作为教育工作的重要任务，统筹规划，整体推进。调整教材内容，科学设计课程难度。改革考试评价制度和学校考核办法。规范办学行为，建立学生课业负担监测和公告制度。不得以升学率对地区和学校进行排名，不得下达升学指标。规范各种社会补习机构和教辅市场。加强校外活动场所建设和管理，丰富学生课外及校外活动。

学校要把减负落实到教育教学各个环节，给学生留下了解社会、深入思考、动手实践、健身娱乐的时间。提高教师业务素质，改进教学方法，增强课堂教学效果，减少作业量和考试次数。培养学生学习兴趣和爱好。严格执行课程方案，不得增加课时和提高难度。各种等级考试和竞赛成绩不得作为义务教育阶段入学与升学的依据。

充分发挥家庭教育在儿童少年成长过程中的重要作用。家长要树立正确的教育观念，掌握科学的教育方法，尊重子女的健康情趣，培养子女的良好习惯，加强与学校的沟通配合，共同减轻学生课业负担。

【真题链接】

【例12】《国家中长期教育改革和发展规划纲要（2010—2020年）》提出，要将减轻中小学生课业负担作为教育工作的重要任务。为切实减轻课业负担，各级政府可以采取的措施有（　　）。（2015年上·小学）

A. 减少学生课外及校外活动　　　　　　　B. 加强教辅市场管理，取缔补习机构

C. 依据升学率对地区和学校进行排名　　　D. 调整教材内容、教学设计课程难度

【答案】D。

【解析】补习机构需要进行规范，而不是取缔。

【例13】根据《国家中长期教育改革和发展规划纲要（2010—2020年）》，为了减轻中小学学生课业负担，可以采取的措施不包括（　　）。（2014年上·小学）

A. 修改课程方案　　B. 调整教材内容　　C. 改进教学方法　　D. 减少考试次数

【答案】A。

【解析】课程方案需要严格执行。

第五章　高中阶段教育

（十一）加快普及高中阶段教育。高中阶段教育是学生个性形成、自主发展的关键时期，对提高国民素质和培养创新人才具有特殊意义。注重培养学生自主学习、自强自立和适应社会的能力，克服应试教育倾向。到2020年，普及高中阶段教育，满足初中毕业生接受高中阶段教育需求。

根据经济社会发展需要，合理确定普通高中和中等职业学校招生比例，今后一个时期总体保持普通高中和中等职业学校招生规模大体相当。加大对中西部贫困地区高中阶段教育的扶持力度。

（十二）全面提高普通高中学生综合素质。深入推进课程改革，全面落实课程方案，保证学生全面完成国家规定的文理等各门课程的学习。创造条件开设丰富多彩的选修课，为学生提供更多选择，促进学生全面而有个性的发展。逐步消除大班额现象。积极开展研究性学习、社区服务和社会实践。建立科学的教育质量评价体系，全面实施高中学业水平考试和综合素质评价。建立学生发展指导制度，加强对学生的理想、心理、学业等多方面指导。

（十三）推动普通高中多样化发展。促进办学体制多样化，扩大优质资源。推进培养模式多样化，满足不同潜质学生的发展需要。探索发现和培养创新人才的途径。鼓励普通高中办出特色。鼓励有条件的普通高中根据需要适当增加职业教育的教学内容。探索综合高中发展模式。采取多种方式，为在校生和未升学毕业生提供职业教育。

第六章　职业教育

（十四）大力发展职业教育。发展职业教育是推动经济发展、促进就业、改善民生、解决"三农"问题的重要途径，是缓解劳动力供求结构矛盾的关键环节，必须摆在更加突出的位置。职业教育要面向人人、面向社会，着力培养学生的职业道德、职业技能和就业创业能力。到2020年，形成适应经济发展方式转变和产业结构调整要求、体现终身教育理念、中等和高等职业教育协调发展的现代职业教育体系，满足人民群众接受职业教育的需求，满足经济社会对高素质劳动者和技能型人才的需要。

……

把提高质量作为重点。以服务为宗旨，以就业为导向，推进教育教学改革。实行工学结合、校企合作、顶岗实习的人才培养模式。坚持学校教育与职业培训并举，全日制与非全日制并重。制定职业学校基本办学标准。加强"双师型"教师队伍和实训基地建设，提升职业教育基础能力。建立健全技能型人才到职业学校从教的制度。完善符合职业教育特点的教师资格标准和专业技术职务（职称）评聘办法。建立健全职业教育质量保障体系，吸收企业参加教育质量评估。开展职业技能竞赛。

（十五）调动行业企业的积极性。

（十六）加快发展面向农村的职业教育。

（十七）增强职业教育吸引力。

第七章 高等教育

（十八）全面提高高等教育质量。高等教育承担着培养高级专门人才、发展科学技术文化、促进社会主义现代化建设的重大任务。提高质量是高等教育发展的核心任务，是建设高等教育强国的基本要求。到2020年，高等教育结构更加合理，特色更加鲜明，人才培养、科学研究和社会服务整体水平全面提升，建成一批国际知名、有特色、高水平的高等学校，若干所大学达到或接近世界一流大学水平，高等教育国际竞争力显著增强。

（十九）提高人才培养质量。

（二十）提升科学研究水平。

（二十一）增强社会服务能力。

（二十二）优化结构办出特色。

第八章 继续教育

（二十三）加快发展继续教育。继续教育是面向学校教育之后所有社会成员的教育活动，特别是成人教育活动，是终身学习体系的重要组成部分。更新继续教育观念，加大投入力度，以加强人力资源能力建设为核心，大力发展非学历继续教育，稳步发展学历继续教育。重视老年教育。倡导全民阅读。广泛开展城乡社区教育，加快各类学习型组织建设，基本形成全民学习、终身学习的学习型社会。

（二十四）建立健全继续教育体制机制。

（二十五）构建灵活开放的终身教育体系。发展和规范教育培训服务，统筹扩大继续教育资源。鼓励学校、科研院所、企业等相关组织开展继续教育。加强城乡社区教育机构和网络建设，开发社区教育资源。大力发展现代远程教育，建设以卫星、电视和互联网等为载体的远程开放继续教育及公共服务平台，为学习者提供方便、灵活、个性化的学习条件。

搭建终身学习"立交桥"。促进各级各类教育纵向衔接、横向沟通，提供多次选择机会，满足个人多样化的学习和发展需要。健全宽进严出的学习制度，办好开放大学，改革和完善高等教育自学考试制度。建立继续教育学分积累与转换制度，实现不同类型学习成果的互认和衔接。

第九章 民族教育

（二十六）重视和支持民族教育事业。

（二十七）全面提高少数民族和民族地区教育发展水平。公共教育资源要向民族地区倾斜。中央和地方政府要进一步加大对民族教育支持力度。

促进民族地区各级各类教育协调发展。巩固民族地区义务教育普及成果，确保适龄儿童少年依法接受义务教育，全面提高普及水平，全面提高教育教学质量。支持边境县和民族自治地方贫困县义务教育学校标准化建设，加强民族地区寄宿制学校建设。加快民族地区高中阶段教育发展。支持教育基础薄弱地区改扩建、新建一批高中阶段学校。大力发展民族地区职业教育。加大对民族地区中等职业教育的支持力度。积极发展民族地区高等教育。支持民族院校加强学科和人才队伍建设，提高办学质量和管理水平。进一步办好高校民族预科班。加大对人口较少民族教育事业的扶持力度。

大力推进双语教学。全面开设汉语文课程，全面推广国家通用语言文字。尊重和保障少数民族使用本民族语言文字接受教育的权利。全面加强学前双语教育。国家对双语教学的师资培养培训、教学研究、教材开发和出版给予支持。

【提示】"大力推进双语教学"相关知识要与后面《中华人民共和国教育法》相关知识联系起来学习。

《中华人民共和国教育法》第十二条 国家通用语言文字为学校及其他教育机构的基本教育教学语言文字，学校及其他教育机构应当使用国家通用语言文字进行教育教学。

民族自治地方以少数民族学生为主的学校及其他教育机构，从实际出发，使用国家通用语言文字和本民族或者当地民族通用的语言文字实施双语教育。

国家采取措施，为少数民族学生为主的学校及其他教育机构实施双语教育提供条件和支持。

加强教育对口支援。认真组织落实内地省市对民族地区教育支援工作。充分利用内地优质教育资源，探索多种形式，吸引更多民族地区少数民族学生到内地接受教育。办好面向民族地区的职业学校。加大对民族地区师资培养培训力度，提高教师的政治素质和业务素质。国家制定优惠政策，鼓励支持高等学校毕业生到民族地区基层任教。支持民族地区发展现代远程教育，扩大优质教育资源覆盖面。

第十章　特殊教育

（二十八）关心和支持特殊教育。

（二十九）完善特殊教育体系。到2020年，基本实现市（地）和30万人口以上、残疾儿童少年较多的县（市）都有一所特殊教育学校。各级各类学校要积极创造条件接收残疾人入学，不断扩大随班就读和普通学校特教班规模。全面提高残疾儿童少年义务教育普及水平，加快发展残疾人高中阶段教育，大力推进残疾人职业教育，重视发展残疾人高等教育。因地制宜发展残疾儿童学前教育。

（三十）健全特殊教育保障机制。国家制定特殊教育学校基本办学标准，地方政府制定学生人均公用经费标准。加大对特殊教育的投入力度。鼓励和支持接收残疾学生的普通学校为残疾学生创造学习生活条件。加强特殊教育师资队伍建设，采取措施落实特殊教育教师待遇。在优秀教师表彰中提高特殊教育教师比例。加大对家庭经济困难残疾学生的资助力度。逐步实施残疾学生高中阶段免费教育。

第三部分　体制改革
第十一章　人才培养体制改革

（三十一）更新人才培养观念。深化教育体制改革，关键是更新教育观念，核心是改革人才培养体制，目的是提高人才培养水平。树立全面发展观念，努力造就德智体美全面发展的高素质人才。树立人人成才观念，面向全体学生，促进学生成长成才。树立多样化人才观念，尊重个人选择，鼓励个性发展，不拘一格培养人才。树立终身学习观念，为持续发展奠定基础。树立系统培养观念，推进小学、中学、大学有机衔接，教学、科研、实践紧密结合，学校、家庭、社会密切配合，加强学校之间、校企之间、学校与科研机构之间合作以及中外合作等多种联合培养方式，形成体系开放、机制灵活、渠道互通、选择多样的人才培养体制。

（三十二）创新人才培养模式。适应国家和社会发展需要，遵循教育规律和人才成长规律，深化教育教学改革，创新教育教学方法，探索多种培养方式，形成各类人才辈出、拔尖创新人才不断涌现的局面。

注重学思结合。倡导启发式、探究式、讨论式、参与式教学，帮助学生学会学习。激发学生的好奇心，培养学生的兴趣爱好，营造独立思考、自由探索、勇于创新的良好环境。适应经济社会发展和科技进步的要求，推进课程改革，加强教材建设，建立健全教材质量监管制度。深入研究、确定不同教育阶段学生必须掌握的核心内容，形成教学内容更新机制。充分发挥现代信息技术作用，促进优质教学资源共享。

注重知行统一。坚持教育教学与生产劳动、社会实践相结合。开发实践课程和活动课程，增强学生科学实验、生产实习和技能实训的成效。充分利用社会教育资源，开展各种课外及校外活动。加强中小学校外活动场所建设。加强学生社团组织指导，鼓励学生积极参与志愿服务和公益事业。

注重因材施教。关注学生不同特点和个性差异，发展每一个学生的优势潜能。推进分层教学、走班制、学分制、导师制等教学管理制度改革。建立学习困难学生的帮助机制。改进优异学生培养方式，在跳级、转学、转换专业以及选修更高学段课程等方面给予支持和指导。健全公开、平等、竞争、择优的选拔方式，改进中学生升学推荐办法，创新研究生培养方法。探索高中阶段、高等学校拔尖学生培养模式。

【知识链接】

1. 分层教学：又称分组教学、能力分组，指教师根据学生现有的知识、能力水平把学生科学地分成几组水平相近的群体并区别对待，学生在教师恰当的分层策略和相互作用中得到最好的发展和提高。（分层教学是因材施教的体现，是根据学生的实际知识和能力水平进行分组。这与教师职业理念中"教师根据成绩对学生进行区别对待"不是一回事。）

2. 导师制：这种制度要求在教师和学生之间建立一种"导学"关系，针对学生的个性差异，因材施教，指导学生的思想、学习与生活。

3. 走班制：指学科教室和教师固定，学生根据自己的能力水平和兴趣愿望选择自身发展的层次班级上课，不同层次的班级，其教学内容和程度要求不同，作业和考试的难度也不同的教学方法。

4. 学分制："学分"是用来计算学生学习分量的一种单位，它以选课为核心，教师指导为辅助，通过绩点和学分，衡量学生学习质和量的综合教学管理制度。学分制不是传统的"考试分数制"。

（三十三）改革教育质量评价和人才评价制度。改进教育教学评价。根据培养目标和人才理念，建立科学、多样的评价标准。开展由政府、学校、家长及社会各方面参与的教育质量评价活动。做好学生成长记录，完善综合素质评价。探索促进学生发展的多种评价方式，激励学生乐观向上、自主自立、努力成才。

改进人才评价及选用制度，为人才培养创造良好环境。树立科学人才观，建立以岗位职责为基础，以品德、能力和业绩为导向的科学化、社会化人才评价发现机制。强化人才选拔使用中对实践能力的考查，克服社会用人单纯追求学历的倾向。

【真题链接】

【例14】《国家中长期教育改革和发展规划纲要（2010—2020年）》提出的教学管理制度改革的内容，不包括推行（　　）。（2013年上·小学）

A.分层教学　　　　B.导生制　　　　C.走班制　　　　D.学分制

【答案】B。

【解析】B项当为"导师制"。

【例15】根据《国家中长期教育改革和发展规划纲要（2010—2020年）》规定，下面不属于改革教育质量评价和人才评价制度的做法是（　　）。（2016年上·中学）

A.探索多种评价方式　　　　　　B.完善综合素质评价
C.建立多样的评价标准　　　　　D.树立终结性评价理念

【答案】D。

第十二章　考试招生制度改革

（三十四）推进考试招生制度改革。以考试招生制度改革为突破口，克服一考定终身的弊端，推进素质教育实施和创新人才培养。按照有利于科学选拔人才、促进学生健康发展、维护社会公平的原则，探索招生与考试相对分离的办法，政府宏观管理，专业机构组织实施，学校依法自主招生，学生多次选择，逐步形成分类考试、综合评价、多元录取的考试招生制度。加强考试管理，完善专业考试机构功能，提高服务能力和水平。成立国家教育考试指导委员会，研究制订考试改革方案，指导考试改革试点。

（三十五）完善中等学校考试招生制度。完善初中就近免试入学的具体办法。完善学业水平考试和综合素质评价，为高中阶段学校招生录取提供更加科学的依据。改进高中阶段学校考试招生方式，发挥优质普通高中和优质中等职业学校招生名额合理分配的导向作用。规范优秀特长生录取程序与办法。中等职业学校实行自主招生或注册入学。

（三十六）完善高等学校考试招生制度。深化考试内容和形式改革，着重考查综合素质和能力。以高等学校人才选拔要求和国家课程标准为依据，完善国家考试科目试题库，保证国家考试的科学性、导向性和规范性。探索有的科目一年多次考试的办法，探索实行社会化考试。

（三十七）加强信息公开和社会监督。完善考试招生信息发布制度，实现信息公开透明，保障考生权益，加强政府和社会监督。公开高等学校招生名额分配原则和办法，公开招生章程和政策、招生程序和结果，公开自主招生办法、程序和结果。加强考试招生法规建设，规范学校招生录取程序，清理并规范升学加分政策。强化考试安全责任，加强诚信制度建设，坚决防范和严肃查处考试招生舞弊行为。

第十三章　建设现代学校制度

（三十八）推进政校分开、管办分离。适应中国国情和时代要求，建设依法办学、自主管理、民主监督、社会参与的现代学校制度，构建政府、学校、社会之间新型关系。随着国家事业单位分类改革推进，探索建立符合学校特点的管理制度和配套政策，克服行政化倾向，取消实际存在的行政级别和行政化管理模式。

（三十九）落实和扩大学校办学自主权。政府及其部门要树立服务意识，改进管理方式，完善监管机制，减少和规范对学校的行政审批事项,依法保障学校充分行使办学自主权和承担相应责任。

(四十)完善中国特色现代大学制度。完善治理结构。公办高等学校要坚持和完善党委领导下的校长负责制。健全议事规则与决策程序,依法落实党委、校长职权。完善大学校长选拔任用办法。充分发挥学术委员会在学科建设、学术评价、学术发展中的重要作用。探索教授治学的有效途径,充分发挥教授在教学、学术研究和学校管理中的作用。加强教职工代表大会、学生代表大会建设,发挥群众团体的作用。

加强章程建设。

扩大社会合作。

推进专业评价。

(四十一)完善中小学学校管理制度。完善普通中小学和中等职业学校校长负责制。完善校长任职条件和任用办法。实行校务会议等管理制度,建立健全教职工代表大会制度,不断完善科学民主决策机制。扩大中等职业学校专业设置自主权。建立中小学家长委员会。引导社区和有关专业人士参与学校管理和监督。发挥企业参与中等职业学校发展的作用。建立中等职业学校与行业、企业合作机制。

第十四章 办学体制改革

(四十二)深化办学体制改革。坚持教育公益性原则,健全政府主导、社会参与、办学主体多元、办学形式多样、充满生机活力的办学体制,形成以政府办学为主体、全社会积极参与、公办教育和民办教育共同发展的格局。调动全社会参与的积极性,进一步激发教育活力,满足人民群众多层次、多样化的教育需求。

(四十三)大力支持民办教育。

依法落实民办学校、学生、教师与公办学校、学生、教师平等的法律地位,保障民办学校办学自主权。健全公共财政对民办教育的扶持政策。

(四十四)依法管理民办教育。

第十五章 管理体制改革

(四十五)健全统筹有力、权责明确的教育管理体制。以转变政府职能和简政放权为重点,深化教育管理体制改革,提高公共教育服务水平。明确各级政府责任,规范学校办学行为,促进管办评分离,形成政事分开、权责明确、统筹协调、规范有序的教育管理体制。中央政府统一领导和管理国家教育事业,制定发展规划、方针政策和基本标准,优化学科专业、类型、层次结构和区域布局。整体部署教育改革试验,统筹区域协调发展。地方政府负责落实国家方针政策,开展教育改革试验,根据职责分工负责区域内教育改革、发展和稳定。

(四十六)加强省级政府教育统筹。进一步加大省级政府对区域内各级各类教育的统筹。统筹管理义务教育,推进城乡义务教育均衡发展,依法落实发展义务教育的财政责任。

(四十七)转变政府教育管理职能。各级政府要切实履行统筹规划、政策引导、监督管理和提供公共教育服务的职责,建立健全公共教育服务体系,逐步实现基本公共教育服务均等化,维护教育公平和教育秩序。改变直接管理学校的单一方式,综合应用立法、拨款、规划、信息服务、政策指导和必要的行政措施,减少不必要的行政干预。

【真题链接】

【例16】《国家中长期教育改革和发展规划纲要（2010—2020年）》提出健全统筹有力、权责明确的教育管理机制。深化教育管理体制改革的重点是（　　）。（2014年下·小学）

A. 加强省级政府的教育统筹　　B. 规范政府管理权限和职责
C. 建立依法办学的学校制度　　D. 转变政府职能和简政放权

【答案】D。

第十六章　扩大教育开放

（四十八）加强国际交流与合作。

（四十九）引进优质教育资源。

（五十）提高交流合作水平。

第四部分　保障措施
第十七章　加强教师队伍建设

（五十一）建设高素质教师队伍。教育大计，教师为本。有好的教师，才有好的教育。提高教师地位，维护教师权益，改善教师待遇，使教师成为受人尊重的职业。严格教师资质，提升教师素质，努力造就一支师德高尚、业务精湛、结构合理、充满活力的高素质专业化教师队伍。

（五十二）加强师德建设。加强教师职业理想和职业道德教育，增强广大教师教书育人的责任感和使命感。教师要关爱学生，严谨笃学，淡泊名利，自尊自律，以人格魅力和学识魅力教育感染学生，做学生健康成长的指导者和引路人。将师德表现作为教师考核、聘任（聘用）和评价的首要内容。采取综合措施，建立长效机制，形成良好学术道德和学术风气，克服学术浮躁，查处学术不端行为。

（五十三）提高教师业务水平。完善培养培训体系，做好培养培训规划，优化队伍结构，提高教师专业水平和教学能力。通过研修培训、学术交流、项目资助等方式，培养教育教学骨干、"双师型"教师、学术带头人和校长，造就一批教学名师和学科领军人才。

以农村教师为重点，提高中小学教师队伍整体素质。创新农村教师补充机制，完善制度政策，吸引更多优秀人才从教。积极推进师范生免费教育，实施农村义务教育学校教师特设岗位计划，完善代偿机制，鼓励高校毕业生到艰苦边远地区当教师。完善教师培训制度，将教师培训经费列入政府预算，对教师实行每五年一周期的全员培训。加大民族地区双语教师培养培训力度。加强校长培训，重视辅导员和班主任培训。加强教师教育，构建以师范院校为主体、综合大学参与、开放灵活的教师教育体系。深化教师教育改革，创新培养模式，增强实习实践环节，强化师德修养和教学能力训练，提高教师培养质量。

【真题链接】

【例17】根据《国家中长期教育改革和发展规划纲要（2010—2020年）》的规定，提高中小学教师队伍整体素质（　　）。（2014年下·中学）

A. 以农村教师为重点　　B. 以城市教师为重点
C. 以边区教师为重点　　D. 以西部教师为重点

【答案】A。

【真题链接】

【例18】《国家中长期教育改革和发展规划纲要（2010—2020年）》提出，对中小学教师实行（   ）。（2013年下·小学）

A.每七年一周期的全员培训　　　　B.每三年一周期的全员培训

C.每两年一周期的全员培训　　　　D.每五年一周期的全员培训

【答案】D。

【例19】《国家中长期教育改革和发展规划纲要（2010—2020年）》提出了构建灵活开放的教师教育管理体系的改革目标。关于这一目标，下列表述中正确的一项是（   ）。（2012年下·小学）

A.师范院校为主体，校本培训为辅　　　B.师范院校为主体，综合大学参与

C.校本培训为主体，师范院校为辅　　　D.综合大学为主体，师范院校参与

【答案】B。

以"双师型"教师为重点，加强职业院校教师队伍建设。加大职业院校教师培养培训力度。依托相关高等学校和大中型企业，共建"双师型"教师培养培训基地。完善教师定期到企业实践制度。完善相关人事制度，聘任（聘用）具有实践经验的专业技术人员和高技能人才担任专兼职教师，提高持有专业技术资格证书和职业资格证书教师比例。

以中青年教师和创新团队为重点，建设高素质的高校教师队伍。大力提高高校教师教学水平、科研创新和社会服务能力。促进跨学科、跨单位合作，形成高水平教学和科研创新团队。创新人事管理和薪酬分配方式，引导教师潜心教学科研，鼓励中青年优秀教师脱颖而出。实施海外高层次人才引进计划、"长江学者奖励计划"和"国家杰出青年科学基金"等人才项目，为高校集聚具有国际影响的学科领军人才。

（五十四）提高教师地位待遇。不断改善教师的工作、学习和生活条件，吸引优秀人才长期从教、终身从教。依法保证教师平均工资水平不低于或者高于国家公务员的平均工资水平，并逐步提高。落实教师绩效工资。对长期在农村基层和艰苦边远地区工作的教师，在工资、职务（职称）等方面实行倾斜政策，完善津贴补贴标准。建设农村艰苦边远地区学校教师周转宿舍。研究制定优惠政策，改善教师工作和生活条件。关心教师身心健康。落实和完善教师医疗养老等社会保障政策。国家对在农村地区长期从教、贡献突出的教师给予奖励。

【真题链接】

【例20】《国家中长期教育改革和发展规划纲要（2010—2020年）》提出，要提高教师地位待遇，并提出了一系列保障措施。下列选项中，不符合规定的是（   ）。（2016年下·中学）

A.落实教师绩效工资

B.保证教师工资水平不低于其他行业水平

C.建设农村艰苦边远地区学校教师周转宿舍

D.对长期在农村工作的教师在工资方面实行倾斜

【答案】B。

【解析】《国家中长期教育改革和发展规划纲要（2010—2020年）》提出，要保证教师工资水平不低于国家公务员平均工资水平，而不是不低于所有行业。

（五十五）健全教师管理制度。完善并严格实施教师准入制度，严把教师入口关。国家制定教师资格标准，提高教师任职学历标准和品行要求。建立教师资格证书定期登记制度。省级教育行政部门统一组织中小学教师资格考试和资格认定，县级教育行政部门按规定履行中小学教师的招聘录用、职务（职称）评聘、培养培训和考核等管理职能。

逐步实行城乡统一的中小学编制标准，对农村边远地区实行倾斜政策。制定幼儿园教师配备标准。建立统一的中小学教师职务（职称）系列，在中小学设置正高级教师职务（职称）。探索在职业学校设置正高级教师职务（职称）。制定高等学校编制标准。加强学校岗位管理，创新聘用方式，规范用人行为，完善激励机制，激发教师积极性和创造性。建立健全义务教育学校教师和校长流动机制。城镇中小学教师在评聘高级职务（职称）时，原则上要有一年以上在农村学校或薄弱学校任教经历。加强教师管理，完善教师退出机制。制定校长任职资格标准，促进校长专业化，提高校长管理水平。推行校长职级制。

【注意】编制主要指的是教师的数量，向农村边远地区倾斜，可以吸引更多的教师投身农村教育事业。考试中，容易将编制标准、课程标准、课程方案混在一起进行考查，学习的时候要明白每个名词的具体含义。

创造有利条件，鼓励教师和校长在实践中大胆探索，创新教育思想、教育模式和教育方法，形成教学特色和办学风格，造就一批教育家，倡导教育家办学。大力表彰和宣传模范教师的先进事迹。国家对作出突出贡献的教师和教育工作者设立荣誉称号。

【真题链接】

【例21】教师王某认为自己是师范毕业生，而且获得了教师资格证书，就能终身从教了。王某的想法（　　）。（2015年上·中学）

A. 不符合统一城乡教师编制的准备要求　　B. 不符合教师资格证定期登记制度的规定

C. 不符合统一中小学教师职称条例的规定　　D. 不符合严格实施教师准入制度的要求

【答案】B。

【解析】《国家中长期教育改革和发展规划纲要（2010—2020年）》提出，要建立教师资格证书定期登记制度。

第十八章　保障经费投入

（五十六）加大教育投入。教育投入是支撑国家长远发展的基础性、战略性投资，是教育事业的物质基础，是公共财政的重要职能。要健全以政府投入为主、多渠道筹集教育经费的体制，大幅度增加教育投入。

（五十七）完善投入机制。进一步明确各级政府提供公共教育服务职责，完善各级教育经费投入机制，保障学校办学经费的稳定来源和增长。各地根据国家办学条件基本标准和教育教学基本需要，制定并逐步提高区域内各级学校学生人均经费基本标准和学生人均财政拨款基本标准。

义务教育全面纳入财政保障范围，实行国务院和地方各级人民政府根据职责共同负担，省、自治区、直辖市人民政府负责统筹落实的投入体制。进一步完善中央财政和地方财政分项目、按比例分担的农村义务教育经费保障机制，提高保障水平。尽快化解农村义务教育学校债务。

非义务教育实行以政府投入为主、受教育者合理分担、其他多种渠道筹措经费的投入机制。

健全国家资助政策体系。各地根据学前教育普及程度和发展情况，逐步对农村家庭经济困难和城镇低保家庭子女接受学前教育予以资助。提高农村义务教育家庭经济困难寄宿生生活补助标准，改善中小学生营养状况。建立普通高中家庭经济困难学生国家资助制度。完善普通本科高校、高等职业学校和中等职业学校家庭经济困难学生资助政策体系。完善助学贷款体制机制。推进生源地信用助学贷款。建立健全研究生教育收费制度，完善资助政策，设立研究生国家奖学金。根据经济发展水平和财力状况，建立国家奖助学金标准动态调整机制。

（五十八）加强经费管理。

完善学校收费管理办法，规范学校收费行为和收费资金使用管理。坚持勤俭办学，严禁铺张浪费，建设节约型学校。

第十九章 加快教育信息化进程

（五十九）加快教育信息基础设施建设。信息技术对教育发展具有革命性影响，必须予以高度重视。把教育信息化纳入国家信息化发展整体战略，超前部署教育信息网络。**到2020年，基本建成覆盖城乡各级各类学校的教育信息化体系，促进教育内容、教学手段和方法现代化。**充分利用优质资源和先进技术，创新运行机制和管理模式，整合现有资源，建设先进、高效、实用的数字化教育基础设施。加快终端设施普及，推进数字化校园建设，实现多种方式接入互联网。重点加强农村学校信息基础建设，缩小城乡数字化差距。加快中国教育和科研计算机网、中国教育卫星宽带传输网升级换代。制定教育信息化基本标准，促进信息系统互联互通。

（六十）加强优质教育资源开发与应用。

（六十一）构建国家教育管理信息系统。

第二十章 推进依法治教

（六十二）完善教育法律法规。按照全面实施依法治国基本方略的要求，加快教育法制建设进程，完善中国特色社会主义教育法律法规。根据经济社会发展和教育改革的需要，修订教育法、职业教育法、高等教育法、学位条例、教师法、民办教育促进法，制定有关考试、学校、终身学习、学前教育、家庭教育等法律。加强教育行政法规建设。各地根据当地实际，制定促进本地区教育发展的地方性法规和规章。

（六十三）全面推进依法行政。各级政府要按照建设法治政府的要求，依法履行教育职责。及时查处违反教育法律法规、侵害受教育者权益、扰乱教育秩序等行为，依法维护学校、学生、教师、校长和举办者的权益。完善教育信息公开制度，保障公众对教育的知情权、参与权和监督权。

（六十四）大力推进依法治校。学校要建立完善符合法律规定、体现自身特色的学校章程和制度，依法办学，从严治校，认真履行教育教学和管理职责。**尊重教师权利，加强教师管理。保障学生的受教育权，对学生实施的奖励与处分要符合公平、公正原则。**健全符合法治原则的教育救济制度。

开展普法教育。促进师生员工提高法律素质和公民意识，自觉知法守法，遵守公共生活秩序，做遵纪守法的楷模。

> 【真题链接】
>
> 【例22】《国家中长期教育改革和发展规划纲要（2010—2020年）》关于加强教师队伍建设提出下列一系列政策措施，其中不包括（　　）。（2015年下·中学）
> A.提高教师地位待遇　　　　　B.提高教师业务水平
> C.健全教师管理制度　　　　　D.大力推进依法治校
> 【答案】D。

二、《中华人民共和国教育法》

1.《中华人民共和国教育法》（简称《教育法》）是我国教育工作的根本大法，是依法治教的根本大法。各种单行教育法的制定和实施，应以《教育法》为依据，不得与《教育法》确立的原则和规范相抵触。

2.《中华人民共和国教育法》主要内容梳理

中华人民共和国教育法

（1995年3月18日第八届全国人民代表大会第三次会议通过　根据2009年8月27日第十一届全国人民代表大会常务委员会第十次会议《关于修改部分法律的决定》第一次修正　根据2015年12月27日第十二届全国人民代表大会常务委员会第十八次会议《关于修改〈中华人民共和国教育法〉的决定》第二次修正）

第一章　总则

第一条　为了发展教育事业，提高全民族的素质，促进社会主义物质文明和精神文明建设，根据宪法，制定本法。

第二条　在中华人民共和国境内的各级各类教育，适用本法。

第三条　国家坚持以马克思列宁主义、毛泽东思想和建设有中国特色社会主义理论为指导，遵循宪法确定的基本原则，发展社会主义的教育事业。

第四条　教育是社会主义现代化建设的基础，国家保障教育事业优先发展。

全社会应当关心和支持教育事业的发展。

全社会应当尊重教师。

第五条　教育必须为社会主义现代化建设服务、为人民服务，必须与生产劳动和社会实践相结合，培养德、智、体、美等方面全面发展的社会主义建设者和接班人。

第六条　教育应当坚持立德树人，对受教育者加强社会主义核心价值观教育，增强受教育者的社会责任感、创新精神和实践能力。

国家在受教育者中进行爱国主义、集体主义、中国特色社会主义的教育，进行理想、道德、纪律、法治、国防和民族团结的教育。

第七条　教育应当继承和弘扬中华民族优秀的历史文化传统，吸收人类文明发展的一切优秀成果。

第八条　教育活动必须符合国家和社会公共利益。

国家实行教育与宗教相分离。任何组织和个人不得利用宗教进行妨碍国家教育制度的活动。

【真题链接】

【例1】"教育活动必须符合国家和社会公共利益",这句话体现的原则是(　　)(2013年下·中学)

A.国家性原则　　　　B.公共性原则　　　　C.方向性原则　　　　D.强制性原则

【答案】B。

第九条 中华人民共和国公民有受教育的权利和义务。

公民不分民族、种族、性别、职业、财产状况、宗教信仰等,依法享有平等的受教育机会。

第十条 国家根据各少数民族的特点和需要,帮助各少数民族地区发展教育事业。

国家扶持边远贫困地区发展教育事业。

国家扶持和发展残疾人教育事业。

第十一条 国家适应社会主义市场经济发展和社会进步的需要,推进教育改革,推动各级各类教育协调发展、衔接融通,完善现代国民教育体系,健全终身教育体系,提高教育现代化水平。

国家采取措施促进教育公平,推动教育均衡发展。

国家支持、鼓励和组织教育科学研究,推广教育科学研究成果,促进教育质量提高。

第十二条 国家通用语言文字为学校及其他教育机构的基本教育教学语言文字,学校及其他教育机构应当使用国家通用语言文字进行教育教学。

民族自治地方以少数民族学生为主的学校及其他教育机构,从实际出发,使用国家通用语言文字和本民族或者当地民族通用的语言文字实施双语教育。

国家采取措施,为少数民族学生为主的学校及其他教育机构实施双语教育提供条件和支持。

【真题链接】

【例2】教师王某在课堂上使用方言而不是普通话教学,王某的教学行为(　　)。(2014年上·中学)

A.合法,只要课堂教学效果好,用哪种语言教学无所谓

B.合法,都是当地学生,用方言教学更易与学生交流

C.不合法,教师在教学过程中应使用全国通用的普通话

D.不合法,违反了教育应弘扬优秀文化传统的原则

【答案】C。

第十三条 国家对发展教育事业作出突出贡献的组织和个人,给予奖励。

第十四条 国务院和地方各级人民政府根据分级管理、分工负责的原则,领导和管理教育工作。

中等及中等以下教育在国务院领导下,由地方人民政府管理。

高等教育由国务院和省、自治区、直辖市人民政府管理。

【真题链接】

【例3】国务院和地方各级人民政府领导和管理教育的原则是(　　)。(2012年下·小学)

A.分级管理,分工负责　B.统筹规划,以县为主　C.统筹规划,协调管理　D.统一管理,分工负责

【答案】A。

第十五条 国务院教育行政部门主管全国教育工作，统筹规划、协调管理全国的教育事业。

县级以上地方各级人民政府教育行政部门主管本行政区域内的教育工作。

县级以上各级人民政府其他有关部门在各自的职责范围内，负责有关的教育工作。

【提示】国务院教育行政部门，指中华人民共和国教育部。县级以上各级人民政府教育行政部门，市、县（区）级一般称教育局，部分地方称教体局（教育和体育局），省级一般称教育厅（部分地方称"教委"）。

第十六条 国务院和县级以上地方各级人民政府应当向本级人民代表大会或者其常务委员会报告教育工作和教育经费预算、决算情况，接受监督。

第二章　教育基本制度

第十七条 国家实行学前教育、初等教育、中等教育、高等教育的学校教育制度。

国家建立科学的学制系统。学制系统内的学校和其他教育机构的设置、教育形式、修业年限、招生对象、培养目标等，由国务院或者由国务院授权教育行政部门规定。

第十八条 国家制定学前教育标准，加快普及学前教育，构建覆盖城乡，特别是农村的学前教育公共服务体系。

各级人民政府应当采取措施，为适龄儿童接受学前教育提供条件和支持。

第十九条 国家实行九年制义务教育制度。

各级人民政府采取各种措施保障适龄儿童、少年就学。

适龄儿童、少年的父母或者其他监护人以及有关社会组织和个人有义务使适龄儿童、少年接受并完成规定年限的义务教育。

第二十条 国家实行职业教育制度和继续教育制度。

各级人民政府、有关行政部门和行业组织以及企业事业组织应当采取措施，发展并保障公民接受职业学校教育或者各种形式的职业培训。

国家鼓励发展多种形式的继续教育，使公民接受适当形式的政治、经济、文化、科学、技术、业务等方面的教育，促进不同类型学习成果的互认和衔接，推动全民终身学习。

第二十一条 国家实行国家教育考试制度。

国家教育考试由国务院教育行政部门确定种类，并由国家批准的实施教育考试的机构承办。

第二十二条 国家实行学业证书制度。

经国家批准设立或者认可的学校及其他教育机构按照国家有关规定，颁发学历证书或者其他学业证书。

第二十三条 国家实行学位制度。

学位授予单位依法对达到一定学术水平或者专业技术水平的人员授予相应的学位，颁发学位证书。

第二十四条 各级人民政府、基层群众性自治组织和企业事业组织应当采取各种措施，开展扫除文盲的教育工作。

按照国家规定具有接受扫除文盲教育能力的公民，应当接受扫除文盲的教育。

第二十五条 国家实行教育督导制度和学校及其他教育机构教育评估制度。

【真题链接】

【例4】下列选项中，哪一项不属于《中华人民共和国教育法》所确立的我国基本教育制度？（   ）（2013年上·小学）

A.学业证书制度　　　　B.教育考试制度　　　　C.教育督导制度　　　　D.教师培训制度

【答案】D。

【解析】教师培训制度，指的是教师有参加培训进修的权利，它不属于基本的教育制度。

第三章　学校及其他教育机构

第二十六条　国家制定教育发展规划，并举办学校及其他教育机构。

国家鼓励企业事业组织、社会团体、其他社会组织及公民个人依法举办学校及其他教育机构。

国家举办学校及其他教育机构，应当坚持勤俭节约的原则。

以财政性经费、捐赠资产举办或者参与举办的学校及其他教育机构不得设立为营利性组织。

第二十七条　设立学校及其他教育机构，必须具备下列基本条件：

（一）有组织机构和章程；

（二）有合格的教师；

（三）有符合规定标准的教学场所及设施、设备等；

（四）有必备的办学资金和稳定的经费来源。

【真题链接】

【例5】依据《中华人民共和国教育法》的相关规定，某地拟设立一所新学校。下列不属于该学校设立必备条件的是（   ）。（2016年上·中学）

A.有组织机构和章程　　B.有充足的生源　　C.有合格的教师　　D.有稳定的经费来源

【答案】B。

第二十八条　学校及其他教育机构的设立、变更和终止，应当按照国家有关规定办理审核、批准、注册或者备案手续。

第二十九条　学校及其他教育机构行使下列权利：

（一）按照章程自主管理；

（二）组织实施教育教学活动；

（三）招收学生或者其他受教育者；

（四）对受教育者进行学籍管理，实施奖励或者处分；

（五）对受教育者颁发相应的学业证书；

（六）聘任教师及其他职工，实施奖励或者处分；

（七）管理、使用本单位的设施和经费；

（八）拒绝任何组织和个人对教育教学活动的非法干涉；

（九）法律、法规规定的其他权利。

国家保护学校及其他教育机构的合法权益不受侵犯。

第三十条 学校及其他教育机构应当履行下列义务：

（一）遵守法律、法规；

（二）贯彻国家的教育方针，执行国家教育教学标准，保证教育教学质量；

（三）维护受教育者、教师及其他职工的合法权益；

（四）以适当方式为受教育者及其监护人了解受教育者的学业成绩及其他有关情况提供便利；

（五）遵照国家有关规定收取费用并公开收费项目；

（六）依法接受监督。

第三十一条 学校及其他教育机构的举办者按照国家有关规定，确定其所举办的学校或者其他教育机构的管理体制。

学校及其他教育机构的校长或者主要行政负责人必须由具有中华人民共和国国籍、在中国境内定居，并具备国家规定任职条件的公民担任，其任免按照国家有关规定办理。学校的教学及其他行政管理，由校长负责。

学校及其他教育机构应当按照国家有关规定，通过以教师为主体的教职工代表大会等组织形式，保障教职工参与民主管理和监督。

第三十二条 学校及其他教育机构具备法人条件的，自批准设立或者登记注册之日起取得法人资格。
学校及其他教育机构在民事活动中依法享有民事权利，承担民事责任。
学校及其他教育机构中的国有资产属于国家所有。
学校及其他教育机构兴办的校办产业独立承担民事责任。

【真题链接】

【例6】某公立小学符合办学条件，具备法人条件。该校取得法人资格应该始于（   ）。（2017年上·小学）

A.批准之日　　　　B.批准次日　　　　C.登记注册之日　　　　D.登记注册次日

【答案】C。

【例7】因经营不善，某学校兴办的校办产业负债20多万元。根据《中华人民共和国教育法》，对这一债务，应当承担偿还责任的是（   ）。（2013年上·小学）

A.学校　　　　B.校长　　　　C.校办产业　　　　D.政府

【答案】C。

第四章　教师和其他教育工作者

第三十三条 教师享有法律规定的权利，履行法律规定的义务，忠诚于人民的教育事业。

第三十四条 国家保护教师的合法权益，改善教师的工作条件和生活条件，提高教师的社会地位。

教师的工资报酬、福利待遇，依照法律、法规的规定办理。

第三十五条 国家实行教师资格、职务、聘任制度，通过考核、奖励、培养和培训，提高教师素质，加强教师队伍建设。

第三十六条 学校及其他教育机构中的管理人员，实行教育职员制度。

学校及其他教育机构中的教学辅助人员和其他专业技术人员，实行专业技术职务聘任制度。

第五章 受教育者

第三十七条 受教育者在入学、升学、就业等方面依法享有平等权利。

学校和有关行政部门应当按照国家有关规定，保障女子在入学、升学、就业、授予学位、派出留学等方面享有同男子平等的权利。

第三十八条 国家、社会对符合入学条件、家庭经济困难的儿童、少年、青年，提供各种形式的资助。

第三十九条 国家、社会、学校及其他教育机构应当根据残疾人身心特性和需要实施教育，并为其提供帮助和便利。

第四十条 国家、社会、家庭、学校及其他教育机构应当为有违法犯罪行为的未成年人接受教育创造条件。

第四十一条 从业人员有依法接受职业培训和继续教育的权利和义务。

国家机关、企业事业组织和其他社会组织，应当为本单位职工的学习和培训提供条件和便利。

第四十二条 国家鼓励学校及其他教育机构、社会组织采取措施，为公民接受终身教育创造条件。

第四十三条 受教育者享有下列权利：

（一）参加教育教学计划安排的各种活动，使用教育教学设施、设备、图书资料；

（二）按照国家有关规定获得奖学金、贷学金、助学金；

（三）在学业成绩和品行上获得公正评价，完成规定的学业后获得相应的学业证书、学位证书；

（四）对学校给予的处分不服向有关部门提出申诉，对学校、教师侵犯其人身权、财产权等合法权益，提出申诉或者依法提起诉讼；

（五）法律、法规规定的其他权利。

第四十四条 受教育者应当履行下列义务：

（一）遵守法律、法规；

（二）遵守学生行为规范，尊敬师长，养成良好的思想品德和行为习惯；

（三）努力学习，完成规定的学习任务；

（四）遵守所在学校或者其他教育机构的管理制度。

第四十五条 教育、体育、卫生行政部门和学校及其他教育机构应当完善体育、卫生保健设施，保护学生的身心健康。

第六章 教育与社会

第四十六条 国家机关、军队、企业事业组织、社会团体及其他社会组织和个人，应当依法为儿童、少年、青年学生的身心健康成长创造良好的社会环境。

第四十七条 国家鼓励企业事业组织、社会团体及其他社会组织同高等学校、中等职业学校在教学、科研、技术开发和推广等方面进行多种形式的合作。

企业事业组织、社会团体及其他社会组织和个人，可以通过适当形式，支持学校的建设，参与学校管理。

第四十八条 国家机关、军队、企业事业组织及其他社会组织应当为学校组织的学生实习、社会实践活动提供帮助和便利。

第四十九条 学校及其他教育机构在不影响正常教育教学活动的前提下，应当积极参加当地的社会公益活动。

第五十条 未成年人的父母或者其他监护人应当为其未成年子女或者其他被监护人受教育提供必要条件。

未成年人的父母或者其他监护人应当配合学校及其他教育机构，对其未成年子女或者其他被监护人进行教育。

学校、教师可以对学生家长提供家庭教育指导。

第五十一条 图书馆、博物馆、科技馆、文化馆、美术馆、体育馆（场）等社会公共文化体育设施，以及历史文化古迹和革命纪念馆（地），应当对教师、学生实行优待，为受教育者接受教育提供便利。

广播、电视台（站）应当开设教育节目，促进受教育者思想品德、文化和科学技术素质的提高。

第五十二条 国家、社会建立和发展对未成年人进行校外教育的设施。

学校及其他教育机构应当同基层群众性自治组织、企业事业组织、社会团体相互配合，加强对未成年人的校外教育工作。

第五十三条 国家鼓励社会团体、社会文化机构及其他社会组织和个人开展有益于受教育者身心健康的社会文化教育活动。

第七章　教育投入与条件保障

第五十四条 国家建立以财政拨款为主、其他多种渠道筹措教育经费为辅的体制，逐步增加对教育的投入，保证国家举办的学校教育经费的稳定来源。

企业事业组织、社会团体及其他社会组织和个人依法举办的学校及其他教育机构，办学经费由举办者负责筹措，各级人民政府可以给予适当支持。

【真题链接】

【例8】关于国家教育经费投入体制构成，正确的是（　　）。（2013年上·中学）

A. 财政拨款为主，其他渠道为辅　　　　B. 财政拨款为主，社会捐赠为辅

C. 自筹拨款为主，财政拨款为辅　　　　D. 自筹经费为主，收缴学费为辅

【答案】A。

第五十五条 国家财政性教育经费支出占国民生产总值的比例应当随着国民经济的发展和财政收入的增长逐步提高。具体比例和实施步骤由国务院规定。

全国各级财政支出总额中教育经费所占比例应当随着国民经济的发展逐步提高。

第五十六条 各级人民政府的教育经费支出，按照事权和财权相统一的原则，在财政预算中单独列项。

各级人民政府教育财政拨款的增长应当高于财政经常性收入的增长，并使按在校学生人数平均的教育费用逐步增长，保证教师工资和学生人均公用经费逐步增长。

第五十七条 国务院及县级以上地方各级人民政府应当设立教育专项资金，重点扶持边远贫困地区、少数民族地区实施义务教育。

第五十八条 税务机关依法足额征收教育费附加，由教育行政部门统筹管理，主要用于实施义务教育。省、自治区、直辖市人民政府根据国务院的有关规定，可以决定开征用于教育的地方附加费，专款专用。

第五十九条 国家采取优惠措施，鼓励和扶持学校在不影响正常教育教学的前提下开展勤工俭学和社会服务，兴办校办产业。

> 【真题链接】
>
> 【例9】某公立小学为了筹集更多的经费改善学校办学条件，兴办了一所校办工厂。该小学的做法（　　）。（2014年下·小学）
>
> A. 合法，在不影响正常教育教学的前提下学校可以开展营利活动
>
> B. 合法，在不影响正常教育教学的前提下学校可以兴办校办产业
>
> C. 不合法，违反了教育活动必须符合国家和社会公共利益的规定
>
> D. 不合法，违反了学校不得从事勤工俭学和社会营利服务的规定
>
> 【答案】B。

第六十条 国家鼓励境内、境外社会组织和个人捐资助学。

第六十一条 国家财政性教育经费、社会组织和个人对教育的捐赠，必须用于教育，不得挪用、克扣。

第六十二条 国家鼓励运用金融、信贷手段，支持教育事业的发展。

第六十三条 各级人民政府及其教育行政部门应当加强对学校及其他教育机构教育经费的监督管理，提高教育投资效益。

第六十四条 地方各级人民政府及其有关行政部门必须把学校的基本建设纳入城乡建设规划，统筹安排学校的基本建设用地及所需物资，按照国家有关规定实行优先、优惠政策。

第六十五条 各级人民政府对教科书及教学用图书资料的出版发行，对教学仪器、设备的生产和供应，对用于学校教育教学和科学研究的图书资料、教学仪器、设备的进口，按照国家有关规定实行优先、优惠政策。

第六十六条 国家推进教育信息化，加快教育信息基础设施建设，利用信息技术促进优质教育资源普及共享，提高教育教学水平和教育管理水平。

县级以上人民政府及其有关部门应当发展教育信息技术和其他现代化教学方式，有关行政部门应当优先安排，给予扶持。

国家鼓励学校及其他教育机构推广运用现代化教学方式。

第八章　教育对外交流与合作

第六十七条 国家鼓励开展教育对外交流与合作，支持学校及其他教育机构引进优质教育资源，依法开展中外合作办学，发展国际教育服务，培养国际化人才。

教育对外交流与合作坚持独立自主、平等互利、相互尊重的原则，不得违反中国法律，不得损害国家主权、安全和社会公共利益。

第六十八条 中国境内公民出国留学、研究、进行学术交流或者任教，依照国家有关规定办理。

第六十九条 中国境外个人符合国家规定的条件并办理有关手续后，可以进入中国境内学校及其他教育机构学习、研究、进行学术交流或者任教，其合法权益受国家保护。

第七十条 中国对境外教育机构颁发的学位证书、学历证书及其他学业证书的承认，依照中华人民共和国缔结或者加入的国际条约办理，或者按照国家有关规定办理。

第九章 法律责任

第七十一条 违反国家有关规定，不按照预算核拨教育经费的，由同级人民政府限期核拨；情节严重的，对直接负责的主管人员和其他直接责任人员，依法给予处分。

违反国家财政制度、财务制度，挪用、克扣教育经费的，由上级机关责令限期归还被挪用、克扣的经费，并对直接负责的主管人员和其他直接责任人员，依法给予处分；构成犯罪的，依法追究刑事责任。

【真题链接】

【例10】某县教育局局长马某挪用教育经费，建造教育局办公大楼。对于马某的行为，应当依法（　　）。（2015年上·小学）

A.给予行政处分　　　B.给予行政拘留　　　C.责令限期改正　　　D.责令赔礼道歉

【答案】A。

第七十二条 结伙斗殴、寻衅滋事，扰乱学校及其他教育机构教育教学秩序或者破坏校舍、场地及其他财产的，由公安机关给予治安管理处罚；构成犯罪的，依法追究刑事责任。

侵占学校及其他教育机构的校舍、场地及其他财产的，依法承担民事责任。

【真题链接】

【例11】钱某闯入某乡中心学校寻衅滋事，砸坏了一间教室的门，按照《中华人民共和国教育法》的规定，对于钱某（　　）。（2017年下·小学）

A.应由乡人民政府给予治安管理处罚　　　B.应由公安机关给予治安管理处罚
C.应由该中心学校给予教育行政处罚　　　D.应由教育行政部门给予行政拘留

【答案】B。

第七十三条 明知校舍或者教育教学设施有危险，而不采取措施，造成人员伤亡或者重大财产损失的，对直接负责的主管人员和其他直接责任人员，依法追究刑事责任。

第七十四条 违反国家有关规定，向学校或者其他教育机构收取费用的，由政府责令退还所收费用；对直接负责的主管人员和其他直接责任人员，依法给予处分。

第七十五条 违反国家有关规定，举办学校或者其他教育机构的，由教育行政部门或者其他有关行政部门予以撤销；有违法所得的，没收违法所得；对直接负责的主管人员和其他直接责任人员，依法给予处分。

第七十六条 学校或者其他教育机构违反国家有关规定招收学生的，由教育行政部门或者其他有关行政部门责令退回招收的学生，退还所收费用；对学校、其他教育机构给予警告，可以处违法所得五倍以下罚款；情节严重的，责令停止相关招生资格一年以上三年以下，直至撤销招生资格、吊销办学许可证；对直接负责的主管人员和其他直接责任人员，依法给予处分；构成犯罪的，依法追究刑事责任。

【真题链接】

【例12】某中学非法招生获利80多万元。依据《中华人民共和国教育法》规定，"教育行政部门或其他有关行政部门"可以对该校采取的措施是（　　）。（2018年下·中学）

A.对直接负责的主管人员追究民事责任　　　B.责令其退回所招学生并退还所收费用

C.对其他直接责任人员处以罚款　　　　　　D.没收其非法所得的财物

【答案】B。

第七十七条　在招收学生工作中徇私舞弊的，由教育行政部门或者其他有关行政部门责令退回招收的人员；对直接负责的主管人员和其他直接责任人员，依法给予处分；构成犯罪的，依法追究刑事责任。

第七十八条　学校及其他教育机构违反国家有关规定向受教育者收取费用的，由教育行政部门或者其他有关行政部门责令退还所收费用；对直接负责的主管人员和其他直接责任人员，依法给予处分。

【真题链接】

【例13】某小学给学生订购校服，校长从中拿回扣，尚未构成犯罪。依照《中华人民共和国教育法》的规定，应没收非法所得，并对该校长（　　）。（2017年上·小学）

A.给予行政处分　　　　　　　　　　　　B.给予强制措施

C.给予刑事处罚　　　　　　　　　　　　D.给予治安处罚

【答案】A。

【例14】某初级中学违反国家有关规定向学生收取补课费。依据《中华人民共和国教育法》，有权责令该校退还所收费用的是（　　）。（2017年上·中学）

A.教育行政部门　　　B.纪检部门　　　C.公安机关　　　D.物价部门

【答案】A。

【例15】某中学违规向学生收取补课费。依据《中华人民共和国教育法》，责令该校退还所收费用的机关是（　　）。（2018年上·中学）

A.教育行政部门　　　B.工商管理部门　　　C.纪检部门　　　D.公安部门

【答案】A。

第七十九条　考生在国家教育考试中有下列行为之一的，由组织考试的教育考试机构工作人员在考试现场采取必要措施予以制止并终止其继续参加考试；组织考试的教育考试机构可以取消其相关考试资格或者考试成绩；情节严重的，由教育行政部门责令停止参加相关国家教育考试一年以上三年以下；构成违反治安管理行为的，由公安机关依法给予治安管理处罚；构成犯罪的，依法追究刑事责任：

（一）非法获取考试试题或者答案的；

（二）携带或者使用考试作弊器材、资料的；

56

（三）抄袭他人答案的；

（四）让他人代替自己参加考试的；

（五）其他以不正当手段获得考试成绩的作弊行为。

第八十条 任何组织或者个人在国家教育考试中有下列行为之一，有违法所得的，由公安机关没收违法所得，并处违法所得一倍以上五倍以下罚款；情节严重的，处五日以上十五日以下拘留；构成犯罪的，依法追究刑事责任；属于国家机关工作人员的，还应当依法给予处分：

（一）组织作弊的；

（二）通过提供考试作弊器材等方式为作弊提供帮助或者便利的；

（三）代替他人参加考试的；

（四）在考试结束前泄露、传播考试试题或者答案的；

（五）其他扰乱考试秩序的行为。

第八十一条 举办国家教育考试，教育行政部门、教育考试机构疏于管理，造成考场秩序混乱、作弊情况严重的，对直接负责的主管人员和其他直接责任人员，依法给予处分；构成犯罪的，依法追究刑事责任。

第八十二条 学校或者其他教育机构违反本法规定，颁发学位证书、学历证书或者其他学业证书的，由教育行政部门或者其他有关行政部门宣布证书无效，责令收回或者予以没收；有违法所得的，没收违法所得；情节严重的，责令停止相关招生资格一年以上三年以下，直至撤销招生资格、颁发证书资格；对直接负责的主管人员和其他直接责任人员，依法给予处分。

前款规定以外的任何组织或者个人制造、销售、颁发假冒学位证书、学历证书或者其他学业证书，构成违反治安管理行为的，由公安机关依法给予治安管理处罚；构成犯罪的，依法追究刑事责任。

以作弊、剽窃、抄袭等欺诈行为或者其他不正当手段获得学位证书、学历证书或者其他学业证书的，由颁发机构撤销相关证书。购买、使用假冒学位证书、学历证书或者其他学业证书，构成违反治安管理行为的，由公安机关依法给予治安管理处罚。

第八十三条 违反本法规定，侵犯教师、受教育者、学校或者其他教育机构的合法权益，造成损失、损害的，应当依法承担民事责任。

第十章 附则

第八十四条 军事学校教育由中央军事委员会根据本法的原则规定。

宗教学校教育由国务院另行规定。

第八十五条 境外的组织和个人在中国境内办学和合作办学的办法，由国务院规定。

第八十六条 本法自1995年9月1日起施行。

三、《中华人民共和国义务教育法》

1.《中华人民共和国义务教育法》属于教育单行法，对《中华人民共和国教育法》中"国家实行九年义务教育制度"进行法律规范。

2.《中华人民共和国义务教育法》主要内容梳理

中华人民共和国义务教育法

（1986年4月12日第六届全国人民代表大会第四次会议通过，2006年6月29日第十届全国人民代表大会常务委员会第二十二次会议修订）

第一章 总则

第一条 为了保障适龄儿童、少年接受义务教育的权利，保证义务教育的实施，提高全民族素质，根据宪法和教育法，制定本法。

第二条 国家实行九年义务教育制度。

义务教育是国家统一实施的所有适龄儿童、少年必须接受的教育，是国家必须予以保障的公益性事业。

实施义务教育，不收学费、杂费。

国家建立义务教育经费保障机制，保证义务教育制度实施。

第三条 义务教育必须贯彻国家的教育方针，实施素质教育，提高教育质量，使适龄儿童、少年在品德、智力、体质等方面全面发展，为培养有理想、有道德、有文化、有纪律的社会主义建设者和接班人奠定基础。

第四条 凡具有中华人民共和国国籍的适龄儿童、少年，不分性别、民族、种族、家庭财产状况、宗教信仰等，依法享有平等接受义务教育的权利，并履行接受义务教育的义务。

第五条 各级人民政府及其有关部门应当履行本法规定的各项职责，保障适龄儿童、少年接受义务教育的权利。

适龄儿童、少年的父母或者其他法定监护人应当依法保证其按时入学接受并完成义务教育。

依法实施义务教育的学校应当按照规定标准完成教育教学任务，保证教育教学质量。

社会组织和个人应当为适龄儿童、少年接受义务教育创造良好的环境。

第六条 国务院和县级以上地方人民政府应当合理配置教育资源，促进义务教育均衡发展，改善薄弱学校的办学条件，并采取措施，保障农村地区、民族地区实施义务教育，保障家庭经济困难的和残疾的适龄儿童、少年接受义务教育。

国家组织和鼓励经济发达地区支援经济欠发达地区实施义务教育。

第七条 义务教育实行国务院领导，省、自治区、直辖市人民政府统筹规划实施，县级人民政府为主管理的体制。

县级以上人民政府教育行政部门具体负责义务教育实施工作；县级以上人民政府其他有关部门在各自的职责范围内负责义务教育实施工作。

第八条 人民政府教育督导机构对义务教育工作执行法律法规情况、教育教学质量以及义务教育均衡发展状况等进行督导，督导报告向社会公布。

第九条 任何社会组织或者个人有权对违反本法的行为向有关国家机关提出检举或者控告。

发生违反本法的重大事件，妨碍义务教育实施，造成重大社会影响的，负有领导责任的人民政府或者人民政府教育行政部门负责人应当引咎辞职。

【真题链接】

【例1】根据《中华人民共和国义务教育法》的规定："妨碍义务教育实施，造成重大社会影响的，负有领导责任的人民政府或者人民政府教育行政部门负责人（　　）。"（2015年下·中学）

A. 应该引咎辞职　　　　　　　　B. 应被就地免职

C. 应承担刑事责任　　　　　　　D. 应受行政训诫

【答案】A。

第十条 对在义务教育实施工作中作出突出贡献的社会组织和个人，各级人民政府及其有关部门按照有关规定给予表彰、奖励。

第二章 学生

第十一条 凡年满六周岁的儿童，其父母或者其他法定监护人应当送其入学接受并完成义务教育；条件不具备的地区的儿童，可以推迟到七周岁。

适龄儿童、少年因身体状况需要延缓入学或者休学的，其父母或者其他法定监护人应当提出申请，由当地乡镇人民政府或者县级人民政府教育行政部门批准。

第十二条 适龄儿童、少年免试入学。地方各级人民政府应当保障适龄儿童、少年在户籍所在地学校就近入学。

父母或者其他法定监护人在非户籍所在地工作或者居住的适龄儿童、少年，在其父母或者其他法定监护人工作或者居住地接受义务教育的，当地人民政府应当为其提供平等接受义务教育的条件。具体办法由省、自治区、直辖市规定。

县级人民政府教育行政部门对本行政区域内的军人子女接受义务教育予以保障。

【真题链接】

【例2】 亮亮是驻某地武警部队现役军人的子女。根据《中华人民共和国义务教育法》的规定，对亮亮的义务教育负有保障义务的是（　　）。（2018年下·幼儿园）

A.中央人民政府教育行政部门　　　　B.省级人民政府教育行政部门

C.市级人民政府教育行政部门　　　　D.县级人民政府教育行政部门

【答案】 D。

【例3】 在外地打工的陈某向工作所在地教育行政部门提出申请，请求审批他年满七周岁的孩子晓宝在工作地附近的公立小学就读。对于这一申请，当地教育行政部门应当（　　）。（2013年上·小学）

A.拒绝，晓宝只能在户籍所在地学校就读　　　B.批准，但要求陈某缴纳额外的学费和杂费

C.拒绝，晓宝只能选择在当地民办学校就读　　　D.批准，并为其提供平等接受义务教育的条件

【答案】 D。

第十三条 县级人民政府教育行政部门和乡镇人民政府组织和督促适龄儿童、少年入学，帮助解决适龄儿童、少年接受义务教育的困难，采取措施防止适龄儿童、少年辍学。

居民委员会和村民委员会协助政府做好工作，督促适龄儿童、少年入学。

第十四条 禁止用人单位招用应当接受义务教育的适龄儿童、少年。

根据国家有关规定经批准招收适龄儿童、少年进行文艺、体育等专业训练的社会组织，应当保证所招收的适龄儿童、少年接受义务教育；自行实施义务教育的，应当经县级人民政府教育行政部门批准。

第三章 学校

第十五条 县级以上地方人民政府根据本行政区域内居住的适龄儿童、少年的数量和分布状况等因素，按照国家有关规定，制定、调整学校设置规划。新建居民区需要设置学校的，应当与居民区的建设同步进行。

第十六条 学校建设，应当符合国家规定的办学标准，适应教育教学需要；应当符合国家规定的选址要求和建设标准，确保学生和教职工安全。

第十七条 县级人民政府根据需要设置寄宿制学校，保障居住分散的适龄儿童、少年入学接受义务教育。

第十八条 国务院教育行政部门和省、自治区、直辖市人民政府根据需要，在经济发达地区设置接收少数民族适龄儿童、少年的学校（班）。

第十九条 县级以上地方人民政府根据需要设置相应的实施特殊教育的学校（班），对视力残疾、听力语言残疾和智力残疾的适龄儿童、少年实施义务教育。特殊教育学校（班）应当具备适应残疾儿童、少年学习、康复、生活特点的场所和设施。

普通学校应当接收具有接受普通教育能力的残疾适龄儿童、少年随班就读，并为其学习、康复提供帮助。

【真题链接】

【例4】小强的腿有残疾，具有接受普通教育的能力。该上初中了，当地普通学校以小强腿有残疾为由，拒绝其入校学习。该做法（　　）。（2014年下·中学）

A. 合法，学校有招生自主权　　　　　　B. 合法，学校有办学自主权

C. 违反了《中华人民共和国义务教育法》　D. 违反了《中华人民共和国教育法》

【答案】C。

第二十条 县级以上地方人民政府根据需要，为具有预防未成年人犯罪法规定的严重不良行为的适龄少年设置专门的学校实施义务教育。

第二十一条 对未完成义务教育的未成年犯和被采取强制性教育措施的未成年人应当进行义务教育，所需经费由人民政府予以保障。

第二十二条 县级以上人民政府及其教育行政部门应当促进学校均衡发展，缩小学校之间办学条件的差距，不得将学校分为重点学校和非重点学校。学校不得分设重点班和非重点班。

县级以上人民政府及其教育行政部门不得以任何名义改变或者变相改变公办学校的性质。

【真题链接】

【例5】某县教育局根据中考成绩，将全县初级中学分为普通初中和实验初中，并对后者从师资、经费等方面予以倾斜。该县义务教育没有做到（　　）。（2015年上·中学）

A. 重点发展　　　B. 均衡发展　　　C. 协调发展　　　D. 优先发展

【答案】B。

【例6】某县级政府为了提高本县的中考成绩，将辖区内两所初中列为重点学校，并给予政策倾斜。该县政府的做法（　　）。（2016年上·中学）

A. 合法，县级政府有权自主管理　　　　B. 合法，有助于校际教育质量竞争

C. 不合法，不能设置重点校和非重点校　D. 不合法，应该平均分配各类教育资源

【答案】C。

【真题链接】

【例7】 某初级中学在初一的六个班级中设了一个重点班,该校做法( )。(2014年下·中学)

A. 正确,有利于因材施教 B. 正确,有利于提高升学率

C. 不正确,学校不得分设重点班和非重点班 D. 不正确,应由教育主管部门设立

【答案】C。

【例8】 某地区教育行政部门未经公开招标,直接将当地两所较为薄弱的公办学校移交给一家民办教育集团承办,并规定对该校所有学生按市场价格收费。该地区教育行政部门的做法( )。(2017年下·中学)

A. 合法,有利于促进薄弱学校本身的内在发展

B. 合法,有利于实现优质教育资源的均衡共享

C. 不合法,不得以任何名义改变或变相改变公办学校的性质

D. 不合法,不得以任何方式或理由规避公开招标的原则要求

【答案】C。

第二十三条 各级人民政府及其有关部门依法维护学校周边秩序,保护学生、教师、学校的合法权益,为学校提供安全保障。

第二十四条 学校应当建立、健全安全制度和应急机制,对学生进行安全教育,加强管理,及时消除隐患,预防发生事故。

县级以上地方人民政府定期对学校校舍安全进行检查;对需要维修、改造的,及时予以维修、改造。

学校不得聘用曾经因故意犯罪被依法剥夺政治权利或者其他不适合从事义务教育工作的人担任工作人员。

第二十五条 学校不得违反国家规定收取费用,不得以向学生推销或者变相推销商品、服务等方式谋取利益。

【真题链接】

【例9】 为了添置教育教学设备,某初级中学通过向学生推销学习和生活用品获取经费。学校的这种做法( )。(2015年上·中学)

A. 能促进自身发展,合情合理 B. 能解决自身困难,情有可原

C. 违反法律规定,应当追究责任 D. 违反法律规定,但可免予处理

【答案】C。

第二十六条 学校实行校长负责制。校长应当符合国家规定的任职条件。校长由县级人民政府教育行政部门依法聘任。

【真题链接】

【例10】《中华人民共和国义务教育法》规定，我国中小学实行（　　）。（2016年上·小学）

A. 校长负责制　　　　　　　　　　B. 校长责任制

C. 党委领导下的校长负责制　　　　D. 党委领导下的校长责任制

【答案】A。

【解析】校长负责制，指的是校长负责管理学校的工作。理清"负责"与"责任"的关系，就不易混淆知识了。

第二十七条 对违反学校管理制度的学生，学校应当予以批评教育，不得开除。

【真题链接】

【例11】小学生姚某经常扰乱课堂秩序，学校责令家长将其转走，否则予以开除。该校的做法（　　）。（2017年上·小学）

A. 不正确，学校应对姚某长期停课　　　B. 不正确，学校应对姚某批评教育

C. 正确，维护了正常的教学秩序　　　　D. 正确，学校拥有教学管理的权利

【答案】B。

【例12】小学生李某多次违反学校管理制度。对于李某，学校可以采取的管教方式是（　　）。（2015年上·小学）

A. 批评教育　　　B. 强制劝退　　　C. 开除学籍　　　D. 收容教育

【答案】A。

【例13】学生小涛经常旷课，不遵守学校的管理制度，学校对小涛进行教育的恰当方式是（　　）。（2013年下·小学）

A. 将他交给家长批评教育　　　B. 批评教育无效果开除他

C. 等待他自我醒悟并改正　　　D. 了解情况后耐心教育他

【答案】D。

第四章　教师

第二十八条 教师享有法律规定的权利，履行法律规定的义务，应当为人师表，忠诚于人民的教育事业。全社会应当尊重教师。

第二十九条 教师在教育教学中应当平等对待学生，关注学生的个体差异，因材施教，促进学生的充分发展。

教师应当尊重学生的人格，不得歧视学生，不得对学生实施体罚、变相体罚或者其他侮辱人格尊严的行为，不得侵犯学生合法权益。

第三十条 教师应当取得国家规定的教师资格。

国家建立统一的义务教育教师职务制度。教师职务分为初级职务、中级职务和高级职务。

第三十一条 各级人民政府保障教师工资福利和社会保险待遇，改善教师工作和生活条件；完善农村教师工资经费保障机制。

教师的平均工资水平应当不低于当地公务员的平均工资水平。

特殊教育教师享有特殊岗位补助津贴。在民族地区和边远贫困地区工作的教师享有艰苦贫困地区补助津贴。

第三十二条 县级以上人民政府应当加强教师培养工作，采取措施发展教师教育。

县级人民政府教育行政部门应当均衡配置本行政区域内学校师资力量，组织校长、教师的培训和流动，加强对薄弱学校的建设。

【真题链接】

【例14】某县教育局为将一所初级中学打造成示范学校，将全县最优秀的教师都调配给该学校，该县教育局的做法（　　）。（2014年上·中学）

A. 正确，有利于扩大当地教育的影响力
B. 正确，有利于提高教学质量
C. 不正确，违反《中华人民共和国义务教育法》的规定
D. 不正确，违反《中华人民共和国教育法》的规定

【答案】C。

【解析】县教育局的做法违背了《中华人民共和国义务教育法》中"县级人民政府教育行政部门应当均衡配置本行政区域内学校师资力量"的规定。

第三十三条 国务院和地方各级人民政府鼓励和支持城市学校教师和高等学校毕业生到农村地区、民族地区从事义务教育工作。

国家鼓励高等学校毕业生以志愿者的方式到农村地区、民族地区缺乏教师的学校任教。县级人民政府教育行政部门依法认定其教师资格，其任教时间计入工龄。

第五章 教育教学

第三十四条 教育教学工作应当符合教育规律和学生身心发展特点，面向全体学生，教书育人，将德育、智育、体育、美育等有机统一在教育教学活动中，注重培养学生独立思考能力、创新能力和实践能力，促进学生全面发展。

第三十五条 国务院教育行政部门根据适龄儿童、少年身心发展的状况和实际情况，确定教学制度、教育教学内容和课程设置，改革考试制度，并改进高级中等学校招生办法，推进实施素质教育。

学校和教师按照确定的教育教学内容和课程设置开展教育教学活动，保证达到国家规定的基本质量要求。

国家鼓励学校和教师采用启发式教育等教育教学方法，提高教育教学质量。

第三十六条 学校应当把德育放在首位，寓德育于教育教学之中，开展与学生年龄相适应的社会实践活动，形成学校、家庭、社会相互配合的思想道德教育体系，促进学生养成良好的思想品德和行为习惯。

第三十七条 学校应当保证学生的课外活动时间，组织开展文化娱乐等课外活动。社会公共文化体育设施应当为学校开展课外活动提供便利。

第三十八条 教科书根据国家教育方针和课程标准编写，内容力求精简，精选必备的基础知识、基本技能，经济实用，保证质量。

国家机关工作人员和教科书审查人员，不得参与或者变相参与教科书的编写工作。

> **【真题链接】**
>
> **【例15】** 国家机关工作人员孙某因参与小学语文教科书的编写工作被当地人民政府给予行政记过处分，并处没收全部违法所得。当地人民政府作出这一处分的法律依据是（　　）。（2015年上·小学）
>
> A.《中华人民共和国教材法》　　　　B.《中华人民共和国义务教育法》
> C.《中华人民共和国教育法》　　　　D.《中华人民共和国教师法》
>
> 【答案】B。

第三十九条 国家实行教科书审定制度。教科书的审定办法由国务院教育行政部门规定。
未经审定的教科书，不得出版、选用。

第四十条 教科书由国务院价格行政部门会同出版行政部门按照微利原则确定基准价。省、自治区、直辖市人民政府价格行政部门会同出版行政部门按照基准价确定零售价。

【提示】2015年4月24日第十二届全国人民代表大会常务委员会第十四次会议通过，对《中华人民共和国义务教育法》作出修改，将第四十条修改为："教科书价格由省、自治区、直辖市人民政府价格行政部门会同同级出版行政部门按照微利原则确定。"

第四十一条 国家鼓励教科书循环使用。

第六章　经费保障

第四十二条 国家将义务教育全面纳入财政保障范围，义务教育经费由国务院和地方各级人民政府依照本法规定予以保障。

国务院和地方各级人民政府将义务教育经费纳入财政预算，按照教职工编制标准、工资标准和学校建设标准、学生人均公用经费标准等，及时足额拨付义务教育经费，确保学校的正常运转和校舍安全，确保教职工工资按照规定发放。

国务院和地方各级人民政府用于实施义务教育财政拨款的增长比例应当高于财政经常性收入的增长比例，保证按照在校学生人数平均的义务教育费用逐步增长，保证教职工工资和学生人均公用经费逐步增长。

第四十三条 学校的学生人均公用经费基本标准由国务院财政部门会同教育行政部门制定，并根据经济和社会发展状况适时调整。制定、调整学生人均公用经费基本标准，应当满足教育教学基本需要。

省、自治区、直辖市人民政府可以根据本行政区域的实际情况，制定不低于国家标准的学校学生人均公用经费标准。

特殊教育学校（班）学生人均公用经费标准应当高于普通学校学生人均公用经费标准。

第四十四条 义务教育经费投入实行国务院和地方各级人民政府根据职责共同负担，省、自治区、直辖市人民政府负责统筹落实的体制。农村义务教育所需经费，由各级人民政府根据国务院的规定分项目、按比例分担。

各级人民政府对家庭经济困难的适龄儿童、少年免费提供教科书并补助寄宿生生活费。

义务教育经费保障的具体办法由国务院规定。

第四十五条 地方各级人民政府在财政预算中将义务教育经费单列。

县级人民政府编制预算，除向农村地区学校和薄弱学校倾斜外，应当均衡安排义务教育经费。

【真题链接】

【例16】在财政紧张的情况下，某县级人民政府仍然决定对城镇中小学给予重点投入，该做法（　　）。（2012年下·小学）

A.体现了县级人民政府对教育的财政投入责任　　B.体现了县级人民政府领导和管理教育的责任
C.违反了不得挪用义务教育经费的规定　　D.违反了应当均衡安排义务教育经费的规定

【答案】D。

第四十六条 国务院和省、自治区、直辖市人民政府规范财政转移支付制度，加大一般性转移支付规模和规范义务教育专项转移支付，支持和引导地方各级人民政府增加对义务教育的投入。地方各级人民政府确保将上级人民政府的义务教育转移支付资金按照规定用于义务教育。

第四十七条 国务院和县级以上地方人民政府根据实际需要，设立专项资金，扶持农村地区、民族地区实施义务教育。

第四十八条 国家鼓励社会组织和个人向义务教育捐赠，鼓励按照国家有关基金会管理的规定设立义务教育基金。

第四十九条 义务教育经费严格按照预算规定用于义务教育；任何组织和个人不得侵占、挪用义务教育经费，不得向学校非法收取或者摊派费用。

第五十条 县级以上人民政府建立健全义务教育经费的审计监督和统计公告制度。

第七章　法律责任

第五十一条 国务院有关部门和地方各级人民政府违反本法第六章的规定，未履行对义务教育经费保障职责的，由国务院或者上级地方人民政府责令限期改正；情节严重的，对直接负责的主管人员和其他直接责任人员依法给予行政处分。

第五十二条 县级以上地方人民政府有下列情形之一的，由上级人民政府责令限期改正；情节严重的，对直接负责的主管人员和其他直接责任人员依法给予行政处分：

（一）未按照国家有关规定制定、调整学校的设置规划的；

（二）学校建设不符合国家规定的办学标准、选址要求和建设标准的；

（三）未定期对学校校舍安全进行检查，并及时维修、改造的；

（四）未依照本法规定均衡安排义务教育经费的。

第五十三条 县级以上人民政府或者其教育行政部门有下列情形之一的，由上级人民政府或者其教育行政部门责令限期改正、通报批评；情节严重的，对直接负责的主管人员和其他直接责任人员依法给予行政处分：

（一）将学校分为重点学校和非重点学校的；

（二）改变或者变相改变公办学校性质的。

县级人民政府教育行政部门或者乡镇人民政府未采取措施组织适龄儿童、少年入学或者防止辍学的，依照前款规定追究法律责任。

第五十四条 有下列情形之一的，由上级人民政府或者上级人民政府教育行政部门、财政部门、价格行政部门和审计机关根据职责分工责令限期改正；情节严重的，对直接负责的主管人员和其他直接责任人员依法给予处分：

（一）侵占、挪用义务教育经费的；

（二）向学校非法收取或者摊派费用的。

第五十五条 学校或者教师在义务教育工作中违反教育法、教师法规定的，依照教育法、教师法的有关规定处罚。

第五十六条 学校违反国家规定收取费用的，由县级人民政府教育行政部门责令退还所收费用；对直接负责的主管人员和其他直接责任人员依法给予处分。

学校以向学生推销或者变相推销商品、服务等方式谋取利益的，由县级人民政府教育行政部门给予通报批评；有违法所得的，没收违法所得；对直接负责的主管人员和其他直接责任人员依法给予处分。

国家机关工作人员和教科书审查人员参与或者变相参与教科书编写的，由县级以上人民政府或者其教育行政部门根据职责权限责令限期改正，依法给予行政处分；有违法所得的，没收违法所得。

【真题链接】

【例17】某初级中学向学生推销学习用品谋取利益，依据《中华人民共和国义务教育法》，下列处理此事的方式不正确的是（　　）。（2018年上·中学）

A. 没收违法所得　　　　　　　　B. 给予通报批评

C. 对直接负责的主管人员依法给予处分　　D. 对其他直接责任人员给予行政处罚

【答案】D。

第五十七条 学校有下列情形之一的，由县级人民政府教育行政部门责令限期改正；情节严重的，对直接负责的主管人员和其他直接责任人员依法给予处分：

（一）拒绝接收具有接受普通教育能力的残疾适龄儿童、少年随班就读的；

（二）分设重点班和非重点班的；

（三）违反本法规定开除学生的；

（四）选用未经审定的教科书的。

【真题链接】

【例18】某农村小学使用未经审定的教科书。依据《中华人民共和国义务教育法》的规定，责令限期改正的机关是（　　）。（2017年下·小学）

A. 省级人民政府教育行政部门　　B. 市级人民政府教育行政部门

C. 县级人民政府教育行政部门　　D. 乡镇人民政府

【答案】C。

第五十八条 适龄儿童、少年的父母或者其他法定监护人无正当理由未依照本法规定送适龄儿童、少年入学接受义务教育的,由当地乡镇人民政府或者县级人民政府教育行政部门给予批评教育,责令限期改正。

> 【真题链接】
>
> 【例19】就读于农村某校的波波小学未毕业,父母让其辍学帮忙照看店里生意。依据《中华人民共和国义务教育法》的相关规定,给予波波父母批评教育并责令限期改正的机构是(   )。(2016年下·小学)
>
> A.县级人民政府　　　　　　　　B.乡镇人民政府
> C.学校　　　　　　　　　　　　D.村委会
>
> 【答案】B。

第五十九条 有下列情形之一的,依照有关法律、行政法规的规定予以处罚:

(一)胁迫或者诱骗应当接受义务教育的适龄儿童、少年失学、辍学的;

(二)非法招用应当接受义务教育的适龄儿童、少年的;

(三)出版未经依法审定的教科书的。

第六十条 违反本法规定,构成犯罪的,依法追究刑事责任。

第八章 附 则

第六十一条 对接受义务教育的适龄儿童、少年不收杂费的实施步骤,由国务院规定。

第六十二条 社会组织或者个人依法举办的民办学校实施义务教育的,依照民办教育促进法有关规定执行;民办教育促进法未作规定的,适用本法。

第六十三条 本法自2006年9月1日起施行。

四、《中华人民共和国教师法》

1.《中华人民共和国教师法》是一部教育单行法,它主要对教师的权利和义务、教师的培养和管理等方面进行法律规范。

2.《中华人民共和国教师法》主要内容梳理

中华人民共和国教师法

(1993年10月31日第八届全国人民代表大会常务委员会第四次会议通过,1993年10月31日中华人民共和国主席令第15号公布,自1994年1月1日起施行)

第一章 总 则

第一条 为了保障教师的合法权益,建设具有良好思想品德修养和业务素质的教师队伍,促进社会主义教育事业的发展,制定本法。

第二条 本法适用于在各级各类学校和其他教育机构中专门从事教育教学工作的教师。

第三条 教师是履行教育教学职责的专业人员,承担教书育人,培养社会主义事业建设者和接班人、提高民族素质的使命。教师应当忠诚于人民的教育事业。

第四条 各级人民政府应当采取措施,加强教师的思想政治教育和业务培训,改善教师的工作条件和生活条件,保障教师的合法权益,提高教师的社会地位。全社会都应当尊重教师。

第五条 国务院教育行政部门主管全国的教师工作。

国务院有关部门在各自职权范围内负责有关的教师工作。

学校和其他教育机构根据国家规定,自主进行教师管理工作。

第六条 每年九月十日为教师节。

第二章 权利和义务

第七条 教师享有下列权利:

（一）进行教育教学活动,开展教育教学改革和实验；

（二）从事科学研究、学术交流,参加专业的学术团体,在学术活动中充分发表意见；

（三）指导学生的学习和发展,评定学生的品行和学业成绩；

（四）按时获取工资报酬,享受国家规定的福利待遇以及寒暑假期的带薪休假；

（五）对学校教育教学、管理工作和教育行政部门的工作提出意见和建议,通过教职工代表大会或者其他形式,参与学校的民主管理；

（六）参加进修或者其他方式的培训。

【真题链接】

【例1】幼儿园安排行政人员,代替李老师参加教师培训,幼儿园的做法（　　）。(2015年下·幼儿园)

A. 合理,幼儿园有管理和教育员工的权利　　B. 合理,幼儿园有选派参培人员的权利

C. 不合理,侵犯了李老师的教育教学权利　　D. 不合理,侵犯了李老师参加培训的权利

【答案】D。

【例2】某教师对学校管理提出改进意见,被校长打击报复。校长所侵犯的教师权利是（　　）。(2015年上·中学)

A. 学术研究权　　B. 教育教学权　　C. 指导评价权　　D. 民主管理权

【答案】D。

第八条 教师应当履行下列义务:

（一）遵守宪法、法律和职业道德,为人师表；

（二）贯彻国家的教育方针,遵守规章制度,执行学校的教学计划,履行教师聘约,完成教育教学工作任务；

（三）对学生进行宪法所确定的基本原则的教育和爱国主义、民族团结的教育,法制教育以及思想品德、文化、科学技术教育,组织、带领学生开展有益的社会活动；

（四）关心、爱护全体学生,尊重学生人格,促进学生在品德、智力、体质等方面全面发展；

（五）制止有害于学生的行为或者其他侵犯学生合法权益的行为,批评和抵制有害于学生健康成长的现象；

（六）不断提高思想政治觉悟和教育教学业务水平。

第九条 为保障教师完成教育教学任务,各级人民政府、教育行政部门、有关部门、学校和其他教育

机构应当履行下列职责：

（一）提供符合国家安全标准的教育教学设施和设备；

（二）提供必需的图书、资料及其他教育教学用品；

（三）对教师在教育教学、科学研究中的创造性工作给以鼓励和帮助；

（四）支持教师制止有害于学生的行为或者其他侵犯学生合法权益的行为。

【真题链接】

【例3】根据《中华人民共和国教师法》，为保障教师完成教学任务，下列有关各级人民政府、教育行政部门、学校和其他教育机构应当履行职责的说法，不正确的一项是（　　）。（2012年下·中学）

A．提供教育教学设施和设备

B．提供必需的图书、资料及其他教育教学用品

C．对教师在教育教学、科学研究中的创造性工作给以鼓励和帮助

D．支持教师制止有害于学生的行为或者其他侵犯学生合法权益的行为

【答案】A。

第三章　资格和任用

第十条　国家实行教师资格制度。

中国公民凡遵守宪法和法律，热爱教育事业，具有良好的思想品德，具备本法规定的学历或者经国家教师资格考试合格，有教育教学能力，经认定合格的，可以取得教师资格。

第十一条　取得教师资格应当具备的相应学历是：

（一）取得幼儿园教师资格，应当具备幼儿师范学校毕业及其以上学历；

（二）取得小学教师资格，应当具备中等师范学校毕业及其以上学历；

（三）取得初级中学教师、初级职业学校文化、专业课教师资格，应当具备高等师范专科学校或者其他大学专科毕业及其以上学历；

（四）取得高级中学教师资格和中等专业学校、技工学校、职业高中文化课、专业课教师资格，应当具备高等师范院校本科或者其他大学本科毕业及其以上学历；取得中等专业学校、技工学校和职业高中学生实习指导教师资格应当具备的学历，由国务院教育行政部门规定；

（五）取得高等学校教师资格，应当具备研究生或者大学本科毕业学历；

（六）取得成人教育教师资格，应当按照成人教育的层次、类别，分别具备高等、中等学校毕业及其以上学历。不具备本法规定的教师资格学历的公民，申请获取教师资格，必须通过国家教师资格考试。国家教师资格考试制度由国务院规定。

第十二条　本法实施前已经在学校或者其他教育机构中任教的教师，未具备本法规定学历的，由国务院教育行政部门规定教师资格过渡办法。

第十三条　中小学教师资格由县级以上地方人民政府教育行政部门认定。中等专业学校、技工学校的教师资格由县级以上地方人民政府教育行政部门组织有关主管部门认定。普通高等学校的教师资格由国务院或者省、自治区、直辖市教育行政部门或者由其委托的学校认定。具备本法规定的学历或者经国家教师

资格考试合格的公民，要求有关部门认定其教师资格的，有关部门应当依照本法规定的条件予以认定。取得教师资格的人员首次任教时，应当有试用期。

第十四条 受到剥夺政治权利或者故意犯罪受到有期徒刑以上刑事处罚的，不能取得教师资格；已经取得教师资格的，丧失教师资格。

【真题链接】

【例4】曾受到有期徒刑两年刑事处罚的孙某申请获取教师资格证。下列选项中正确的是（　　）。（2014年下·中学）

A. 刑满之后孙某可以取得教师资格　　B. 经培训后孙某可以取得教师资格
C. 五年之后孙某方能取得教师资格　　D. 依照法律孙某不能获得教师资格

【答案】D。

【例5】幼儿园教师孙某猥亵儿童被人民法院判处有期徒刑一年，缓刑一年。孙某（　　）。（2018年上·幼儿园）

A. 将终身不能从事教师职业　　B. 五年内不得从事教师职业
C. 缓刑期内可继续从事教师职业　　D. 可在私立幼儿园从事教师职业

【答案】A。

第十五条 各级师范学校毕业生，应当按照国家有关规定从事教育教学工作。国家鼓励非师范高等学校毕业生到中小学或者职业学校任教。

第十六条 国家实行教师职务制度，具体办法由国务院规定。

第十七条 学校和其他教育机构应当逐步实行教师聘任制。教师的聘任应当遵循双方地位平等的原则，由学校和教师签订聘任合同，明确规定双方的权利、义务和责任。实施教师聘任制的步骤、办法由国务院教育行政部门规定。

第四章　培养和培训

第十八条 各级人民政府和有关部门应当办好师范教育，并采取措施，鼓励优秀青年进入各级师范学校学习。各级教师进修学校承担培训中小学教师的任务。非师范学校应当承担培养和培训中小学教师的任务。各级师范学校学生享受专业奖学金。

第十九条 各级人民政府教育行政部门、学校主管部门和学校应当制定教师培训规划，对教师进行多种形式的思想政治、业务培训。

第二十条 国家机关、企业事业单位和其他社会组织应当为教师的社会调查和社会实践提供方便，给予协助。

第二十一条 各级人民政府应当采取措施，为少数民族地区和边远贫困地区培养、培训教师。

第五章　考　核

第二十二条 学校或者其他教育机构应当对教师的政治思想、业务水平、工作态度和工作成绩进行考核。教育行政部门对教师的考核工作进行指导、监督。

第二十三条 考核应当客观、公正、准确，充分听取教师本人、其他教师以及学生的意见。

第二十四条 教师考核结果是受聘任教、晋升工资、实施奖惩的依据。

【真题链接】

【例6】某中学规定，凡主动参加所在地区教研室组织的教研活动的教师，在职称晋升、评优评先中予以优先考虑。该学校做法（　　）。（2017年下·中学）

A. 合法，有利于教师教学自由权的落实和保障

B. 合理，有利于教师科学研究权的落实和保障

C. 不合理，违反了教师考核评价的客观公正原则

D. 不合理，侵犯了其他教师享受平等待遇的权利

【答案】C。

第六章 待 遇

第二十五条 教师的平均工资水平应当不低于或者高于国家公务员的平均工资水平，并逐步提高。建立正常晋级增薪制度，具体办法由国务院规定。

第二十六条 中小学教师和职业学校教师享受教龄津贴和其他津贴，具体办法由国务院教育行政部门会同有关部门制定。

第二十七条 地方各级人民政府对教师以及具有中专以上学历的毕业生到少数民族地区和边远贫困地区从事教育教学工作的，应当予以补贴。

【真题链接】

【例7】孙老师大学本科毕业后自愿到少数民族地区从事教育工作。依据《中华人民共和国教师法》，应当依法对孙老师（　　）。（2014年上·幼儿园）

A. 给予补贴　　　　　　B. 予以表彰

C. 进行奖励　　　　　　D. 提高津贴

【答案】A。

第二十八条 地方各级人民政府和国务院有关部门，对城市教师住房的建设、租赁、出售实行优先、优惠。县、乡两级人民政府应当为农村中小学教师解决住房提供方便。

第二十九条 教师的医疗同当地国家公务员享受同等的待遇；定期对教师进行身体健康检查，并因地制宜安排教师进行休养。医疗机构应当对当地教师的医疗提供方便。

第三十条 教师退休或者退职后，享受国家规定的退休或者退职待遇。县级以上地方人民政府可以适当提高长期从事教育教学工作的中小学退休教师的退休金比例。

第三十一条 各级人民政府应当采取措施，改善国家补助、集体支付工资的中小学教师的待遇，逐步做到在工资收入上与国家支付工资的教师同工同酬，具体办法由地方各级人民政府根据本地区的实际情况规定。

第三十二条 社会力量所办学校的教师的待遇，由举办者自行确定并予以保障。

第七章 奖 励

第三十三条 教师在教育教学、培养人才、科学研究、教学改革、学校建设、社会服务、勤工俭学等方面成绩优异的，由所在学校予以表彰、奖励。国务院和地方各级人民政府及其有关部门对有突出贡献的教师，应当予以表彰、奖励。对有重大贡献的教师，依照国家有关规定授予荣誉称号。

第三十四条 国家支持和鼓励社会组织或者个人向依法成立的奖励教师的基金组织捐助资金，对教师进行奖励。

第八章 法律责任

第三十五条 侮辱、殴打教师的，根据不同情况，分别给予行政处分或者行政处罚；造成损害的，责令赔偿损失；情节严重，构成犯罪的，依法追究刑事责任。

【真题链接】

【例8】下列现象中，可依法追究刑事责任的是（　　）。（2013年上·中学）

A. 故意不完成教学任务造成严重损失的　　B. 违反有关国家规定向受教育者收取费用的

C. 侮辱、殴打老师，情节严重，构成犯罪的　　D. 侵犯学校校舍、场地和其他财产的

【答案】C。

第三十六条 对依法提出申诉、控告、检举的教师进行打击报复的，由其所在单位或者上级机关责令改正；情节严重的，可以根据具体情况给予行政处分。国家工作人员对教师打击报复构成犯罪的，依照刑法第一百四十六条的规定追究刑事责任。

第三十七条 教师有下列情形之一的，由所在学校、其他教育机构或者教育行政部门给予行政处分或者解聘。

（一）故意不完成教育教学任务给教育教学工作造成损失的；

（二）体罚学生，经教育不改的；

（三）品行不良、侮辱学生，影响恶劣的。

教师有前款第（二）项、第（三）项所列情形之一，情节严重，构成犯罪的，依法追究刑事责任。

【真题链接】

【例9】教师方某常给学生起侮辱性绰号，造成恶劣影响。对于方某的这种行为，所在学校或教育行政部门应当给予（　　）。（2013年上·中学）

A. 行政处分或解聘　　B. 行政警告或拘留

C. 行政强制或拘留　　D. 行政处罚或解聘

【答案】A。

【例10】下列选项中，不属于解聘教师的法定事由的是（　　）。（2015年上·中学）

A. 体罚学生，屡教不改的　　B. 侮辱学生，影响恶劣的

C. 连续两年教学业绩排在末位的　　D. 故意不完成教学任务造成损失的

【答案】C。

【真题链接】

【例11】依据《中华人民共和国教师法》，下列情形中，学校不能给予教师行政处分或者解聘的是（　　）。（2016年下·中学）

A. 故意旷课，损害教学的　　　　　　B. 体罚学生，屡犯不改的

C. 穿戴不整，影响仪表的　　　　　　D. 侮辱学生，影响恶劣的

【答案】C。

【例12】某高中教师孙某旷工给学校教学造成一定损失。依据《中华人民共和国教师法》，学校可依法（　　）。（2017年上·中学）

A. 给予孙某罚款处理　　　　　　　　B. 给予孙某行政处罚

C. 取消孙某教师资格　　　　　　　　D. 给予孙某行政处分

【答案】D。

第三十八条　地方人民政府对违反本法规定，拖欠教师工资或者侵犯教师其他合法权益的，应当责令其限期改正。违反国家财政制度、财务制度，挪用国家财政用于教育的经费，严重妨碍教育教学工作，拖欠教师工资，损害教师合法权益的，由上级机关责令限期归还被挪用的经费，并对直接责任人员给予行政处分；情节严重，构成犯罪的，依法追究刑事责任。

第三十九条　教师对学校或者其他教育机构侵犯其合法权益的，或者对学校或者其他教育机构作出的处理不服的，可以向教育行政部门提出申诉，教育行政部门应当在接到申诉的三十日内，作出处理。教师认为当地人民政府有关行政部门侵犯其根据本法规定享有的权利的，可以向同级人民政府或者上一级人民政府有关部门提出申诉，同级人民政府或者上一级人民政府有关部门应当作出处理。

【真题链接】

【例13】教师钱某对幼儿园解聘自己的决定不服，可以向教育行政部门（　　）。（2016年上·幼儿园）

A. 检举　　　　B. 揭发　　　　C. 提起诉讼　　　　D. 提出申诉

【答案】D。

【解析】申诉的部门是行政机关，即教育行政部门；C项提起诉讼是指向法院提起诉讼。

【例14】教师孙某对学校给予的处分不服，依照相关法律，他可以采取的法律救济途径是（　　）。（2012年下·中学）

A. 刑事诉讼　　　　B. 民事诉讼　　　　C. 申请仲裁　　　　D. 教师申诉

【答案】D。

【解析】根据诉讼的内容和形式不同，诉讼活动可以具体分为刑事诉讼、民事诉讼和行政诉讼三部分。行政诉讼解决的是行政主体与行政相对人之间的行政争议；民事诉讼解决的是平等主体之间的民事争议；刑事诉讼解决的是被告人的犯罪和刑罚问题。

【真题链接】

【例15】 被学校处分后,孙老师认为学校对自己很不公平。依据《中华人民共和国教师法》,孙老师可以（　　）。（2015年上·中学）

A. 向当地法院提起诉讼　　　　　　　　B. 向当地纪检部门提出申诉

C. 向当地党委提出申诉　　　　　　　　D. 向教育行政部门提出申诉

【答案】D。

【例16】 某县中学教师李某对学校给予的处分不服,李某可以提出申诉的机构是（　　）。（2013年下·中学）

A. 学校教工代表大会　　　　　　　　　B. 当地县级人民政府

C. 所在省教育行政主管部门　　　　　　D. 当地县教育行政主管部门

【答案】D。

【例17】 中学教师孙某认为当地教育行政部门侵犯其权利而提出申诉。依据《中华人民共和国教师法》,受理其申诉的机关是（　　）。（2018年上·中学）

A. 同级教育行政部门　　　　　　　　　B. 上级人民政府

C. 同级纪律检查部门　　　　　　　　　D. 同级人民政府

【答案】D。

【例18】 教师孙某对学校作出的处理决定不服,向当地教育行政部门提出申诉。被申诉人应为（　　）。（2017年下·小学）

A. 学校　　　　B. 教育行政部门　　　　C. 校长　　　　D. 教职工代表大会

【答案】A。

第九章　附　则

第四十条　本法下列用语的含义是：

（一）各级各类学校,是指实施学前教育、普通初等教育、普通中等教育、职业教育、普通高等教育以及特殊教育、成人教育的学校。

（二）其他教育机构,是指少年宫以及地方教研室、电化教育机构等。

（三）中小学教师,是指幼儿园、特殊教育机构、普通中小学、成人初等中等教育机构、职业中学以及其他教育机构的教师。

第四十一条　学校和其他教育机构中的教育教学辅助人员,其他类型的学校的教师和教育教学辅助人员,可以根据实际情况参照本法的有关规定执行。军队所属院校的教师和教育教学辅助人员,由中央军事委员会依照本法制定有关规定。

第四十二条　外籍教师的聘任办法由国务院教育行政部门规定。

第四十三条　本法自一九九四年一月一日起施行。

五、《中华人民共和国未成年人保护法》

1.《中华人民共和国未成年人保护法》一般作为教育单行法看待，它对未成年人的家庭保护、学校保护、社会保护和司法保护进行了法律规范。

2.《中华人民共和国未成年人保护法》主要内容梳理

中华人民共和国未成年人保护法

（1991年9月4日第七届全国人民代表大会常务委员会第二十一次会议通过　1991年9月4日中华人民共和国主席令第50号公布　2006年12月29日第十届全国人民代表大会常务委员会第二十五次会议第一次修订通过　2006年12月29日中华人民共和国主席令第60号公布　根据2012年10月26日第十一届全国人民代表大会常务委员会第二十九次会议通过　2012年10月26日中华人民共和国主席令第65号公布　自2013年1月1日起施行的《全国人民代表大会常务委员会关于修改＜中华人民共和国未成年人保护法＞的决定》第二次修正）

第一章　总则

第一条　为了保护未成年人的身心健康，保障未成年人的合法权益，促进未成年人在品德、智力、体质等方面全面发展，培养有理想、有道德、有文化、有纪律的社会主义建设者和接班人，根据宪法，制定本法。

第二条　本法所称未成年人是指未满十八周岁的公民。

第三条　未成年人享有生存权、发展权、受保护权、参与权等权利，国家根据未成年人身心发展特点给予特殊、优先保护，保障未成年人的合法权益不受侵犯。

未成年人享有受教育权，国家、社会、学校和家庭尊重和保障未成年人的受教育权。

未成年人不分性别、民族、种族、家庭财产状况、宗教信仰等，依法平等地享有权利。

第四条　国家、社会、学校和家庭对未成年人进行理想教育、道德教育、文化教育、纪律和法制教育，进行爱国主义、集体主义和社会主义的教育，提倡爱祖国、爱人民、爱劳动、爱科学、爱社会主义的公德，反对资本主义的、封建主义的和其他的腐朽思想的侵蚀。

第五条　保护未成年人的工作，应当遵循下列原则：

（一）尊重未成年人的人格尊严；

（二）适应未成年人身心发展的规律和特点；

（三）教育与保护相结合。

【真题链接】

【例1】未成年人保护工作应当遵循的原则不包括（　　）。（2013年上·小学）

A.尊重未成年人的人格尊严　　　　　　B.教育与保护相结合

C.适应未成年人身心发展的规律和特点　　D.儿童权利优先

【答案】D。

第六条　保护未成年人，是国家机关、武装力量、政党、社会团体、企业事业组织、城乡基层群众性自治组织、未成年人的监护人和其他成年公民的共同责任。

对侵犯未成年人合法权益的行为，任何组织和个人都有权予以劝阻、制止或者向有关部门提出检举或者控告。

国家、社会、学校和家庭应当教育和帮助未成年人维护自己的合法权益，增强自我保护的意识和能力，增强社会责任感。

第七条 中央和地方各级国家机关应当在各自的职责范围内做好未成年人保护工作。

国务院和地方各级人民政府领导有关部门做好未成年人保护工作；将未成年人保护工作纳入国民经济和社会发展规划以及年度计划，相关经费纳入本级政府预算。

国务院和省、自治区、直辖市人民政府采取组织措施，协调有关部门做好未成年人保护工作。具体机构由国务院和省、自治区、直辖市人民政府规定。

第八条 共产主义青年团、妇女联合会、工会、青年联合会、学生联合会、少年先锋队以及其他有关社会团体，协助各级人民政府做好未成年人保护工作，维护未成年人的合法权益。

第九条 各级人民政府和有关部门对保护未成年人有显著成绩的组织和个人，给予表彰和奖励。

第二章 家庭保护

第十条 父母或者其他监护人应当创造良好、和睦的家庭环境，依法履行对未成年人的监护职责和抚养义务。

禁止对未成年人实施家庭暴力，禁止虐待、遗弃未成年人，禁止溺婴和其他残害婴儿的行为，不得歧视女性未成年人或者有残疾的未成年人。

第十一条 父母或者其他监护人应当关注未成年人的生理、心理状况和行为习惯，以健康的思想、良好的品行和适当的方法教育和影响未成年人，引导未成年人进行有益身心健康的活动，预防和制止未成年人吸烟、酗酒、流浪、沉迷网络以及赌博、吸毒、卖淫等行为。

第十二条 父母或者其他监护人应当学习家庭教育知识，正确履行监护职责，抚养教育未成年人。

有关国家机关和社会组织应当为未成年人的父母或者其他监护人提供家庭教育指导。

第十三条 父母或者其他监护人应当尊重未成年人受教育的权利，必须使适龄未成年人依法入学接受并完成义务教育，不得使接受义务教育的未成年人辍学。

第十四条 父母或者其他监护人应当根据未成年人的年龄和智力发展状况，在作出与未成年人权益有关的决定时告知其本人，并听取他们的意见。

第十五条 父母或者其他监护人不得允许或者迫使未成年人结婚，不得为未成年人订立婚约。

第十六条 父母因外出务工或者其他原因不能履行对未成年人监护职责的，应当委托有监护能力的其他成年人代为监护。

第三章 学校保护

第十七条 学校应当全面贯彻国家的教育方针，实施素质教育，提高教育质量，注重培养未成年学生的独立思考能力、创新能力和实践能力，促进未成年学生全面发展。

第十八条 学校应当尊重未成年学生受教育的权利，关心、爱护学生，对品行有缺点、学习有困难的学生，应当耐心教育、帮助，不得歧视，不得违反法律和国家规定开除未成年学生。

> 【真题链接】
>
> 【例2】初二学生小孙染上不良习惯,学校可以对他依法采取的措施是(　　)。(2015年下·中学)
> A.勒令退学　　　　B.批评教育　　　　C.开除学籍　　　　D.单独禁闭
> 【答案】B。

第十九条 学校应当根据未成年学生身心发展的特点,对他们进行社会生活指导、心理健康辅导和青春期教育。

第二十条 学校应当与未成年学生的父母或者其他监护人互相配合,保证未成年学生的睡眠、娱乐和体育锻炼时间,不得加重其学习负担。

第二十一条 学校、幼儿园、托儿所的教职员工应当尊重未成年人的人格尊严,不得对未成年人实施体罚、变相体罚或者其他侮辱人格尊严的行为。

> 【真题链接】
>
> 【例3】幼儿波波午休时不睡觉还发出吵闹的声音,孙老师把她关在厕所里,以免影响其他幼儿休息。孙老师的做法(　　)。(2018年上·幼儿园)
> A.不正确,侵犯了幼儿的思想自由和受教育权利　　B.不正确,侵犯了幼儿的人身权利和人格尊严
> C.正确,有利于引导波波养成良好的生活习惯　　D.正确,有利于保障其他幼儿午间休息的权利
> 【答案】B。

第二十二条 学校、幼儿园、托儿所应当建立安全制度,加强对未成年人的安全教育,采取措施保障未成年人的人身安全。

学校、幼儿园、托儿所不得在危及未成年人人身安全、健康的校舍和其他设施、场所中进行教育教学活动。

学校、幼儿园安排未成年人参加集会、文化娱乐、社会实践等集体活动,应当有利于未成年人的健康成长,防止发生人身安全事故。

第二十三条 教育行政等部门和学校、幼儿园、托儿所应当根据需要,制定应对各种灾害、传染性疾病、食物中毒、意外伤害等突发事件的预案,配备相应设施并进行必要的演练,增强未成年人的自我保护意识和能力。

第二十四条 学校对未成年学生在校内或者本校组织的校外活动中发生人身伤害事故的,应当及时救护,妥善处理,并及时向有关主管部门报告。

第二十五条 对于在学校接受教育的有严重不良行为的未成年学生,学校和父母或者其他监护人应当互相配合加以管教;无力管教或者管教无效的,可以按照有关规定将其送专门学校继续接受教育。

依法设置专门学校的地方人民政府应当保障专门学校的办学条件,教育行政部门应当加强对专门学校的管理和指导,有关部门应当给予协助和配合。

专门学校应当对在校就读的未成年学生进行思想教育、文化教育、纪律和法制教育、劳动技术教育和职业教育。

专门学校的教职员工应当关心、爱护、尊重学生，不得歧视、厌弃。

第二十六条　幼儿园应当做好保育、教育工作，促进幼儿在体质、智力、品德等方面和谐发展。

第四章　社会保护

第二十七条　全社会应当树立尊重、保护、教育未成年人的良好风尚，关心、爱护未成年人。

国家鼓励社会团体、企业事业组织以及其他组织和个人，开展多种形式的有利于未成年人健康成长的社会活动。

第二十八条　各级人民政府应当保障未成年人受教育的权利，并采取措施保障家庭经济困难的、残疾的和流动人口中的未成年人等接受义务教育。

【真题链接】

【例4】学生刘某因家庭经济困难无法按规定完成义务教育。根据《中华人民共和国未成年人保护法》，对于刘某的受教育权利具有保障责任的是（　　）。（2014年上·幼儿园）

A.刘某的监护人　　　B.当地教育机构　　　C.儿童福利机构　　　D.当地人民政府

【答案】D。

第二十九条　各级人民政府应当建立和改善适合未成年人文化生活需要的活动场所和设施，鼓励社会力量兴办适合未成年人的活动场所，并加强管理。

第三十条　爱国主义教育基地、图书馆、青少年宫、儿童活动中心应当对未成年人免费开放；博物馆、纪念馆、科技馆、展览馆、美术馆、文化馆以及影剧院、体育场馆、动物园、公园等场所，应当按照有关规定对未成年人免费或者优惠开放。

第三十一条　县级以上人民政府及其教育行政部门应当采取措施，鼓励和支持中小学校在节假日期间将文化体育设施对未成年人免费或者优惠开放。

社区中的公益性互联网上网服务设施，应当对未成年人免费或者优惠开放，为未成年人提供安全、健康的上网服务。

第三十二条　国家鼓励新闻、出版、信息产业、广播、电影、电视、文艺等单位和作家、艺术家、科学家以及其他公民，创作或者提供有利于未成年人健康成长的作品。出版、制作和传播专门以未成年人为对象的内容健康的图书、报刊、音像制品、电子出版物以及网络信息等，国家给予扶持。

国家鼓励科研机构和科技团体对未成年人开展科学知识普及活动。

第三十三条　国家采取措施，预防未成年人沉迷网络。

国家鼓励研究开发有利于未成年人健康成长的网络产品，推广用于阻止未成年人沉迷网络的新技术。

第三十四条　禁止任何组织、个人制作或者向未成年人出售、出租或者以其他方式传播淫秽、暴力、凶杀、恐怖、赌博等毒害未成年人的图书、报刊、音像制品、电子出版物以及网络信息等。

第三十五条　生产、销售用于未成年人的食品、药品、玩具、用具和游乐设施等，应当符合国家标准或者行业标准，不得有害于未成年人的安全和健康；需要标明注意事项的，应当在显著位置标明。

第三十六条　中小学校园周边不得设置营业性歌舞娱乐场所、互联网上网服务营业场所等不适宜未成年人活动的场所。

营业性歌舞娱乐场所、互联网上网服务营业场所等不适宜未成年人活动的场所，不得允许未成年人进入，经营者应当在显著位置设置未成年人禁入标志；对难以判明是否已成年的，应当要求其出示身份证件。

【真题链接】

【例5】 王某在距某初级中学不足百米处，开了一家营业性电子游戏厅，允许该校学生出入。王某的做法（　　）。（2014年下·中学）

A.合法，王某具有自主经营的权利　　　　B.合法，王某并未强迫学生玩游戏
C.违反了《中华人民共和国义务教育法》　　D.违反了《中华人民共和国未成年人保护法》
【答案】D。

第三十七条 禁止向未成年人出售烟酒，经营者应当在显著位置设置不向未成年人出售烟酒的标志；对难以判明是否已成年的，应当要求其出示身份证件。

任何人不得在中小学校、幼儿园、托儿所的教室、寝室、活动室和其他未成年人集中活动的场所吸烟、饮酒。

第三十八条 任何组织或者个人不得招用未满十六周岁的未成年人，国家另有规定的除外。

任何组织或者个人按照国家有关规定招用已满十六周岁未满十八周岁的未成年人的，应当执行国家在工种、劳动时间、劳动强度和保护措施等方面的规定，不得安排其从事过重、有毒、有害等危害未成年人身心健康的劳动或者危险作业。

【真题链接】

【例6】 小学教师孙某在课间休息时，习惯在教室外面的走廊上吸烟。该教师的行为（　　）。（2017年上·小学）

A.合法，教师有课间休息的权利　　　　　B.合法，教师未侵犯学生的权利
C.不合法，教师在征得学生同意之后方可吸烟　　D.不合法，教师不得在学生集体活动场所吸烟
【答案】D。

【例7】 开烟酒店的张某经常向小学生出售香烟。张某的行为（　　）。（2015年下·小学）

A.合法，商家有自主经营权　　　　　　　B.合法，学生可以自愿购买
C.不合法，家长没有委托小学生购买香烟　　D.不合法，张某不能向小学生出售香烟
【答案】D。

【例8】 某小学王校长发现校门口有商贩向学生兜售散装香烟。他应该采取的做法是（　　）。（2018年上·幼儿园）

A.制止学生购买香烟，对商贩进行罚款　　B.制止学生购买香烟，立即将商贩劝离
C.允许学生购买香烟，禁止其校内吸烟　　D.允许学生购买香烟，对商贩不予干涉
【答案】B。

【真题链接】

【例9】12岁的小孙因为家里经济状况不好，放学后到饭店打工。饭店老板了解情况后雇用了他，并为他安排了较为清闲的工作。该饭店老板的做法（　　）。（2016年上·小学）

　　A.合法，有助于锻炼小孙的自立能力　　B.合法，有助于改善小孙家庭的经济状况

　　C.不合法，没有取得小孙监护人同意　　D.不合法，任何人不得非法招用童工

【答案】D。

第三十九条　任何组织或者个人不得披露未成年人的个人隐私。

对未成年人的信件、日记、电子邮件，任何组织或者个人不得隐匿、毁弃；除因追查犯罪的需要，由公安机关或者人民检察院依法进行检查，或者对无行为能力的未成年人的信件、日记、电子邮件由其父母或者其他监护人代为开拆、查阅外，任何组织或者个人不得开拆、查阅。

【真题链接】

【例10】11岁的小学生平平因信件被妈妈孙某私自拆阅感到不悦，可妈妈说这样做是关心她。孙某的做法（　　）。（2017年下·小学）

　　A.合法，父母拥有监护未成年子女的权利

　　B.合法，父母具有教育未成年子女的责任

　　C.不合法，任何组织和个人不得拆阅未成年人信件

　　D.不合法，父母不得擅自拆阅孩子的信件

【答案】D。

【解析】此题容易误选C项，根据《中华人民共和国未成年人保护法》规定，除因追查犯罪的需要，由公安机关或者人民检察院依法进行检查，或者对无行为能力的未成年人的信件、日记、电子邮件由其父母或者其他监护人代为开拆、查阅外，任何组织或者个人不得开拆、查阅。意思是说，因追查犯罪的需要，公安机关或人民检察院可以依法拆阅。

【例11】课间，小孙正在同学面前大声朗读小平的日记，被走进教室的小平发现，小平找到班主任诉说此事，班主任最恰当的做法是（　　）。（2013年下·小学）

　　A.制止小孙这种行为　　　　　　　　B.批评小平总是告状

　　C.劝说小孙不要声张　　　　　　　　D.劝说小平宽容小孙

【答案】A。

【例12】某校在期末考试后，将学生的考试成绩排名张榜公布。该校做法（　　）。（2015年下·小学）

　　A.体现了学校的教育权　　　　　　　B.侵犯了学生的隐私权

　　C.侵犯了学生的受教育权　　　　　　D.体现了学校的管理权

【答案】B。

【真题链接】

【例13】某幼儿园中班，把班里每个孩子的体检结果公布在教室门口，上面除了身高、体重等项目外，还包括血液检查结果等内容，该幼儿园的做法（　　）。（2016年下·幼儿园）

A.正确，方便家长了解孩子的身体状况　　　　B.不正确，侵犯了幼儿的隐私

C.正确，贯彻了重视幼儿身心健康的理念　　　D.不正确，侵犯了幼儿的人格尊严

【答案】B。

【例14】某中学在资助贫困生的公示中，将拟资助学生的家庭住址、父母姓名、电话号码、身份证号等信息予以公布。该校的做法（　　）。（2016年下·中学）

A.体现了学校自主管理权利　　　　　　　　　B.符合校务公开的办事原则

C.违背公平待生的教育理念　　　　　　　　　D.侵犯了学生的个人隐私

【答案】D。

第四十条　学校、幼儿园、托儿所和公共场所发生突发事件时，应当优先救护未成年人。

第四十一条　禁止拐卖、绑架、虐待未成年人，禁止对未成年人实施性侵害。

禁止胁迫、诱骗、利用未成年人乞讨或者组织未成年人进行有害其身心健康的表演等活动。

第四十二条　公安机关应当采取有力措施，依法维护校园周边的治安和交通秩序，预防和制止侵害未成年人合法权益的违法犯罪行为。

任何组织或者个人不得扰乱教学秩序，不得侵占、破坏学校、幼儿园、托儿所的场地、房屋和设施。

第四十三条　县级以上人民政府及其民政部门应当根据需要设立救助场所，对流浪乞讨等生活无着未成年人实施救助，承担临时监护责任；公安部门或者其他有关部门应当护送流浪乞讨或者离家出走的未成年人到救助场所，由救助场所予以救助和妥善照顾，并及时通知其父母或者其他监护人领回。

对孤儿、无法查明其父母或者其他监护人的以及其他生活无着的未成年人，由民政部门设立的儿童福利机构收留抚养。

未成年人救助机构、儿童福利机构及其工作人员应当依法履行职责，不得虐待、歧视未成年人；不得在办理收留抚养工作中谋取利益。

【真题链接】

【例15】因为父母双亡，5岁的亮亮成了孤儿。根据《中华人民共和国未成年人保护法》，应对其实行收留抚养责任的主体是（　　）。（2015年上·幼儿园）

A.教育行政部门　　　B.幼儿教育机构　　　C.儿童福利机构　　　D.社区居民委员会

【答案】C。

【例16】8岁的亮亮是一名孤儿，根据《中华人民共和国未成年人保护法》，应对其履行收留抚养责任的主体是（　　）。（2015年上·小学）

A.教育行政部门　　　B.学校教育机构　　　C.儿童福利机构　　　D.社区居民委员会

【答案】C。

【真题链接】

【例17】根据《中华人民共和国未成年人保护法》的规定，县级以上人民政府及其民政部门应当根据需要设立救助场所，对流浪乞讨等生活无着的未成年人实施救助，承担（　　）。（2012年下·小学）

A.委托监护责任　　　B.教育管理责任　　　C.临时监护责任　　　D.收留抚养责任

【答案】C。

第四十四条 卫生部门和学校应当对未成年人进行卫生保健和营养指导，提供必要的卫生保健条件，做好疾病预防工作。

卫生部门应当做好对儿童的预防接种工作，国家免疫规划项目的预防接种实行免费；积极防治儿童常见病、多发病，加强对传染病防治工作的监督管理，加强对幼儿园、托儿所卫生保健的业务指导和监督检查。

第四十五条 地方各级人民政府应当积极发展托幼事业，办好托儿所、幼儿园，支持社会组织和个人依法兴办哺乳室、托儿所、幼儿园。

各级人民政府和有关部门应当采取多种形式，培养和训练幼儿园、托儿所的保教人员，提高其职业道德素质和业务能力。

第四十六条 国家依法保护未成年人的智力成果和荣誉权不受侵犯。

第四十七条 未成年人已经完成规定年限的义务教育不再升学的，政府有关部门和社会团体、企业事业组织应当根据实际情况，对他们进行职业教育，为他们创造劳动就业条件。

第四十八条 居民委员会、村民委员会应当协助有关部门教育和挽救违法犯罪的未成年人，预防和制止侵害未成年人合法权益的违法犯罪行为。

第四十九条 未成年人的合法权益受到侵害的，被侵害人及其监护人或者其他组织和个人有权向有关部门投诉，有关部门应当依法及时处理。

【真题链接】

【例18】依据《中华人民共和国未成年人保护法》，对未成年人的社会保护不包括（　　）。（2016年上·中学）

A.预防未成年人沉迷网络　　　B.禁止拐卖，虐待未成年人
C.履行监护职责，抚养未成年人　　　D.任何人不得在中小学教室吸烟

【答案】C。

第五章 司法保护

第五十条 公安机关、人民检察院、人民法院以及司法行政部门，应当依法履行职责，在司法活动中保护未成年人的合法权益。

第五十一条 未成年人的合法权益受到侵害，依法向人民法院提起诉讼的，人民法院应当依法及时审理，并适应未成年人生理、心理特点和健康成长的需要，保障未成年人的合法权益。

在司法活动中对需要法律援助或者司法救助的未成年人，法律援助机构或者人民法院应当给予帮助，依法为其提供法律援助或者司法救助。

第五十二条 人民法院审理继承案件，应当依法保护未成年人的继承权和受遗赠权。

人民法院审理离婚案件，涉及未成年子女抚养问题的，应当听取有表达意愿能力的未成年子女的意见，根据保障子女权益的原则和双方具体情况依法处理。

第五十三条 父母或者其他监护人不履行监护职责或者侵害被监护的未成年人的合法权益，经教育不改的，人民法院可以根据有关人员或者有关单位的申请，撤销其监护人的资格，依法另行指定监护人。被撤销监护资格的父母应当依法继续负担抚养费用。

【真题链接】

【例19】林某长期辱骂、虐待亲生儿子波波，经有关单位教育后仍拒不悔改。依据《中华人民共和国未成年人保护法》，当地人民法院可以采取的措施是（　　）。（2017年下·中学）

A.给予林某行政处分　　　　B.责令林某赔礼道歉

C.撤销林某的监护人资格　　D.要求林某赔偿损失

【答案】C。

第五十四条 对违法犯罪的未成年人，实行教育、感化、挽救的方针，坚持教育为主、惩罚为辅的原则。对违法犯罪的未成年人，应当依法从轻、减轻或者免除处罚。

第五十五条 公安机关、人民检察院、人民法院办理未成年人犯罪案件和涉及未成年人权益保护案件，应当照顾未成年人身心发展特点，尊重他们的人格尊严，保障他们的合法权益，并根据需要设立专门机构或者指定专人办理。

第五十六条 讯问、审判未成年犯罪嫌疑人、被告人，询问未成年证人、被害人，应当依照刑事诉讼法的规定通知其法定代理人或者其他人员到场。

公安机关、人民检察院、人民法院办理未成年人遭受性侵害的刑事案件，应当保护被害人的名誉。

第五十七条 对羁押、服刑的未成年人，应当与成年人分别关押。

羁押、服刑的未成年人没有完成义务教育的，应当对其进行义务教育。

解除羁押、服刑期满的未成年人的复学、升学、就业不受歧视。

【真题链接】

【例20】15岁的初二学生梁某因抢劫被判处有期徒刑3年。依据《中华人民共和国未成年人保护法》，应当（　　）。（2018年上·中学）

A.免除梁某接受义务教育的义务　　B.在梁某服刑期间对其进行义务教育

C.剥夺梁某接受义务教育的权利　　D.在梁某服刑完毕对其进行义务教育

【答案】B。

第五十八条 对未成年人犯罪案件，新闻报道、影视节目、公开出版物、网络等不得披露该未成年人的姓名、住所、照片、图像以及可能推断出该未成年人的资料。

第五十九条 对未成年人严重不良行为的矫治与犯罪行为的预防，依照预防未成年人犯罪法的规定执行。

第六章 法律责任

第六十条 违反本法规定，侵害未成年人的合法权益，其他法律、法规已规定行政处罚的，从其规定；造成人身财产损失或者其他损害的，依法承担民事责任；构成犯罪的，依法追究刑事责任。

第六十一条 国家机关及其工作人员不依法履行保护未成年人合法权益的责任，或者侵害未成年人合法权益，或者对提出申诉、控告、检举的人进行打击报复的，由其所在单位或者上级机关责令改正，对直接负责的主管人员和其他直接责任人员依法给予行政处分。

第六十二条 父母或者其他监护人不依法履行监护职责，或者侵害未成年人合法权益的，由其所在单位或者居民委员会、村民委员会予以劝诫、制止；构成违反治安管理行为的，由公安机关依法给予行政处罚。

【真题链接】

【例21】国有企业员工孙某酗酒后经常在家打骂孩子。对于孙某的行为，下列说法正确的是（　　）。（2014年上·小学）

A. 可由当地人民政府给予行政处罚　　B. 可由李某所在单位给予处分

C. 可由当地人民政府进行行政调解　　D. 可由李某所在单位给予劝诫

【答案】D。

第六十三条 学校、幼儿园、托儿所侵害未成年人合法权益的，由教育行政部门或者其他有关部门责令改正；情节严重的，对直接负责的主管人员和其他直接责任人员依法给予处分。

学校、幼儿园、托儿所教职员工对未成年人实施体罚、变相体罚或者其他侮辱人格行为的，由其所在单位或者上级机关责令改正；情节严重的，依法给予处分。

第六十四条 制作或者向未成年人出售、出租或者以其他方式传播淫秽、暴力、凶杀、恐怖、赌博等图书、报刊、音像制品、电子出版物以及网络信息等的，由主管部门责令改正，依法给予行政处罚。

第六十五条 生产、销售用于未成年人的食品、药品、玩具、用具和游乐设施不符合国家标准或者行业标准，或者没有在显著位置标明注意事项的，由主管部门责令改正，依法给予行政处罚。

第六十六条 在中小学校园周边设置营业性歌舞娱乐场所、互联网上网服务营业场所等不适宜未成年人活动的场所的，由主管部门予以关闭，依法给予行政处罚。

营业性歌舞娱乐场所、互联网上网服务营业场所等不适宜未成年人活动的场所允许未成年人进入，或者没有在显著位置设置未成年人禁入标志的，由主管部门责令改正，依法给予行政处罚。

第六十七条 向未成年人出售烟酒，或者没有在显著位置设置不向未成年人出售烟酒标志的，由主管部门责令改正，依法给予行政处罚。

第六十八条 非法招用未满十六周岁的未成年人，或者招用已满十六周岁的未成年人从事过重、有毒、有害等危害未成年人身心健康的劳动或者危险作业的，由劳动保障部门责令改正，处以罚款；情节严重的，由工商行政管理部门吊销营业执照。

第六十九条 侵犯未成年人隐私，构成违反治安管理行为的，由公安机关依法给予行政处罚。

第七十条 未成年人救助机构、儿童福利机构及其工作人员不依法履行对未成年人的救助保护职责，或者虐待、歧视未成年人，或者在办理收留抚养工作中牟取利益的，由主管部门责令改正，依法给予行政处分。

第七十一条 胁迫、诱骗、利用未成年人乞讨或者组织未成年人进行有害其身心健康的表演等活动的，由公安机关依法给予行政处罚。

> 【真题链接】
>
> 【例22】孙某利用未成年人在街头乞讨。依据《中华人民共和国未成年人保护法》的相关规定，对于孙某的行为（   ）。（2015年上·小学）
>
> A. 应当由司法机关依法提起公诉　　　　B. 应当由未成年人主张自我权利
>
> C. 应当由公安机关给予行政处罚　　　　D. 应当由社区组织予以制止
>
> 【答案】C。

第七章　附则

第七十二条　本法自2007年6月1日起施行。

六、《中华人民共和国预防未成年人犯罪法》

1.《中华人民共和国预防未成年人犯罪法》同《中华人民共和国未成年人保护法》都着眼于未成年人的保护，两者相互联系、相互补充。

2.《中华人民共和国预防未成年人犯罪法》主要内容梳理

中华人民共和国预防未成年人犯罪法

（1999年6月28日第九届全国人民代表大会常务委员会第十次会议通过　1999年6月28日中华人民共和国主席令第17号公布自1999年11月1日起施行　2012年10月26日第十一届全国人民代表大会常务委员会第二十九次会议通过　2012年10月26日中华人民共和国主席令第66号公布自2013年1月1日起施行）

第一章　总则

第一条　为了保障未成年人身心健康，培养未成年人良好品行，有效地预防未成年人犯罪，制定本法。

第二条　预防未成年人犯罪，立足于教育和保护，从小抓起，对未成年人的不良行为及时进行预防和矫治。

第三条　预防未成年人犯罪，在各级人民政府组织领导下，实行综合治理。

政府有关部门、司法机关、人民团体、有关社会团体、学校、家庭、城市居民委员会、农村村民委员会等各方面共同参与，各负其责，做好预防未成年人犯罪工作，为未成年人身心健康发展创造良好的社会环境。

第四条　各级人民政府在预防未成年人犯罪方面的职责是：

（一）制定预防未成年人犯罪工作的规划；

（二）组织、协调公安、教育、文化、新闻出版、广播电影电视、工商、民政、司法行政等政府有关部门和其他社会组织进行预防未成年人犯罪工作；

（三）对本法实施的情况和工作规划的执行情况进行检查；

（四）总结、推广预防未成年人犯罪工作的经验，树立、表彰先进典型。

第五条　预防未成年人犯罪，应当结合未成年人不同年龄的生理、心理特点，加强青春期教育、心理矫治和预防犯罪对策的研究。

第二章　预防未成年人犯罪的教育

第六条　对未成年人应当加强思想、道德、法制和爱国主义、集体主义、社会主义教育。对于达到义务教育年龄的未成年人，在进行上述教育的同时，应当进行预防犯罪的教育。

预防未成年人犯罪的教育的目的，是增强未成年人的法制观念，使未成年人懂得违法和犯罪行为对个人、家庭、社会造成的危害，违法和犯罪行为应当承担的法律责任，树立遵纪守法和防范违法犯罪的意识。

第七条 教育行政部门、学校应当将预防犯罪的教育作为法制教育的内容纳入学校教育教学计划，结合常见多发的未成年人犯罪，对不同年龄的未成年人进行有针对性的预防犯罪教育。

第八条 司法行政部门、教育行政部门、共产主义青年团、少年先锋队应当结合实际，组织、举办展览会、报告会、演讲会等多种形式的预防未成年人犯罪的法制宣传活动。

学校应当结合实际举办以预防未成年人犯罪的教育为主要内容的活动。教育行政部门应当将预防未成年人犯罪教育的工作效果作为考核学校工作的一项重要内容。

第九条 学校应当聘任从事法制教育的专职或者兼职教师。学校根据条件可以聘请校外法律辅导员。

第十条 未成年人的父母或者其他监护人对未成年人的法制教育负有直接责任。学校在对学生进行预防犯罪教育时，应当将教育计划告知未成年人的父母或者其他监护人，未成年人的父母或者其他监护人应当结合学校的计划，针对具体情况进行教育。

【真题链接】

【例1】 为了提高学生的法制意识，预防可能发生的未成年人犯罪事件，学校拟采取措施。下列说法不正确的是（ ）。（2017年下·中学）

A.聘任当地派出所干警担任校外法律辅导员　　B.要求未成年学生的父母配合开展法制教育
C.聘任优秀的律师担任法制教育的兼职教师　　D.要求班主任承担对未成年学生的监护责任

【答案】D。

【解析】未成年人的父母或者其他监护人对未成年人的法制教育负有直接责任。

【例2】 某初级中学开展法制教育月活动，要求学生的父母积极配合。有些父母说："孩子到了学校，学校就该负责他的所有教育，我们平时工作忙，哪有时间管？"这些父母的说法（ ）。（2014年上·中学）

A.正确，父母没有承担法制教育的责任

B.正确，学校不能推卸自己的责任

C.不正确，父母对未成年人的法制教育负有直接责任

D.不正确，学校对未成年人的法制教育负有全部责任

【答案】C。

【例3】 小学生秦某欺凌同学，学校希望家长配合对秦某进行法制教育。他的父母认为法制教育是学校的事，对此不予理会。该家长的做法（ ）。（2017年下·小学）

A.正确，学校对未成年人的法制教育负有直接责任

B.不正确，家长对未成年人的法制教育负有直接责任

C.正确，学校是专门的教育机构

D.不正确，学校没有对学生进行法制教育的义务

【答案】B。

【真题链接】

【例4】对未成年学生的法制教育负有直接责任的是（　　）。（2012年下·小学）

A.当地人民政府　　　　　　B.学校

C.教育行政部门　　　　　　D.父母或其监护人

【答案】D。

第十一条　少年宫、青少年活动中心等校外活动场所应当把预防未成年人犯罪的教育作为一项重要的工作内容，开展多种形式的宣传教育活动。

第十二条　对于已满十六周岁不满十八周岁准备就业的未成年人，职业教育培训机构、用人单位应当将法律知识和预防犯罪教育纳入职业培训的内容。

第十三条　城市居民委员会、农村村民委员会应当积极开展有针对性的预防未成年人犯罪的法制宣传活动。

第三章　对未成年人不良行为的预防

第十四条　未成年人的父母或者其他监护人和学校应当教育未成年人不得有下列不良行为：

（一）旷课、夜不归宿；

（二）携带管制刀具；

（三）打架斗殴、辱骂他人；

（四）强行向他人索要财物；

（五）偷窃、故意毁坏财物；

（六）参与赌博或者变相赌博；

（七）观看、收听色情、淫秽的音像制品、读物等；

（八）进入法律、法规规定未成年人不适宜进入的营业性歌舞厅等场所；

（九）其他严重违背社会公德的不良行为。

第十五条　未成年人的父母或者其他监护人和学校应当教育未成年人不得吸烟、酗酒。任何经营场所不得向未成年人出售烟酒。

第十六条　中小学生旷课的，学校应当及时与其父母或者其他监护人取得联系。

未成年人擅自外出夜不归宿的，其父母或者其他监护人、其所在的寄宿制学校应当及时查找，或者向公安机关请求帮助。收留夜不归宿的未成年人的，应当征得其父母或者其他监护人的同意，或者在二十四小时内及时通知其父母或者其他监护人、所在学校或者及时向公安机关报告。

【真题链接】

【例5】根据《中华人民共和国预防未成年人犯罪法》，下列选项中，学校应当及时与其父母或其他监护人取得联系的学生行为是（　　）。（2012年下·中学）

A.谈情说爱　　　B.上课聊天　　　C.不交作业　　　D.多日旷课

【答案】D。

【真题链接】

【例6】 小学生孙某旷课，班主任未立即联系家长，决定第二天再去家访。该班主任的做法（　　）。（2017年上·小学）

  A. 正确，教师有管理学生的权利

  B. 正确，教师有教育学生的责任

  C. 不正确，教师应首先与当地公安部门取得联系

  D. 不正确，教师应及时与学生的监护人取得联系

  【答案】D。

【例7】 正在读五年级的小孙经常无故旷课。依据《中华人民共和国预防未成年人犯罪法》的相关规定，学校应当（　　）。（2016年上·小学）

  A. 尊重小孙的选择   B. 及时通知警方

  C. 予以开除处理   D. 及时与监护人取得联系

  【答案】D。

【例8】 小学生周某旷课一天，学校未与其家长联系。该校的做法（　　）。（2015年下·小学）

  A. 合法，是家长未尽监护职责   B. 不合法，学校应派学生去寻找

  C. 合法，是学生违反校规   D. 不合法，学校应及时与家长联系

  【答案】D。

【例9】 小学生小孙放学回家被妈妈责骂了一顿，他一气之下跑到了好朋友小平家里要求借宿一晚。小平的父母答应了。关于小平的父母对小孙的留宿行为，说法不正确的是（　　）。（2014年下·小学）

  A. 小平的父母应及时向当地公安机关报告

  B. 小平的父母应当在24小时内及时通知小孙的父母

  C. 小平的父母应当在24小时内及时通知小孙的学校

  D. 小平的父母可以留宿小孙以保护小孙的人身安全

  【答案】D。

【例10】 正在读小学四年级的孙某逃课去网吧上网，学校得知后应当（　　）。（2013年下·小学）

  A. 向当地教育行政部门报告情况   B. 与当地纪检监察部门取得联系

  C. 向当地公安机关报告情况   D. 及时与孙某的父母取得联系

  【答案】D。

第十七条 未成年人的父母或者其他监护人和学校发现未成年人组织或者参加实施不良行为的团伙的，应当及时予以制止。发现该团伙有违法犯罪行为的，应当向公安机关报告。

第十八条 未成年人的父母或者其他监护人和学校发现有人教唆、胁迫、引诱未成年人违法犯罪的，

应当向公安机关报告。公安机关接到报告后，应当及时依法查处，对未成年人人身安全受到威胁的，应当及时采取有效措施，保护其人身安全。

第十九条 未成年人的父母或者其他监护人，不得让不满十六周岁的未成年人脱离监护单独居住。

【真题链接】

【例11】母亲孙某外出打工，将15岁的儿子小波留下长期单独居住。孙某的做法（　　）。（2017年上·中学）

A. 合法，可以改善小波的物质生活条件
B. 合法，可以提高小波的独立生活能力
C. 不合法，不得让不满16周岁者脱离监护单独居住
D. 不合法，不得让不满18周岁者脱离监护单独居住

【答案】C。

【例12】15岁学生张某的父母都在外地打工，留张某一个人独自在家生活和学习。下列说法正确的是（　　）。（2015年下·中学）

A. 父母在外地也可以履行其监护职责
B. 不得让生活能力差的孩子独立生活
C. 留张某独自在家可锻炼其生活能力
D. 不得让张某脱离监护单独居住生活

【答案】D。

第二十条 未成年人的父母或者其他监护人对未成年人不得放任不管，不得迫使其离家出走，放弃监护职责。

未成年人离家出走的，其父母或者其他监护人应当及时查找，或者向公安机关请求帮助。

第二十一条 未成年人的父母离异的，离异双方对子女都有教育的义务，任何一方都不得因离异而不履行教育子女的义务。

第二十二条 继父母、养父母对受其抚养教育的未成年继子女、养子女，应当履行本法规定的父母对未成年子女在预防犯罪方面的职责。

第二十三条 学校对有不良行为的未成年人应当加强教育、管理，不得歧视。

第二十四条 教育行政部门、学校应当举办各种形式的讲座、座谈、培训等活动，针对未成年人不同时期的生理、心理特点，介绍良好有效的教育方法，指导教师、未成年人的父母和其他监护人有效地防止、矫治未成年人的不良行为。

第二十五条 对于教唆、胁迫、引诱未成年人实施不良行为或者品行不良，影响恶劣，不适宜在学校工作的教职员工，教育行政部门、学校应当予以解聘或者辞退；构成犯罪的，依法追究刑事责任。

第二十六条 禁止在中小学校附近开办营业性歌舞厅、营业性电子游戏场所以及其他未成年人不适宜进入的场所。禁止开办上述场所的具体范围由省、自治区、直辖市人民政府规定。

对本法施行前已在中小学校附近开办上述场所的，应当限期迁移或者停业。

第二十七条 公安机关应当加强中小学校周围环境的治安管理，及时制止、处理中小学校周围发生的

违法犯罪行为。城市居民委员会、农村村民委员会应当协助公安机关做好维护中小学校周围治安的工作。

第二十八条　公安派出所、城市居民委员会、农村村民委员会应当掌握本辖区内暂住人口中未成年人的就学、就业情况。对于暂住人口中未成年人实施不良行为的，应当督促其父母或者其他监护人进行有效的教育、制止。

第二十九条　任何人不得教唆、胁迫、引诱未成年人实施本法规定的不良行为，或者为未成年人实施不良行为提供条件。

第三十条　以未成年人为对象的出版物，不得含有诱发未成年人违法犯罪的内容，不得含有渲染暴力、色情、赌博、恐怖活动等危害未成年人身心健康的内容。

第三十一条　任何单位和个人不得向未成年人出售、出租含有诱发未成年人违法犯罪以及渲染暴力、色情、赌博、恐怖活动等危害未成年人身心健康内容的读物、音像制品或者电子出版物。

任何单位和个人不得利用通讯、计算机网络等方式提供前款规定的危害未成年人身心健康的内容及其信息。

第三十二条　广播、电影、电视、戏剧节目，不得有渲染暴力、色情、赌博、恐怖活动等危害未成年人身心健康的内容。

广播电影电视行政部门、文化行政部门必须加强对广播、电影、电视、戏剧节目以及各类演播场所的管理。

第三十三条　营业性歌舞厅以及其他未成年人不适宜进入的场所，应当设置明显的未成年人禁止进入标志，不得允许未成年人进入。

营业性电子游戏场所在国家法定节假日外，不得允许未成年人进入，并应当设置明显的未成年人禁止进入标志。

对于难以判明是否已成年的，上述场所的工作人员可以要求其出示身份证件。

第四章　对未成年人严重不良行为的矫治

第三十四条　本法所称"严重不良行为"，是指下列严重危害社会，尚不够刑事处罚的违法行为：

（一）纠集他人结伙滋事，扰乱治安；

（二）携带管制刀具，屡教不改；

（三）多次拦截殴打他人或者强行索要他人财物；

（四）传播淫秽的读物或者音像制品等；

（五）进行淫乱或者色情、卖淫活动；

（六）多次偷窃；

（七）参与赌博，屡教不改；

（八）吸食、注射毒品；

（九）其他严重危害社会的行为。

第三十五条　对未成年人实施本法规定的严重不良行为的，应当及时予以制止。

对有本法规定严重不良行为的未成年人，其父母或者其他监护人和学校应当相互配合，采取措施严加管教，也可以送工读学校进行矫治和接受教育。

对未成年人送工读学校进行矫治和接受教育，应当由其父母或者其他监护人，或者原所在学校提出申请，经教育行政部门批准。

【真题链接】

【例13】 初中生孙某屡次在学校偷盗其他同学的财物。学校对孙某的正确处理方式是（　　）。（2016年下·中学）

A.责令孙某转学　　　　　　　　　　B.扭送公安机关，依规开除孙某的学籍

C.劝说孙某退学　　　　　　　　　　D.学校提出申请，送工读学校进行矫治

【答案】D。

【例14】 小学生孙某因多次偷窃，被所在学校申请送工读学校进行矫治。对于这一申请，具有审批权的机构是（　　）。（2014年上·小学）

A.公安机关　　　　B.检察机关　　　　C.民政部门　　　　D.教育行政部门

【答案】D。

【知识链接】

《中华人民共和国刑法》第十七条规定：已满十六周岁的人犯罪，应当负刑事责任。

已满十四周岁不满十六周岁的人，犯故意杀人、故意伤害致人重伤或者死亡、强奸、抢劫、贩卖毒品、放火、爆炸、投毒罪的，应当负刑事责任。

已满十四周岁不满十八周岁的人犯罪，应当从轻或者减轻处罚。

因不满十六周岁不予刑事处罚的，责令他的家长或者监护人加以管教；在必要的时候，也可以由政府收容教养。

【真题链接】

【例15】 放学后，15岁的李某与同学王某在酒店和朋友聚餐。喝完酒以后，李某与王某发生争执，李某拿起酒瓶将王某打伤，致使王某成为植物人。此次伤害事件中，下列说法正确的是（　　）。（2015年下·中学）

A.李某未满16周岁，不承担刑事责任　　　　B.酒店应当承担全部刑事责任

C.李某应承担刑事责任　　　　　　　　　　D.李某的学校应承担部分赔偿责任

【答案】C。

【解析】李某将王某打伤，致使王某成为植物人，属于故意伤害致人重伤，而李某已满14周岁，应当负刑事责任。

第三十六条 工读学校对就读的未成年人应当严格管理和教育。工读学校除按照义务教育法的要求，在课程设置上与普通学校相同外，应当加强法制教育的内容，针对未成年人严重不良行为产生的原因以及有严重不良行为的未成年人的心理特点，开展矫治工作。

家庭、学校应当关心、爱护在工读学校就读的未成年人，尊重他们的人格尊严，不得体罚、虐待和歧视。

工读学校毕业的未成年人在升学、就业等方面，同普通学校毕业的学生享有同等的权利，任何单位和个人

不得歧视。

第三十七条 未成年人有本法规定严重不良行为，构成违反治安管理行为的，由公安机关依法予以治安处罚。因不满十四周岁或者情节特别轻微免予处罚的，可以予以训诫。

第三十八条 未成年人因不满十六周岁不予刑事处罚的，责令他的父母或者其他监护人严加管教；在必要的时候，也可以由政府依法收容教养。

【真题链接】

【例16】初中生王某因犯罪，被法院判处有期徒刑一年缓刑两年。下列说法正确的是（　　）。（2015年下·中学）

A. 王某不可继续回学校读书　　　　B. 学校可以取消王某的学籍
C. 王某只能够到工读学校就读　　　D. 王某可由政府依法收容教养

【答案】D

第三十九条 未成年人在被收容教养期间，执行机关应当保证其继续接受文化知识、法律知识或者职业技术教育；对没有完成义务教育的未成年人，执行机关应当保证其继续接受义务教育。

解除收容教养、劳动教养的未成年人，在复学、升学、就业等方面与其他未成年人享有同等权利，任何单位和个人不得歧视。

【真题链接】

【例17】教师对解除收容教育、劳动教养后回校复学的未成年学生，应当（　　）。（2013年下·中学）

A. 限制其使用学校的设施　　　　B. 按其以往表现评价品行
C. 限制其与其他同学接触　　　　D. 允许参加学校的各项活动

【答案】D。

第五章 未成年人对犯罪的自我防范

第四十条 未成年人应当遵守法律、法规及社会公共道德规范，树立自尊、自律、自强意识，增强辨别是非和自我保护的能力，自觉抵制各种不良行为及违法犯罪行为的引诱和侵害。

第四十一条 被父母或者其他监护人遗弃、虐待的未成年人，有权向公安机关、民政部门、共产主义青年团、妇女联合会、未成年人保护组织或者学校、城市居民委员会、农村村民委员会请求保护。被请求的上述部门和组织都应当接受，根据情况需要采取救助措施的，应当先采取救助措施。

第四十二条 未成年人发现任何人对自己或者对其他未成年人实施本法第三章规定不得实施的行为或者犯罪行为，可以通过所在学校、其父母或者其他监护人向公安机关或者政府有关主管部门报告，也可以自己向上述机关报告。受理报告的机关应当及时依法查处。

第四十三条 对同犯罪行为作斗争以及举报犯罪行为的未成年人，司法机关、学校、社会应当加强保护，保障其不受打击报复。

第六章　对未成年人重新犯罪的预防

第四十四条　对犯罪的未成年人追究刑事责任，实行教育、感化、挽救方针，坚持教育为主、惩罚为辅的原则。

司法机关办理未成年人犯罪案件，应当保障未成年人行使其诉讼权利，保障未成年人得到法律帮助，并根据未成年人的生理、心理特点和犯罪的情况，有针对性地进行法制教育。

对于被采取刑事强制措施的未成年学生，在人民法院的判决生效以前，不得取消其学籍。

第四十五条　人民法院审判未成年人犯罪的刑事案件，应当由熟悉未成年人身心特点的审判员或者审判员和人民陪审员依法组成少年法庭进行。

对于审判的时候被告人不满十八周岁的刑事案件，不公开审理。

对未成年人犯罪案件，新闻报道、影视节目、公开出版物不得披露该未成年人的姓名、住所、照片及可能推断出该未成年人的资料。

第四十六条　对被拘留、逮捕和执行刑罚的未成年人与成年人应当分别关押、分别管理、分别教育。未成年犯在被执行刑罚期间，执行机关应当加强对未成年犯的法制教育，对未成年犯进行职业技术教育。对没有完成义务教育的未成年犯，执行机关应当保证其继续接受义务教育。

第四十七条　未成年人的父母或者其他监护人和学校、城市居民委员会、农村村民委员会，对因不满十六周岁而不予刑事处罚、免予刑事处罚的未成年人，或者被判处非监禁刑罚、被判处刑罚宣告缓刑、被假释的未成年人，应当采取有效的帮教措施，协助司法机关做好对未成年人的教育、挽救工作。

城市居民委员会、农村村民委员会可以聘请思想品德优秀，作风正派，热心未成年人教育工作的离退休人员或其他人员协助做好对前款规定的未成年人的教育、挽救工作。

【知识链接】

一些法律术语

1. 减刑：是指对于被判处管制、拘役、有期徒刑、无期徒刑的犯罪人，在刑罚执行期间，如果认真遵守监规，接受教育改造，确有悔改表现，或者有立功表现的，适当减轻原判刑罚的制度。

2. 假释：是指对于被判处有期、无期徒刑的部分犯罪人，在执行一定刑罚之后，确有悔改表现，不致再危害社会，附条件地予以提前释放的制度。

3. 缓刑：是指对判处一定刑罚的犯罪分子，在一定期限内附条件不执行原判刑罚的一种刑事制度。是在判刑的同时宣告暂不执行，但在一定时间内保留执行的可能性。对象：被判处拘役、三年以下有期徒刑的罪犯。

4. 管制：我国刑法规定的一种量刑种类。管制是对罪犯不予关押，但限制其一定自由，依法实行社区矫正。判处管制的罪犯仍然留在原工作单位或居住地工作或劳动，在劳动中应当同工同酬。管制的期限为3个月以上2年以下，数罪并罚时不得超过3年。

5. 拘役：拘役是指短期剥夺罪犯人身自由，一般由公安机关就近执行。拘役的期限为1个月以上6个月以下，数罪并罚时最高不能超过1年。

6. 劳动教养：就是劳动、教育和培养，简称劳教。2013年12月28日全国人大常委会通过了《关于废止有关劳动教养法律规定的决定》。

7. 收容教养：指根据刑法的规定，对那些因不满16周岁不予刑事处罚的未成年人而采取的强制性教育改造措施，是一种行政处罚措施。收容教养由当地行政公署以上级别的公安机关审批，由少年管教所执行。收容教养期限一般为1至3年。

8. 收容教育：一般是指根据国务院《卖淫嫖娼人员收容教育办法》，公安机关不经法庭调查审判，便可对卖淫嫖娼人员进行为期六个月至两年的强制教育、劳动等一系列限制人身自由的行政强制措施。

9. 社区矫正：指针对被判处管制、宣告缓刑、裁定假释、暂予监外执行这四类犯罪行为较轻的对象所实施的非监禁性矫正刑罚。

第四十八条 依法免予刑事处罚、判处非监禁刑罚、判处刑罚宣告缓刑、假释或者刑罚执行完毕的未成年人，在复学、升学、就业等方面与其他未成年人享有同等权利，任何单位和个人不得歧视。

第七章　法律责任

第四十九条 未成年人的父母或者其他监护人不履行监护职责，放任未成年人有本法规定的不良行为或者严重不良行为的，由公安机关对未成年人的父母或者其他监护人予以训诫，责令其严加管教。

> 【真题链接】
>
> 【例18】高一学生小波的父母不履行监护职责，放任小波强行索要他人财物。依据《中华人民共和国预防未成年人犯罪法》，有权对小波父母予以训诫的是（　　）。（2017年下·中学）
>
> A. 教育行政部门　　　　B. 学校
>
> C. 人民法院　　　　　　D. 公安机关
>
> 【答案】D。

第五十条 未成年人的父母或者其他监护人违反本法第十九条的规定，让不满十六周岁的未成年人脱离监护单独居住的，由公安机关对未成年人的父母或者其他监护人予以训诫，责令其立即改正。

第五十一条 公安机关的工作人员违反本法第十八条的规定，接到报告后，不及时查处或者采取有效措施，严重不负责任的，予以行政处分；造成严重后果，构成犯罪的，依法追究刑事责任。

第五十二条 违反本法第三十条的规定，出版含有诱发未成年人违法犯罪以及渲染暴力、色情、赌博、恐怖活动等危害未成年人身心健康内容的出版物的，由出版行政部门没收出版物和违法所得，并处违法所得三倍以上十倍以下罚款；情节严重的，没收出版物和违法所得，并责令停业整顿或者吊销许可证。对直接负责的主管人员和其他直接责任人员处以罚款。

制作、复制宣扬淫秽内容的未成年人出版物，或者向未成年人出售、出租、传播宣扬淫秽内容的出版物的，依法予以治安处罚；构成犯罪的，依法追究刑事责任。

第五十三条 违反本法第三十一条的规定，向未成年人出售、出租含有诱发未成年人违法犯罪以及渲染暴力、色情、赌博、恐怖活动等危害未成年人身心健康内容的读物、音像制品、电子出版物的，或者利用通讯、计算机网络等方式提供上述危害未成年人身心健康内容及信息的，没收读物、音像制品、电子出版物和违法所得，由政府有关主管部门处以罚款。

单位有前款行为的，没收读物、音像制品、电子出版物和违法所得，处以罚款，并对直接负责的主管人员和其他直接责任人员处以罚款。

第五十四条 影剧院、录像厅等各类演播场所，放映或者演出渲染暴力、色情、赌博、恐怖活动等危害未成年人身心健康的节目的，由政府有关主管部门没收违法播放的音像制品和违法所得，处以罚款，并对直接负责的主管人员和其他直接责任人员处以罚款；情节严重的，责令停业整顿或者由工商行政部门吊销营业执照。

第五十五条 营业性歌舞厅以及其他未成年人不适宜进入的场所、营业性电子游戏场所，违反本法第三十三条的规定，不设置明显的未成年人禁止进入标志，或者允许未成年人进入的，由文化行政部门责令改正、给予警告、责令停业整顿、没收违法所得，处以罚款，并对直接负责的主管人员和其他直接责任人员处以罚款；情节严重的，由工商行政部门吊销营业执照。

第五十六条 教唆、胁迫、引诱未成年人实施本法规定的不良行为、严重不良行为，或者为未成年人实施不良行为、严重不良行为提供条件，构成违反治安管理行为的，由公安机关依法予以治安处罚；构成犯罪的，依法追究刑事责任。

第八章 附则

第五十七条 本法自1999年11月1日起施行。

七、《学生伤害事故处理办法》

1.《学生伤害事故处理办法》是教育部制定颁布的，属于教育规章。其为实施未成年人安全保护提供了实际操作规程，不仅保护学生的权利，也保护了教育活动中学校的权益，维护了学校教育教学活动的秩序。

2.《学生伤害事故处理办法》主要内容梳理

《学生伤害事故处理办法》（教育部令第12号）

第一章 总则

第一条 为积极预防、妥善处理在校学生伤害事故，保护学生、学校的合法权益，根据《中华人民共和国教育法》、《中华人民共和国未成年人保护法》和其他相关法律、行政法规及有关规定，制定本办法。

第二条 在学校实施的教育教学活动或者学校组织的校外活动中，以及在学校负有管理责任的校舍、场地、其他教育教学设施、生活设施内发生的，造成在校学生人身损害后果的事故的处理，适用本办法。

第三条 学生伤害事故应当遵循依法、客观公正、合理适当的原则，及时、妥善地处理。

第四条 学校的举办者应当提供符合安全标准的校舍、场地、其他教育教学设施和生活设施。

教育行政部门应当加强学校安全工作，指导学校落实预防学生伤害事故的措施，指导、协助学校妥善处理学生伤害事故，维护学校正常的教育教学秩序。

第五条 学校应当对在校学生进行必要的安全教育和自护自救教育；应当按照规定，建立健全安全制度，采取相应的管理措施，预防和消除教育教学环境中存在的安全隐患；当发生伤害事故时，应当及时采取措施救助受伤害学生。

学校对学生进行安全教育、管理和保护，应当针对学生年龄、认知能力和法律行为能力的不同，采用相应的内容和预防措施。

第六条 学生应当遵守学校的规章制度和纪律；在不同的受教育阶段，应当根据自身的年龄、认知能力和法律行为能力，避免和消除相应的危险。

第七条 未成年学生的父母或者其他监护人（以下称为监护人）应当依法履行监护职责，配合学校对学生进行安全教育、管理和保护工作。

学校对未成年学生不承担监护职责，但法律有规定的或者学校依法接受委托承担相应监护职责的情形除外。

第二章 事故与责任

第八条 学生伤害事故的责任，应当根据相关当事人的行为与损害后果之间的因果关系依法确定。

因学校、学生或者其他相关当事人的过错造成的学生伤害事故，相关当事人应当根据其行为过错程度的比例及其与损害后果之间的因果关系承担相应的责任。当事人的行为是损害后果发生的主要原因，应当承担主要责任；当事人的行为是损害后果发生的非主要原因，承担相应的责任。

【知识链接】

《中华人民共和国侵权责任法》相关条款

第三十二条 无民事行为能力人、限制民事行为能力人造成他人损害的，由监护人承担侵权责任。监护人尽到监护责任的，可以减轻其侵权责任。

有财产的无民事行为能力人、限制民事行为能力人造成他人损害的，从本人财产中支付赔偿费用。不足部分，由监护人赔偿。

第三十八条 无民事行为能力人在幼儿园、学校或者其他教育机构学习、生活期间受到人身损害的，幼儿园、学校或者其他教育机构应当承担责任，但能够证明尽到教育、管理职责的，不承担责任。

第三十九条 限制民事行为能力人在学校或者其他教育机构学习、生活期间受到人身损害，学校或者其他教育机构未尽到教育、管理职责的，应当承担责任。

第四十条 无民事行为能力人或者限制民事行为能力人在幼儿园、学校或者其他教育机构学习、生活期间，受到幼儿园、学校或者其他教育机构以外的人员人身损害的，由侵权人承担侵权责任；幼儿园、学校或者其他教育机构未尽到管理职责的，承担相应的补充责任。

【真题链接】

【例1】9岁的杨强在学校体育活动中受伤，家长诉至法院，要求学校赔偿。此案中应承担举证责任的主体是（　　）。（2016年下·小学）

A.学校　　　　B.家长　　　　C.体育老师　　　　D.杨强

【答案】A。

【解析】

《中华人民共和国民法通则》第十二条规定：十周岁以上的未成年人是限制民事行为能力人，可以进行与他的年龄、智力相适应的民事活动；其他民事活动由他的法定代理人代理，或者征得他的法定代理人的同意。

不满十周岁的未成年人是无民事行为能力人，由他的法定代理人代理民事活动。

《中华人民共和国侵权责任法》第三十八条规定：无民事行为能力人在幼儿园、学校或者其他教育机构学习、生活期间受到人身损害的，幼儿园、学校或者其他教育机构应当承担责任，但能够证明尽到教育、管理职责的，不承担责任。

【注意】

本题是2016年考试题目，《中华人民共和国民法通则》在2017年进行了修订，将无民事行为能力年龄修改为8周岁。因此，按照最新法律规定，本题选B。

【真题链接】

【例2】校外人员孙某趁学校门卫疏忽之机，骑摩托车闯入校园，将学生刘某撞伤。对刘某所受的伤害，应当承担主要责任的是（　　）。（2015年上·小学）

A. 门卫　　　B. 学校　　　C. 刘某监护人　　　D. 孙某

【答案】D。

第九条 因下列情形之一造成的学生伤害事故，学校应当依法承担相应的责任：

（一）学校的校舍、场地、其他公共设施，以及学校提供给学生使用的学具、教育教学和生活设施、设备不符合国家规定的标准，或者有明显不安全因素的；

（二）学校的安全保卫、消防、设施设备管理等安全管理制度有明显疏漏，或者管理混乱，存在重大安全隐患，而未及时采取措施的；

（三）学校向学生提供的药品、食品、饮用水等不符合国家或者行业的有关标准、要求的；

（四）学校组织学生参加教育教学活动或者校外活动，未对学生进行相应的安全教育，并未在可预见的范围内采取必要的安全措施的；

（五）学校知道教师或者其他工作人员患有不适宜担任教育教学工作的疾病，但未采取必要措施的；

（六）学校违反有关规定，组织或者安排未成年学生从事不宜未成年人参加的劳动、体育运动或者其他活动的；

（七）学生有特异体质或者特定疾病，不宜参加某种教育教学活动，学校知道或者应当知道，但未予以必要的注意的；

（八）学生在校期间突发疾病或者受到伤害，学校发现，但未根据实际情况及时采取相应措施，导致不良后果加重的；

（九）学校教师或者其他工作人员体罚或者变相体罚学生，或者在履行职责过程中违反工作要求、操作规程、职业道德或者其他有关规定的；

（十）学校教师或者其他工作人员在负有组织、管理未成年学生的职责期间，发现学生行为具有危险性，但未进行必要的管理、告诫或者制止的；

（十一）对未成年学生擅自离校等与学生人身安全直接相关的信息，学校发现或者知道，但未及时告知未成年学生的监护人，导致未成年学生因脱离监护人的保护而发生伤害的；

（十二）学校有未依法履行职责的其他情形的。

【真题链接】

【例3】某公立小学塑胶跑道不达标，导致一些学生身体不适。应对该事故承担责任的是（　　）。（2017年下·小学）

A. 校长　　　B. 学校　　　C. 教师　　　D. 教育行政部门

【答案】B。

【真题链接】

【例4】 在一次雷雨天气中,某中学教学楼遭到雷击,多名学生受到伤害。后经调查得知,由于教学楼没有采取防雷措施,导致学生受到伤害。这起事故中的法律责任,说法正确的是( )。(2017年下·中学)

A. 学校无法律责任　　　　　　　B. 学校应承担无过错责任
C. 学校应承担补充责任　　　　　D. 学校应承担过错责任

【答案】 D。

【解析】 学生的伤害是因为学校的过错导致的,所以学校应承担过错责任。B项"无过错责任"指的是,责任人主观上并无过错,也需要承担责任。如,一个5岁的孩子,打碎了邻居家的玻璃,他的父母需要替他承担赔偿责任,但他的父母并无主观上的过错或故意。

【例5】 某中学上课时,高年级的学生章某到教室外面喊孙某出去,班主任黎某默许了。孙某出去后被章某打伤,导致右眼失明。对孙某所受伤害应承担赔偿责任的主体是( )。(2017年下·中学)

A. 孙某　　　　　　　　　　　　B. 黎某
C. 学校　　　　　　　　　　　　D. 学校和章某

【答案】 D。

第十条 学生或者未成年学生监护人由于过错,有下列情形之一,造成学生伤害事故,应当依法承担相应的责任:

(一)学生违反法律法规的规定,违反社会公共行为准则、学校的规章制度或者纪律,实施按其年龄和认知能力应当知道具有危险或者可能危及他人的行为的;

(二)学生行为具有危险性,学校、教师已经告诫、纠正,但学生不听劝阻、拒不改正的;

(三)学生或者其监护人知道学生有特异体质,或者患有特定疾病,但未告知学校的;

(四)未成年学生的身体状况、行为、情绪等有异常情况,监护人知道或者已被学校告知,但未履行相应监护职责的;

(五)学生或者未成年学生监护人有其他过错的。

【真题链接】

【例6】 某中学化学老师冯某正组织学生上实验课,学生孙某因借用坐在实验桌对面的同学的钢笔,碰倒了酒精灯,酒精溅在本组同学杨某的手上并燃烧,致使杨某手部皮肤被灼伤。在这起事故中,应当承担责任的是( )。(2017年下·中学)

A. 学校和冯某　　　　　　　　　B. 冯某和杨某监护人
C. 学校和孙某监护人　　　　　　D. 孙某监护人和杨某监护人

【答案】 C。

第十一条 学校安排学生参加活动，因提供场地、设备、交通工具、食品及其他消费与服务的经营者，或者学校以外的活动组织者的过错造成的学生伤害事故，有过错的当事人应当依法承担相应的责任。

【真题链接】

【例7】某小学指派李老师带领学生到电影院看电影，由于入口处灯光暗淡，学生陈某在台阶上不慎摔倒，致使头部受到严重伤害。对于陈某所受伤害，应承担法律责任的是（　　）。（2012年下·小学）

A.学校和电影院　　　　　　　　　　B.李老师
C.学校　　　　　　　　　　　　　　D.李老师和电影院

【答案】A。

第十二条 因下列情形之一造成的学生伤害事故，学校已履行了相应职责，行为并无不当的，无法律责任：

（一）地震、雷击、台风、洪水等不可抗的自然因素造成的；
（二）来自学校外部的突发性、偶发性侵害造成的；
（三）学生有特异体质、特定疾病或者异常心理状态，学校不知道或者难以知道的；
（四）学生自杀、自伤的；
（五）在对抗性或者具有风险性的体育竞赛活动中发生意外伤害的；
（六）其他意外因素造成的。

第十三条 下列情形下发生的造成学生人身损害后果的事故，学校行为并无不当的，不承担事故责任；事故责任应当按有关法律法规或者其他有关规定认定：

（一）在学生自行上学、放学、返校、离校途中发生的；
（二）在学生自行外出或者擅自离校期间发生的；
（三）在放学后、节假日或者假期等学校工作时间以外，学生自行滞留学校或者自行到校发生的；
（四）其他在学校管理职责范围外发生的。

【真题链接】

【例8】五年级学生小强因被父母责骂，心情低落，老师发现后对其进行了安慰，但小强在课间还是自伤了。下列说法正确的是（　　）。（2016年上·小学）

A.学生是在学校受伤的，学校应当承担责任　　B.学校对学生负有监护义务，应当承担责任
C.学生行为属于自伤行为，学校不应承担责任　　D.学生受伤发生在课间，学校不应承担责任

【答案】C。

【例9】学生小孙在暑假期间擅自翻越学校围墙，导致右腿摔伤。对于小孙所受伤害，下列选项中正确的是（　　）。（2014年上·小学）

A.学校存在过错，应当承担赔偿责任　　　　　B.学校存在过错，但可免除赔偿责任
C.学校没有过错，但要承担赔偿责任　　　　　D.学校没有过错，无须承担赔偿责任

【答案】D。

【真题链接】

【例10】暑假期间，小学生章某和孙某相约在学校打篮球。在争抢过程中，章某不慎将孙某撞倒在地，导致孙某小腿骨折。对于孙某所受伤害，应承担主要赔偿责任的是（　　）。（2013年上·小学）

A.孙某本人　　　　　　　　　　　　B.学校

C.孙某的监护人　　　　　　　　　　D.章某的监护人

【答案】D。

第十四条　因学校教师或者其他工作人员与其职务无关的个人行为，或者因学生、教师及其他个人故意实施的违法犯罪行为，造成学生人身损害的，由致害人依法承担相应的责任。

【真题链接】

【例11】放学后，5名学生到学校附近教师王某私自开设的商店里，购买了过期食品，食用后发生了食物中毒。对这起事故应承担主要责任的是（　　）。（2015年上·中学）

A.王某　　　　B.学校　　　　C.政府　　　　D.家长

【答案】A。

第三章　事故处理程序

第十五条　发生学生伤害事故，学校应当及时救助受伤害学生，并应及时告知未成年学生的监护人；有条件的，应当采取紧急救援等方式救助。

第十六条　发生学生伤害事故，情形严重的，学校应当及时向主管教育行政部门及有关部门报告；属于重大伤亡事故的，教育行政部门应当按照有关规定及时向同级人民政府和上一级教育行政部门报告。

第十七条　学校的主管教育行政部门应学校要求或者认为必要，可以指导、协助学校进行事故的处理工作，尽快恢复学校正常的教育教学秩序。

第十八条　发生学生伤害事故，学校与受伤害学生或者学生家长可以通过协商方式解决；双方自愿，可以书面请求主管教育行政部门进行调解。

成年学生或者未成年学生的监护人也可以依法直接提起诉讼。

第十九条　教育行政部门收到调解申请，认为必要的，可以指定专门人员进行调解，并应当在受理申请之日起60日内完成调解。

第二十条　经教育行政部门调解，双方就事故处理达成一致意见的，应当在调解人员的见证下签订调解协议，结束调解；在调解期限内，双方不能达成一致意见，或者调解过程中一方提起诉讼，人民法院已经受理的，应当终止调解。

调解结束或者终止，教育行政部门应当书面通知当事人。

第二十一条　对经调解达成的协议，一方当事人不履行或者反悔的，双方可以依法提起诉讼。

第二十二条　事故处理结束，学校应当将事故处理结果书面报告主管的教育行政部门；重大伤亡事故的处理结果，学校主管的教育行政部门应当向同级人民政府和上一级教育行政部门报告。

第四章 事故损害的赔偿

第二十三条 对发生学生伤害事故负有责任的组织或者个人，应当按照法律法规的有关规定，承担相应的损害赔偿责任。

第二十四条 学生伤害事故赔偿的范围与标准，按照有关行政法规、地方性法规或者最高人民法院司法解释中的有关规定确定。

教育行政部门进行调解时，认为学校有责任的，可以依照有关法律法规及国家有关规定，提出相应的调解方案。

第二十五条 对受伤害学生的伤残程度存在争议的，可以委托当地具有相应鉴定资格的医院或者有关机构，依据国家规定的人体伤残标准进行鉴定。

第二十六条 学校对学生伤害事故负有责任的，根据责任大小，适当予以经济赔偿，但不承担解决户口、住房、就业等与救助受伤害学生、赔偿相应经济损失无直接关系的其他事项。

学校无责任的，如果有条件，可以根据实际情况，本着自愿和可能的原则，对受伤害学生给予适当的帮助。

第二十七条 因学校教师或者其他工作人员在履行职务中的故意或者重大过失造成的学生伤害事故，学校予以赔偿后，可以向有关责任人员追偿。

第二十八条 未成年学生对学生伤害事故负有责任的，由其监护人依法承担相应的赔偿责任。

学生的行为侵害学校教师及其他工作人员以及其他组织、个人的合法权益，造成损失的，成年学生或者未成年学生的监护人应当依法予以赔偿。

【真题链接】

【例12】15岁的小波在自行上学途中与同学打闹，不慎将同学小平的眼睛碰伤。小平所受的伤害（　　）。（2014年下·中学）

A. 应由小平的监护人承担事故全部责任　　B. 应由小波的监护人依法承担赔偿责任

C. 应由小波所在学校承担全部赔偿责任　　D. 应由小平自己独立承担事故赔偿责任

【答案】B。

【例13】小学生孙某放学途中，在人行道上被电动车撞伤。对孙某所受伤害，应承担赔偿责任的是（　　）。（2015年下·小学）

A. 学校　　B. 车主　　C. 孙某监护人　　D. 车主和学校

【答案】B。

第二十九条 根据双方达成的协议、经调解形成的协议或者人民法院的生效判决，应当由学校负担的赔偿金，学校应当负责筹措；学校无力完全筹措的，由学校的主管部门或者举办者协助筹措。

第三十条 县级以上人民政府教育行政部门或者学校举办者有条件的，可以通过设立学生伤害赔偿准备金等多种形式，依法筹措伤害赔偿金。

第三十一条 学校有条件的，应当依据保险法的有关规定，参加学校责任保险。

教育行政部门可以根据实际情况，鼓励中小学参加学校责任保险。

提倡学生自愿参加意外伤害保险。在尊重学生意愿的前提下，学校可以为学生参加意外伤害保险创造便利条件，但不得从中收取任何费用。

第五章 事故责任者的处理

第三十二条 发生学生伤害事故，学校负有责任且情节严重的，教育行政部门应当根据有关规定，对学校的直接负责的主管人员和其他直接责任人员，分别给予相应的行政处分；有关责任人的行为触犯刑律的，应当移送司法机关依法追究刑事责任。

第三十三条 学校管理混乱，存在重大安全隐患的，主管的教育行政部门或者其他有关部门应当责令其限期整顿；对情节严重或者拒不改正的，应当依据法律法规的有关规定，给予相应的行政处罚。

第三十四条 教育行政部门未履行相应职责，对学生伤害事故的发生负有责任的，由有关部门对直接负责的主管人员和其他直接责任人员分别给予相应的行政处分；有关责任人的行为触犯刑律的，应当移送司法机关依法追究刑事责任。

第三十五条 违反学校纪律，对造成学生伤害事故负有责任的学生，学校可以给予相应的处分；触犯刑律的，由司法机关依法追究刑事责任。

第三十六条 受伤害学生的监护人、亲属或者其他有关人员，在事故处理过程中无理取闹，扰乱学校正常教育教学秩序，或者侵犯学校、学校教师或者其他工作人员的合法权益的，学校应当报告公安机关依法处理；造成损失的，可以依法要求赔偿。

第六章 附则

第三十七条 本办法所称学校，是指国家或者社会力量举办的全日制的中小学（含特殊教育学校）、各类中等职业学校、高等学校。

本办法所称学生是指在上述学校中全日制就读的受教育者。

第三十八条 幼儿园发生的幼儿伤害事故，应当根据幼儿为完全无行为能力人的特点，参照本办法处理。

第三十九条 其他教育机构发生的学生伤害事故，参照本办法处理。

在学校注册的其他受教育者在学校管理范围内发生的伤害事故，参照本办法处理。

第四十条 本办法自2002年9月1日起实施，原国家教委、教育部颁布的与学生人身安全事故处理有关的规定，与本办法不符的，以本办法为准。

在本办法实施之前已处理完毕的学生伤害事故不再重新处理。

八、《幼儿园工作规程》

1.《幼儿园工作规程》于2015年12月部长会议审议通过，2016年3月1日起实施。

2.《幼儿园工作规程》主要内容

第一章 总则

第一条 为了加强幼儿园的科学管理，规范办园行为，提高保育和教育质量，促进幼儿身心健康，依据《中华人民共和国教育法》等法律法规，制定本规程。

第二条 幼儿园是对3周岁以上学龄前幼儿实施保育和教育的机构。幼儿园教育是基础教育的重要组成部分，是学校教育制度的基础阶段。

【真题链接】

【例1】关于幼儿园教育的性质和地位，下列说法正确的是（　　）。（2017年下·幼儿园）

A. 幼儿园教育是基础教育的预备阶段　　B. 幼儿园教育是学校教育制度的基础阶段

C. 幼儿园教育是义务教育的组成部分　　D. 幼儿园教育不属于学校教育制度的范畴

【答案】B。

第三条 幼儿园的任务是：贯彻国家的教育方针，按照保育与教育相结合的原则，遵循幼儿身心发展特点和规律，实施德、智、体、美等方面全面发展的教育，促进幼儿身心和谐发展。

幼儿园同时面向幼儿家长提供科学育儿指导。

第四条 幼儿园适龄幼儿一般为3周岁至6周岁。

幼儿园一般为三年制。

第五条 幼儿园保育和教育的主要目标是：

（一）促进幼儿身体正常发育和机能的协调发展，增强体质，促进心理健康，培养良好的生活习惯、卫生习惯和参加体育活动的兴趣。

（二）发展幼儿智力，培养正确运用感官和运用语言交往的基本能力，增进对环境的认识，培养有益的兴趣和求知欲望，培养初步的动手探究能力。

（三）萌发幼儿爱祖国、爱家乡、爱集体、爱劳动、爱科学的情感，培养诚实、自信、友爱、勇敢、勤学、好问、爱护公物、克服困难、讲礼貌、守纪律等良好的品德行为和习惯，以及活泼开朗的性格。

（四）培养幼儿初步感受美和表现美的情趣和能力。

【真题链接】

【例2】某幼儿园组织幼儿进行军训活动。该幼儿园的做法（　　）。（2018年上·幼儿园）

A. 正确，有利于增强幼儿的责任感　　B. 不正确，未遵循幼儿身心发展的规律

C. 正确，有利于强化幼儿纪律教育　　D. 不正确，阻碍幼儿学习成绩的提升

【答案】B。

第六条 幼儿园教职工应当尊重、爱护幼儿，严禁虐待、歧视、体罚和变相体罚、侮辱幼儿人格等损害幼儿身心健康的行为。

第七条 幼儿园可分为全日制、半日制、定时制、季节制和寄宿制等。上述形式可分别设置，也可混合设置。

第二章 幼儿入园和编班

第八条 幼儿园每年秋季招生。平时如有缺额，可随时补招。

幼儿园对烈士子女、家中无人照顾的残疾人子女、孤儿、家庭经济困难幼儿、具有接受普通教育能力的残疾儿童等入园，按照国家和地方的有关规定予以照顾。

第九条 企业、事业单位和机关、团体、部队设置的幼儿园，除招收本单位工作人员的子女外，应当积极创造条件向社会开放，招收附近居民子女入园。

第十条 幼儿入园前，应当按照卫生部门制定的卫生保健制度进行健康检查，合格者方可入园。

幼儿入园除进行健康检查外，禁止任何形式的考试或测查。

第十一条 幼儿园规模应当有利于幼儿身心健康，便于管理，一般不超过360人。

幼儿园每班幼儿人数一般为：小班（3周岁至4周岁）25人，中班（4周岁至5周岁）30人，大班（5周岁至6周岁）35人，混合班30人。寄宿制幼儿园每班幼儿人数酌减。

幼儿园可以按年龄分别编班，也可以混合编班。

第三章 幼儿园的安全

第十二条 幼儿园应当严格执行国家和地方幼儿园安全管理的相关规定，建立健全门卫、房屋、设备、消防、交通、食品、药物、幼儿接送交接、活动组织和幼儿就寝值守等安全防护和检查制度，建立安全责任制和应急预案。

第十三条 幼儿园的园舍应当符合国家和地方的建设标准，以及相关安全、卫生等方面的规范，定期检查维护，保障安全。幼儿园不得设置在污染区和危险区，不得使用危房。

幼儿园的设备设施、装修装饰材料、用品用具和玩教具材料等，应当符合国家相关的安全质量标准和环保要求。

入园幼儿应当由监护人或者其委托的成年人接送。

第十四条 幼儿园应当严格执行国家有关食品药品安全的法律法规，保障饮食饮水卫生安全。

第十五条 幼儿园教职工必须具有安全意识，掌握基本急救常识和防范、避险、逃生、自救的基本方法，在紧急情况下应当优先保护幼儿的人身安全。

幼儿园应当把安全教育融入一日生活，并定期组织开展多种形式的安全教育和事故预防演练。

幼儿园应当结合幼儿年龄特点和接受能力开展反家庭暴力教育，发现幼儿遭受或者疑似遭受家庭暴力的，应当依法及时向公安机关报案。

第十六条 幼儿园应当投保校方责任险。

第四章 幼儿园的卫生保健

第十七条 幼儿园必须切实做好幼儿生理和心理卫生保健工作。

幼儿园应当严格执行《托儿所幼儿园卫生保健管理办法》以及其他有关卫生保健的法规、规章和制度。

第十八条 幼儿园应当制定合理的幼儿一日生活作息制度。正餐间隔时间为3.5至4小时。在正常情况下，幼儿户外活动时间（包括户外体育活动时间）每天不得少于2小时，寄宿制幼儿园不得少于3小时；高寒、高温地区可酌情增减。

第十九条 幼儿园应当建立幼儿健康检查制度和幼儿健康卡或档案。每年体检一次，每半年测身高、视力一次，每季度量体重一次；注意幼儿口腔卫生，保护幼儿视力。

幼儿园对幼儿健康发展状况定期进行分析、评价，及时向家长反馈结果。

幼儿园应当关注幼儿心理健康，注重满足幼儿的发展需要，保持幼儿积极的情绪状态，让幼儿感受到尊重和接纳。

第二十条 幼儿园应当建立卫生消毒、晨检、午检制度和病儿隔离制度，配合卫生部门做好计划免疫工作。

幼儿园应当建立传染病预防和管理制度，制定突发传染病应急预案，认真做好疾病防控工作。

幼儿园应当建立患病幼儿用药的委托交接制度，未经监护人委托或者同意，幼儿园不得给幼儿用药。幼儿园应当妥善管理药品，保证幼儿用药安全。

幼儿园内禁止吸烟、饮酒。

第二十一条 供给膳食的幼儿园应当为幼儿提供安全卫生的食品，编制营养平衡的幼儿食谱，定期计算和分析幼儿的进食量和营养素摄取量，保证幼儿合理膳食。

幼儿园应当每周向家长公示幼儿食谱，并按照相关规定进行食品留样。

第二十二条 幼儿园应当配备必要的设备设施，及时为幼儿提供安全卫生的饮用水。

幼儿园应当培养幼儿良好的大小便习惯，不得限制幼儿便溺的次数、时间等。

第二十三条 幼儿园应当积极开展适合幼儿的体育活动，充分利用日光、空气、水等自然因素以及本地自然环境，有计划地锻炼幼儿肌体，增强身体的适应和抵抗能力。正常情况下，每日户外体育活动不得少于1小时。

幼儿园在开展体育活动时，应当对体弱或有残疾的幼儿予以特殊照顾。

第二十四条 幼儿园夏季要做好防暑降温工作，冬季要做好防寒保暖工作，防止中暑和冻伤。

第五章 幼儿园的教育

第二十五条 幼儿园教育应当贯彻以下原则和要求：

（一）德、智、体、美等方面的教育应当互相渗透，有机结合。

（二）遵循幼儿身心发展规律，符合幼儿年龄特点，注重个体差异，因人施教，引导幼儿个性健康发展。

（三）面向全体幼儿，热爱幼儿，坚持积极鼓励、启发引导的正面教育。

（四）综合组织健康、语言、社会、科学、艺术各领域的教育内容，渗透于幼儿一日生活的各项活动中，充分发挥各种教育手段的交互作用。

（五）以游戏为基本活动，寓教育于各项活动之中。

（六）创设与教育相适应的良好环境，为幼儿提供活动和表现能力的机会与条件。

【真题链接】

【例3】幼儿孙某活泼好动，常与同伴嬉戏打闹，多次违反活动纪律。为此，带班老师章某不允许孙某参加幼儿园各种文艺活动，以防其破坏活动秩序。教师章某做法（　　）。（2017年下·幼儿园）

A．正确，教师有权自主管理班级　　B．不正确，教师应平等对待幼儿

C．正确，是维护活动秩序的需要　　D．不正确，应征得其他教师同意

【答案】B。

【解析】《幼儿园工作规程》要求，幼儿园教育应当面向全体幼儿，热爱幼儿。

第二十六条 幼儿一日活动的组织应当动静交替，注重幼儿的直接感知、实际操作和亲身体验，保证幼儿愉快的、有益的自由活动。

第二十七条 幼儿园日常生活组织，应当从实际出发，建立必要、合理的常规，坚持一贯性和灵活性相结合，培养幼儿的良好习惯和初步的生活自理能力。

第二十八条 幼儿园应当为幼儿提供丰富多样的教育活动。

教育活动内容应当根据教育目标、幼儿的实际水平和兴趣确定，以循序渐进为原则，有计划地选择和组织。

教育活动的组织应当灵活地运用集体、小组和个别活动等形式，为每个幼儿提供充分参与的机会，满足幼儿多方面发展的需要，促进每个幼儿在不同水平上得到发展。

教育活动的过程应注重支持幼儿的主动探索、操作实践、合作交流和表达表现，不应片面追求活动结果。

第二十九条 幼儿园应当将游戏作为对幼儿进行全面发展教育的重要形式。

幼儿园应当因地制宜创设游戏条件，提供丰富、适宜的游戏材料，保证充足的游戏时间，开展多种游戏。

幼儿园应当根据幼儿的年龄特点指导游戏，鼓励和支持幼儿根据自身兴趣、需要和经验水平，自主选择游戏内容、游戏材料和伙伴，使幼儿在游戏过程中获得积极的情绪情感，促进幼儿能力和个性的全面发展。

第三十条 幼儿园应当将环境作为重要的教育资源，合理利用室内外环境，创设开放的、多样的区域活动空间，提供适合幼儿年龄特点的丰富的玩具、操作材料和幼儿读物，支持幼儿自主选择和主动学习，激发幼儿学习的兴趣与探究的愿望。

幼儿园应当营造尊重、接纳和关爱的氛围，建立良好的同伴和师生关系。

幼儿园应当充分利用家庭和社区的有利条件，丰富和拓展幼儿园的教育资源。

第三十一条 幼儿园的品德教育应当以情感教育和培养良好行为习惯为主，注重潜移默化的影响，并贯穿于幼儿生活以及各项活动之中。

第三十二条 幼儿园应当充分尊重幼儿的个体差异，根据幼儿不同的心理发展水平，研究有效的活动形式和方法，注重培养幼儿良好的个性心理品质。

幼儿园应当为在园残疾儿童提供更多的帮助和指导。

第三十三条 幼儿园和小学应当密切联系，互相配合，注意两个阶段教育的相互衔接。

幼儿园不得提前教授小学教育内容，不得开展任何违背幼儿身心发展规律的活动。

【真题链接】

【例4】依据《幼儿园工作规程》，下列说法不正确的是（　　）。（2017年上·幼儿园）

A.健康检查不合格的幼儿，可以拒绝其入园　　B.幼儿一日活动组织应动静交替，以动为主

C.幼儿的每日户外体育活动不得低于一小时　　D.幼儿园可按平均年龄编班，也可混合编班

【答案】B。

【解析】幼儿的一日活动应当动静交替，不是以动为主。

第六章　幼儿园的园舍、设备

第三十四条 幼儿园应当按照国家的相关规定设活动室、寝室、卫生间、保健室、综合活动室、厨房和办公用房等，并达到相应的建设标准。有条件的幼儿园应当优先扩大幼儿游戏和活动空间。

寄宿制幼儿园应当增设隔离室、浴室和教职工值班室等。

第三十五条 幼儿园应当有与其规模相适应的户外活动场地，配备必要的游戏和体育活动设施，创造条件开辟沙地、水池、种植园地等，并根据幼儿活动的需要绿化、美化园地。

第三十六条 幼儿园应当配备适合幼儿特点的桌椅、玩具架、盥洗卫生用具，以及必要的玩教具、图

书和乐器等。

玩教具应当具有教育意义并符合安全、卫生要求。幼儿园应当因地制宜，就地取材，自制玩教具。

第三十七条 幼儿园的建筑规划面积、建筑设计和功能要求，以及设施设备、玩教具配备，按照国家和地方的相关规定执行。

第七章 幼儿园的教职工

第三十八条 幼儿园按照国家相关规定设园长、副园长、教师、保育员、卫生保健人员、炊事员和其他工作人员等岗位，配足配齐教职工。

第三十九条 幼儿园教职工应当贯彻国家教育方针，具有良好品德，热爱教育事业，尊重和爱护幼儿，具有专业知识和技能以及相应的文化和专业素养，为人师表，忠于职责，身心健康。

幼儿园教职工患传染病期间暂停在幼儿园的工作。有犯罪、吸毒记录和精神病史者不得在幼儿园工作。

【真题链接】

【例5】某幼儿园聘用曾经有过犯罪记录的孙某为工作人员。依据《幼儿园工作规程》规定，该幼儿园做法（　　）。（2017年下·幼儿园）

A.合法，幼儿园有权自主聘用工作人员　　B.不合法，幼儿园不得聘用孙某担任工作人员

C.合法，要给予孙某改过自新的机会　　D.不合法，应当征得上级主管部门同意方可聘用

【答案】B。

【例6】波波经常欺负别的孩子，今天他又惹得平平大哭，谢老师马上走过去，生气地对波波说："你要是我的儿子，我恨不得拍死你。"谢老师的行为（　　）。（2016年下·幼儿园）

A.可以理解，因为有些孩子的行为真的让人生气

B.不恰当，应当先了解孩子间发生矛盾的原因

C.可以理解，因为批评也是一种有效的教育方式

D.不恰当，因为波波毕竟不是她儿子

【答案】B。

第四十条 幼儿园园长应当符合本规程第三十九条规定，并应当具有《教师资格条例》规定的教师资格、具备大专以上学历、有三年以上幼儿园工作经历和一定的组织管理能力，并取得幼儿园园长岗位培训合格证书。

幼儿园园长由举办者任命或者聘任，并报当地主管的教育行政部门备案。

幼儿园园长负责幼儿园的全面工作，主要职责如下：

（一）贯彻执行国家的有关法律、法规、方针、政策和地方的相关规定，负责建立并组织执行幼儿园的各项规章制度；

（二）负责保育教育、卫生保健、安全保卫工作；

（三）负责按照有关规定聘任、调配教职工，指导、检查和评估教师以及其他工作人员的工作，并给予奖惩；

（四）负责教职工的思想工作，组织业务学习，并为他们的学习、进修、教育研究创造必要的条件；

（五）关心教职工的身心健康，维护他们的合法权益，改善他们的工作条件；

（六）组织管理园舍、设备和经费；

（七）组织和指导家长工作；

（八）负责与社区的联系和合作。

第四十一条 幼儿园教师必须具有《教师资格条例》规定的幼儿园教师资格，并符合本规程第三十九条规定。

幼儿园教师实行聘任制。

幼儿园教师对本班工作全面负责，其主要职责如下：

（一）观察了解幼儿，依据国家有关规定，结合本班幼儿的发展水平和兴趣需要，制订和执行教育工作计划，合理安排幼儿一日生活；

（二）创设良好的教育环境，合理组织教育内容，提供丰富的玩具和游戏材料，开展适宜的教育活动；

（三）严格执行幼儿园安全、卫生保健制度，指导并配合保育员管理本班幼儿生活，做好卫生保健工作；

（四）与家长保持经常联系，了解幼儿家庭的教育环境，商讨符合幼儿特点的教育措施，相互配合共同完成教育任务；

（五）参加业务学习和保育教育研究活动；

（六）定期总结评估保教工作实效，接受园长的指导和检查。

第四十二条 幼儿园保育员应当符合本规程第三十九条规定，并应当具备高中毕业以上学历，受过幼儿保育职业培训。

幼儿园保育员的主要职责如下：

（一）负责本班房舍、设备、环境的清洁卫生和消毒工作；

（二）在教师指导下，科学照料和管理幼儿生活，并配合本班教师组织教育活动；

（三）在卫生保健人员和本班教师指导下，严格执行幼儿园安全、卫生保健制度；

（四）妥善保管幼儿衣物和本班的设备、用具。

第四十三条 幼儿园卫生保健人员除符合本规程第三十九条规定外，医师应当取得卫生行政部门颁发的《医师执业证书》；护士应当取得《护士执业证书》；保健员应当具有高中毕业以上学历，并经过当地妇幼保健机构组织的卫生保健专业知识培训。

幼儿园卫生保健人员对全园幼儿身体健康负责，其主要职责如下：

（一）协助园长组织实施有关卫生保健方面的法规、规章和制度，并监督执行；

（二）负责指导调配幼儿膳食，检查食品、饮水和环境卫生；

（三）负责晨检、午检和健康观察，做好幼儿营养、生长发育的监测和评价；定期组织幼儿健康体检，做好幼儿健康档案管理；

（四）密切与当地卫生保健机构的联系，协助做好疾病防控和计划免疫工作；

（五）向幼儿园教职工和家长进行卫生保健宣传和指导；

（六）妥善管理医疗器械、消毒用具和药品。

第四十四条 幼儿园其他工作人员的资格和职责，按照国家和地方的有关规定执行。

第四十五条 对认真履行职责、成绩优良的幼儿园教职工，应当按照有关规定给予奖励。

对不履行职责的幼儿园教职工，应当视情节轻重，依法依规给予相应处分。

第八章 幼儿园的经费

第四十六条 幼儿园的经费由举办者依法筹措，保障有必备的办园资金和稳定的经费来源。

按照国家和地方相关规定接受财政扶持的提供普惠性服务的国有企事业单位办园、集体办园和民办园等幼儿园，应当接受财务、审计等有关部门的监督检查。

第四十七条 幼儿园收费按照国家和地方的有关规定执行。

幼儿园实行收费公示制度，收费项目和标准向家长公示，接受社会监督，不得以任何名义收取与新生入园相挂钩的赞助费。

幼儿园不得以培养幼儿某种专项技能、组织或参与竞赛等为由，另外收取费用；不得以营利为目的组织幼儿表演、竞赛等活动。

第四十八条 幼儿园的经费应当按照规定的使用范围合理开支，坚持专款专用，不得挪作他用。

第四十九条 幼儿园举办者筹措的经费，应当保证保育和教育的需要，有一定比例用于改善办园条件和开展教职工培训。

第五十条 幼儿膳食费应当实行民主管理制度，保证全部用于幼儿膳食，每月向家长公布账目。

第五十一条 幼儿园应当建立经费预算和决算审核制度，经费预算和决算应当提交园务委员会审议，并接受财务和审计部门的监督检查。

幼儿园应当依法建立资产配置、使用、处置、产权登记、信息管理等管理制度，严格执行有关财务制度。

第九章 幼儿园、家庭和社区

第五十二条 幼儿园应当主动与幼儿家庭沟通合作，为家长提供科学育儿宣传指导，帮助家长创设良好的家庭教育环境，共同担负教育幼儿的任务。

第五十三条 幼儿园应当建立幼儿园与家长联系的制度。幼儿园可采取多种形式，指导家长正确了解幼儿园保育和教育的内容、方法，定期召开家长会议，并接待家长的来访和咨询。

幼儿园应当认真分析、吸收家长对幼儿园教育与管理工作的意见与建议。

幼儿园应当建立家长开放日制度。

第五十四条 幼儿园应当成立家长委员会。

家长委员会的主要任务是：对幼儿园重要决策和事关幼儿切身利益的事项提出意见和建议；发挥家长的专业和资源优势，支持幼儿园保育教育工作；帮助家长了解幼儿园工作计划和要求，协助幼儿园开展家庭教育指导和交流。

家长委员会在幼儿园园长指导下工作。

【真题链接】

【例7】某幼儿园为增强家园合作，决定设立家长委员会来协助开展工作。根据《幼儿园工作规程》的规定，家长委员会的主要任务是（　　）。（2015年上·幼儿园）

A.管理园舍、设备和经费　　　　B.组织交流家庭教育经验

C.监督指导幼儿园管理工作　　　D.负责与社会的联系和合作

【答案】B。

第五十五条　幼儿园应当加强与社区的联系与合作，面向社区宣传科学育儿知识，开展灵活多样的公益性早期教育服务，争取社区对幼儿园的多方面支持。

第十章　幼儿园的管理

第五十六条　幼儿园实行园长负责制。

幼儿园应当建立园务委员会。园务委员会由园长、副园长、党组织负责人和保教、卫生保健、财会等方面工作人员的代表以及幼儿家长代表组成。园长任园务委员会主任。

园长定期召开园务委员会会议，遇重大问题可临时召集，对规章制度的建立、修改、废除，全园工作计划，工作总结，人员奖惩，财务预算和决算方案，以及其他涉及全园工作的重要问题进行审议。

第五十七条　幼儿园应当加强党组织建设，充分发挥党组织政治核心作用、战斗堡垒作用。幼儿园应当为工会、共青团等其他组织开展工作创造有利条件，充分发挥其在幼儿园工作中的作用。

第五十八条　幼儿园应当建立教职工大会制度或者教职工代表大会制度，依法加强民主管理和监督。

第五十九条　幼儿园应当建立教研制度，研究解决保教工作中的实际问题。

第六十条　幼儿园应当制订年度工作计划，定期部署、总结和报告工作。每学年年末应当向教育等行政主管部门报告工作，必要时随时报告。

第六十一条　幼儿园应当接受上级教育、卫生、公安、消防等部门的检查、监督和指导，如实报告工作和反映情况。

幼儿园应当依法接受教育督导部门的督导。

第六十二条　幼儿园应当建立业务档案、财务管理、园务会议、人员奖惩、安全管理以及与家庭、小学联系等制度。

幼儿园应当建立信息管理制度，按照规定采集、更新、报送幼儿园管理信息系统的相关信息，每年向主管教育行政部门报送统计信息。

第六十三条　幼儿园教师依法享受寒暑假期的带薪休假。幼儿园应当创造条件，在寒暑假期间，安排工作人员轮流休假。具体办法由举办者制定。

九、《儿童权利公约》（节选）

（1989年11月20日联合国大会通过）

第一部分

第一条　为本公约之目的，儿童系指18岁以下的任何人，除非对其适用之法律规定成年年龄低于18岁。

第二条　1.缔约国应尊重本公约所载列的权利，并确保其管辖范围内的每一个儿童均享受此种权利，不因儿童或其父母或法定监护人的种族、肤色、性别、语言、宗教、政治或其他观点、民族、族裔或社会出身、财产、伤残、出生或其他身份而有任何歧视。

2.缔约国应采取一切适当措施确保儿童得到保护，不应该基于儿童父母、法定监护人或家庭成员的身份、活动、所表达的观点或信仰而受到一切形式的歧视或惩罚。

第三条　1.涉及儿童的一切行为，不论是由公立或私立社会福利机构、法院、行政当局还是立法机构执行，均应以儿童的最大利益为一种首要考虑。

2.缔约国应承担确保儿童享有其幸福所必需的保护和照顾，考虑其父母、法定监护人或任何对其负有法律责任的个人的权利和义务，并为此采取一切适当的立法和行政措施。

3. 缔约国应确保负责照料或保护儿童的机构、服务部门及设施符合主管当局规定的标准，尤其是安全、卫生、工作人员数目和资格以及有效监督等方面的标准。

第四条 缔约国应采取一切适当的立法、行政和其他措施以实现本公约所允许的权利。关于经济、社会及文化权利，缔约国应根据其现有资源所允许的最大限度并视需要在国际合作范围内采取此类措施。

第五条 缔约国应尊重父母的责任、权利和义务，在个别地区尊重当地习俗认定的家族或社区成员、法定监护人或其他对儿童负有法律责任的人以符合儿童不同阶段接受能力的方式适当指导和帮助儿童先例本公约所允许的权利。

第六条 1.缔约国承认每个儿童享有固有的生命权。

2.缔约国应最大限度地确保儿童的生存与发展。

第七条 1.儿童出生后应立即登记，并有自出生之日起获得姓名的权利，有获得国籍的权利，以及尽可能知道谁是其父母并受其父母照料的权利。

2.缔约国应确保这些权利按照本国法律及其根据有关国际文书在这一领域所作承诺予以实施，尤应注意不如此儿童即无国籍。

第八条 1.缔约国承担尊重儿童维护其身份包括法律所承认的国籍、姓名及家庭关系而不受非法干扰的权利。

2.如有儿童被部分或全部非法剥夺其身份者，缔约国应提供适当协助和保护，以便迅速重新确立其身份。

第九条 1.缔约国应确保不违背儿童父母的意愿使儿童与父母分离，除非主管当局按照适当的法律和程序，经法院审查，判定这样的分离符合儿童的最大利益而确有必要。在诸如由于父母的虐待或忽视、或因父母分居而必须确定儿童居住地点的特殊情况下，这种裁决可能有必要。

2.凡按本条第1款进行诉讼，均应给予所有有关方面以参加诉讼并阐明自己意见的机会。

3.缔约国应尊重与父母一方或双方分离的儿童同父母经常保持个人关系及直接交往的权利，但违反儿童最大利益者除外。

4.如果这种分离是因缔约国对父母一方或双方或对儿童所采取的任何行动，诸如拘留、监禁、流放、驱逐或死亡（包括该人在该国拘禁中因任何原因而死亡）所致，该缔约国应按请求将该家庭所缺成员下落的基本情况告知父母、儿童或视具体情况告知家庭其他成员，除非提供这类情况会有损儿童的福利，缔约国还应确保有关人员不致因提出这类请求而承受不利后果。

第十一条 1.缔约国应采取措施制止非法将儿童转移国外和不使其返回本国的行为。

2.为此目的，缔约国应致力缔结双边或多边协定或加入现有协定。

第十二条 1.缔约国应确保能够形成自己看法的儿童有权对影响儿童的一切事项自由发表自己的意见，对儿童的意见应按照其年龄和成熟程度给以适当的重视。

2.为此目的，儿童应特别享有机会在影响到儿童的任何司法和行政诉讼中阐述见解，以符合国家法律的诉讼规则的方式，直接或通过代表或适当机构陈述意见。

第十三条 1.儿童应有自由发表言论的权利，此项权利应包括通过口头、书面或印刷、艺术形式或儿童所选择的任何其他媒介，不论国界，寻求、接受和仁慈各种信息和思想的自由。

2.此项权利的行使可受某些制约，但这些制约仅限于法律所规定并有必要：

（a）尊重他人的权利和名誉；

（b）保护国家安全或公共秩序或公共卫生或道德。

【真题链接】

【例1】下列选项中，不属于联合国《儿童权利公约》中确认和保护儿童权利的是（　　）。（2015年上·幼儿园）

A. 自由发表言论的权利　　　　B. 选举和被选举的权利
C. 信仰和宗教自由的权利　　　D. 受益于社会保障的权利

【答案】B。

【解析】选举和被选举权，属于政治权利。在我国，年满18周岁的公民才享有选举和被选举权。而联合国《儿童权利公约》中所指儿童系未年满18周岁，所以选择B项。

第十四条 1. 缔约国应尊重儿童享有思想、信仰和宗教自由的权利。

2. 缔约国应尊重父母，适当的时候尊重法定监护人的权利和义务，以符合儿童不同阶段接受能力的规律指导儿童行使其权利。

3. 表明个人宗教或信仰的自由，仅受法律所描述的限制并为保护公共安全、秩序、卫生或道德或他人之基本权利和自由所必需的这类限制约束。

第十五条 1. 缔约国认识到儿童享有结社自由及和平集会自由的权利。

2. 对此项权利的行使不得加以限制，除非符合法律所规定并在民主社会中为国家安全或公共安全、公共秩序、保护公共卫生或道德或保护他们的权利和自由所必需。

第十六条 1. 儿童的隐私、家庭、住宅或通信不受任意或非法干涉，其荣誉和名誉不受非法攻击。

2. 儿童有权享受法律保护，以免受这类干涉或攻击。

第十七条 缔约国认识到大众传播媒介的重要作用，并应确保儿童能够从不同的国家和国际渠道获得信息和资料，尤其是旨在促进其社会、精神和道德福利和身心健康的信息和资料。为此目的，缔约国应：

（a）鼓励大众传播媒介本着第29条的精神传播在社会和文化方面有益于儿童的信息和资料；

（b）鼓励在交流和传播来自不同文化、国家和国际渠道的这类信息和资料方面进行国际合作；

（c）鼓励儿童读物的制作和发行；

（d）鼓励根据第13条和第18条的规定制定适当的准则，保护儿童不受损害其福利的信息和资料之类。

第十八条 1. 缔约国应尽其最大努力，确保父母双方对儿童的养育和发展负有共同责任的原则得到认可。父母或视具体情况而定的法定监护人对儿童的养育和发展负有首要责任。儿童的最大利益将是他们主要关心的事。

2. 为保证和促进本公约所列举的权利，缔约国应在父母和法定监护人履行其抚养儿童的责任方面给予适当协助，并应确保育儿机构、设施和服务的发展。

3. 缔约国应采取一切适当措施确保就业父母的子女有权享受他们有资格得到的托儿服务和设施。

> 【真题链接】
>
> 【例2】依据联合国《儿童权利公约》,对儿童的养育和发展负有首先责任的是(　　)。(2018年上·幼儿园)
>
> A.社会　　　　　B.父母　　　　　C.学校　　　　　D.国家
>
> 【答案】B。

第十九条 1.缔约国应采取一切适当的立法、行政、社会和教育措施,保护儿童在受父母、法定监护人或其他任何负责照管儿童的人的照料时,不致受到任何形式的身心摧残、伤害或凌辱,忽视或照料不周,虐待或剥削,包括性侵犯。

2.这类保护性措施应酌情包括采取有效程序以建立社会方案,向儿童和负责照管儿童的人提供必要的支助,采取其他预防形式,查明、报告、查询、调查、处理和追究前述的虐待儿童事件,以及在适当时候进行司法干预。

第二十条 1.暂时或永久脱离家庭环境的儿童,或为其最大利益不得在这种环境中继续生活的儿童,应有权得到国家的特别保护和协助。

2.缔约国应按照本国法律确保此类儿童得到其他方式的照顾。

3.这种照顾应该包括寄养、伊斯兰法的"卡法拉"(监护)、收养或者必要时安置在适当的育儿机构中。在考虑解决办法时,应适当注意有必要使儿童的培养教育具有连续性和注意儿童的族裔、宗教、文化和语言背景。

第二十一条 凡承认和(或)允许收养制度的国家应确保以儿童的最大利益为首要考虑并应:

(a)确保只有经主管当局按照适用的法律和程序并根据所有有关可靠的资料,判定鉴于儿童有关父母、亲属和法定监护人方面的情况可允许收养,必要时有关人士可根据已商议的结果对收养表示同意,方可批准儿童的收养;

(b)认识到如果儿童不能安置于寄养或收养家庭,或不能以任何适当的方式在儿童原籍国加以照料,跨国收养可视为照料儿童的一个替代办法;

(c)确保得到跨国收养的儿童享有与本国收养相当的保障和标准;

(d)采取一切适当措施确保跨国收养的安排不致使所牵涉人士获得不正当的财务收益;

(e)在适当时通过制定双边或多边安排或协定推进本条款的目标,并在这一范围内努力确保由主管当局或机构负责安排儿童在另一国收养的事宜。

第二十二条 1.缔约国应采取适当措施,确保申请难民身份的儿童或按照适用的国际法或国家法及程序可视为难民的儿童,不论有无父母或其他任何人的陪同,均可得到适当的保护和人道主义援助,以享有本公约和该有关国家为其缔约国的其他国际人权或人道主义文书所规定的可适用权利。

2.为此目的,缔约国应对联合国和与联合国合作的其他主管的政府间组织或非政府组织所作的任何努力提供其认为适当的合作,以保护和援助这类儿童,并为只身的难民儿童追寻其父母或其家庭成员,以获得必要的消息使其与家庭团聚。在寻找不到父母或其他家庭成员的情况下,也应使该儿童获得与其他由于任何原因而永久或暂时脱离家庭环境的儿童按照本公约的规定所得到的同样保护。

第二十三条 1.缔约国认识到身心有残疾的儿童应能在确保其尊严、促进其自立、有利于其积极参与社会生活条件下享有充实而适当的生活。

2.缔约国认识到残疾儿童有接受特别照顾的权利，应鼓励并确保在现有资源范围内，与正常儿童和其照料者的接触，依据申请，斟酌儿童及其父母或其他照料人的情况，提供援助。

3.鉴于残疾儿童的特殊需要，考虑到儿童的父母或其他照料人的经济情况，在可能时应免费提供按照本条第2款给予的援助，这些援助的目的应是确保残疾儿童能有效地获得和接受教育、培训、保健、康复服务，就业准备和娱乐机会，其方式应有助于该儿童尽可能充分地参与社会，实现个人包括其文化和精神方面的发展。

4.缔约国应本着国际合作精神，在预防保健以及残疾儿童的医疗、心理治疗和功能治疗领域促进交换适当资料，包括散发和获得有关康复教育方法和职业服务方面的资料，以期使缔约国能够在这些领域提高其能力和技术并扩大其经验。在这方面，应特别考虑到发展中国家的需要。

第二十四条 1.缔约国认识到儿童有权享有可达到的最高标准和健康，并享有医疗和康复设施。缔约国应努力确保没有任何儿童被剥夺获得这种保健服务的权利。

2.缔约国应致力充分实现这一权利，特别是应采取适当措施，以：

（a）降低婴幼儿死亡率；

（b）确保向所有儿童提供必要的医疗援助和保健，强调发展初级保健；

（c）消除疾病和营养不良现象，包括在初级保健范围内利用现有可得的技术和提供充足的营养食品和清洁饮水，要考虑到环境污染的危害；

（d）确保母亲得到适当的产前和产后保健；

（e）确保向社会各阶层，特别是向父母和儿童介绍有关儿童卫生保健和营养、母乳喂养的益处、个人卫生和环境卫生及防止意外事故的基本知识，使他们得到这方面的教育并帮助他们应用这种基本知识；

（f）开展预防保健、对父母的指导及计划生育的教育和服务。

3.缔约国应致力采取一切有效和适当的措施，废除对儿童身心健康有害的传统习俗。

4.缔约国承担促进和鼓励国际合作，以期逐步充分实现本条所确认的权利。在这方面，应特别考虑到发展中国家的需要。

【真题链接】

【例3】下列选项中，不符合联合国《儿童权利公约》对儿童权利保护规定的是（　　）。（2016年上·幼儿园）

A.承认儿童享有固定的生命权　　　B.确保儿童免受惩罚的权利

C.最大限度地确保儿童的生存与发展　D.确保儿童享有其幸福所需的保护和照顾

【答案】B。

【解析】联合国《儿童权利公约》中儿童系指未年满18周岁的人，依据我国相关法律法规，未年满18周岁的公民，如果触犯了法律，也会根据实际情况，承担相应的法律责任，所以选择B。

第二十六条 1.缔约国应认识到每个儿童有权受益于社会保障，包括社会保险，并应根据其国内法律采取必要措施充分实现这一权利。

2. 视情况，福利的提供应是免费的，并要考虑儿童及有赡养儿童义务的人的资源和环境，以及与儿童本人或代其提出的福利申请有关的其他因素。

第二十七条 1. 缔约国认识到每一个儿童均有权享有足以促进其生理、心理、精神、道德和社会发展的生活水平。

2. 父母或其他负责照顾儿童的人负有首要责任在其能力和经济条件许可范围内确保儿童发展所需的生活条件。

3. 缔约国按照本国条件并在其能力范围内，采取适当措施帮助父母或其他负责照顾儿童的人实现此项权利，并在需要时提供物质援助和资助方案，特别是在营养、衣着和住房方面。

4. 缔约国应采取一切适当措施，向在本国境内或境外儿童的父母或其他对儿童负有经济责任的人追索儿童的赡养费。特别是对儿童负有经济责任的人居住在与儿童不同的国家时，缔约国应促进加入国际协定或缔约此类协定以及作出其他适当安排。

第二十八条 1. 缔约国认识到儿童有受教育的权利，在机会均等的基础上逐步实现此项权利，缔约国尤应：

（a）尽力实现全面的义务免费小学教育；

（b）鼓励发展不同形式的中学教育，包括普通和职业教育，使所有儿童均能享有和接受这种教育，并采取适当措施，诸如实行免费教育和对有需要的人提供津贴；

（c）根据能力尽可能使所有人享受接受高等教育的机会；

（d）使所有儿童均能得到教育和职业方面的信息和指导；

（e）采取措施鼓励学生按时出勤和降低辍学率。

2. 缔约国应采取一切适当措施，确保学校执行纪律的方式符合儿童的人格尊严及本公约的规定。

3. 缔约国应促进和鼓励有关教育事项方面的国际合作，特别着眼于在全世界消灭愚昧与文盲，并且提供便利获得科技知识和现代教学方法。在这方面，应特别考虑到发展中国家的需要。

【真题链接】

【例4】为确保儿童享有接受教育的权利，联合国《儿童权利公约》规定各缔约国应当（　　）。（2014年上·幼儿园）

A. 实现全面的免费义务教育　　　　B. 采取有效措施降低辍学率

C. 使得所有人接受高等教育　　　　D. 发展不同形式的学前教育

【答案】B。

第二十九条 1. 缔约国一致认为教育儿童的目的应是：

（a）最充分地发展儿童的个性、才智和身心能力；

（b）培养对人权和基本自由以及《联合国宪章》所载各项原则的尊重；

（c）培养对儿童的父母、其自身的文化认可、语言和价值观、儿童所居国家的民族价值观、其原籍国以及不同于其本国文明的尊重；

（d）培养儿童本着各国人民、族裔、民族和宗教群体以及原为土著居民之间的谅解、和平、宽容、男女平等和友好的精神，在自由社会里过有责任感的生活；

（e）培养对自然环境的尊重。

2. 对本条或第 28 条任何部分的解释均不得干涉个人和团体建立和指导教育机构的自由，但须始终遵守本条第 1 款载列的原则，并遵守在这类机构中实行的教育应符合国家可能规定的最低限度标准的要求。

第三十二条 1. 缔约国认识到儿童有权受到保护，以免受到经济剥削和从事任何可能障碍或影响儿童教育或有害儿童健康或身体、心理、精神、道德或社会发展的工作。

2. 缔约国应采取立法、行政、社会和教育措施确保本条得到执行。为此目的，并鉴于其他国际文书的有关规定，缔约国尤应：

（a）规定受雇的最低年龄；

（b）规定有关工作时间和条件的适当规则；

（c）规定适当的惩罚或其他制裁措施以确保本条得到有效执行。

第三十三条 缔约国应采取一切适当措施，包括立法、行政、社会和教育措施，保护儿童不致非法使用有关国际条约中界定的麻醉药物和精神药物，并防止利用儿童从事非法生产和贩运此类药物。

第三十四条 缔约国承担保护儿童免遭一切形式的色情剥削和性侵犯之害，为此目的，缔约国尤应采取一切适当的国家、双边和多边措施，以防止：

（a）引诱或强迫儿童从事任何非法的性活动；

（b）利用儿童卖淫或从事其他非法的性行为；

（c）利用儿童进行淫秽表演和充当淫秽题材。

第三十五条 缔约国应采取一切适当的国家、双边和多边措施，以防止为任何目的或以任何形式诱拐、买卖或贩运儿童。

第三十六条 缔约国应保护儿童免遭有损儿童福利的任何方面的一切其他形式的剥削之害。

第三十七条 缔约国应确保：

（a）任何儿童不受酷刑或其他形式的残忍、不人道或有辱人格的待遇或处罚。对未满 18 岁人所犯罪不得判以死刑或无释放可能的无期徒刑。

（b）不得非法或任意剥夺任何儿童的自由。对儿童的逮捕、拘留或监禁应符合法律规定并仅应作为最后手段，期限应为最短的适当时间。

（c）所有被剥夺自由的儿童应受到人道待遇，其人格固有尊严应受尊重，并应考虑到用其年龄段所需要的方式加以对待。特别是所有被剥夺自由的儿童应同成人隔开，除非认为反之最有利于儿童，并有权通过信件和探访同家人保持联系，但特殊情况除外。

（d）所有被剥夺自由的儿童均有权迅速获得法律及其他适当援助，并有权向法院或其他独立公正的主管当局就其被剥夺自由一事之合法性提出异议，并有权迅速就任何此类行动得到裁定。

第四十条 1. 缔约国认识到被指称、指控或认为触犯刑法的儿童有权得到符合以下方式的待遇，促进其尊严和价值感并增强其对他人的人权和基本自由的尊重。这种待遇应考虑到其年龄和促进其重返社会并在社会中发挥积极作用的愿望。

2. 为此目的，并鉴于国际文书的有关规定，缔约国尤应确保：

（a）当儿童有意或无意地做出了违犯国家或国际法所尚未禁止的行为时，不应被指控或被认为违犯了刑法；

（b）所有被指称或指控触犯刑法的儿童至少应得到下列保证：

（ⅰ）在依法判定有罪之前应视为无罪；

（ⅱ）迅速直接地被告知其被控罪名，适当时应通过其父母或法定监护人告知，并获得准备和提出辩护所需的法律或其他适当协助；

（ⅲ）要求独立公正的主管当局或司法机构在其得到法律或其他适当协助的情况下，通过依法公正审理迅速作出判决，并且须有其父母或法定监护人在场，除非认为这样做不符合儿童的最大利益，特别要考虑到其年龄或状况；

（ⅳ）不得逼迫作口供或认罪，当事人应检查或由其代言人盘问于本人不利的人，在不平等条件下受其委托向证人取证；

（ⅴ）若被判定触犯刑法，有权要求高一级独立公正的主管当局或司法机构依法复查此判决及由此对之采取的任何措施；

（ⅵ）若儿童不懂或不会说所用语言，有权免费得到口译人员的协助；

（ⅶ）其隐私在诉讼的所有阶段均得到充分尊重。

3. 缔约国应致力于促进或建立专门适用于被指称、指控或确认为触犯刑法的儿童的法律、程序、当局和机构，尤应：

（a）规定最低年龄，在此年龄以下的儿童应视为无触犯刑法之能力；

（b）在适当和必要的时候，制定不对此类儿童诉诸司法程序的措施，但须充分尊重人权和法律保障。

4. 应采用多种处理办法，诸如照管、指导和监督令、辅导、察看、寄养、教育和职业培训方案及不交由机构照管的其他办法，以确保处理儿童的方式符合其福利并与其情况和违法行为相称。

第四十一条　本公约的任何规定不应影响有利于实现儿童权利且可能载于下述文件中的任何规定：

（a）缔约国的法律；

（b）对该国有效的国际法。

第二部分

第四十二条　缔约国承担以适当的积极手段，使成人和儿童都能普遍知晓本公约原则及规定的责任。

第四十三条　1. 为审查缔约国在履行根据本公约所承担的义务方面取得的进展，应设立<u>儿童权利委员会</u>，执行下文所规定的职能。

2. 委员会应由 10 名品德高尚并在本公约所涉领域具有公认能力的专家组成。委员会成员应由缔约国从其国民中选出，并应以个人身份任职，但需考虑到公平的地域分配原则及主要法律系统。

3. 委员会成员应以无记名表决方式从缔约国提名的人选名单中选举产生。每一缔约国可从其本国国民中提名一位人选。

4. 委员会的初次选举应该最迟不晚于本公约生效之日后的六个月进行，此后每两年举行一次。联合国秘书长应至少在选举之日前四个月函请缔约国在两个月内提出其提名的人选。秘书长随后应将已提名的所有人选按字母顺序编成名单，注明提名此等人选的缔约国，分送本公约缔约国。

5. 选举应在联合国总部由秘书长召开的缔约国会议上进行。在此等会议上，应以三分之二缔约国出席作为会议的法定人数，得票最多且占出席并参加表决缔约国代表绝对多数票者，当选为委员会成员。

6. 委员会成员任期四年。成员如获再次提名，应可连选连任。在第一次选举产生的成员中有 5 名成员的任期应在两年结束时届满；会议主席应在第一次选举之后立即以抽签方式选定 5 名成员。

7. 如果委员会某一成员死亡或辞职或宣称因任何其他原因不再能履行委员会的职责，提名该成员的缔约国应从其国民中指定另一名专家接替余下的任期，但需经委员会批准。

8. 委员会应自行制定其议事规则。

9. 委员会应自行选举其主席团成员，任期两年。

10. 委员会会议通常应在联合国总部或在委员会决定的任何其他方便地点举行。委员会通常应每年举行一次会议。委员会的会期应由本公约缔约国会议决定并在必要时加以审查，但需经大会核准。

11. 联合国秘书长应为委员会有效履行本公约所规定的职责提供必要的工作人员和设施。

12. 根据本公约设立的委员会的成员经大会核准，得从联合国资金中领取薪酬，其条件由大会决定。

第三部分

第四十六条 本公约应向所有国家开放供签署。

第四十七条 本公约须经批准。批准书应交存联合国秘书长。

第四十八条 本公约应向所有国家开放供加入。加入书应交存于联合国秘书长。

第四十九条 1. 本公约自第二十份批准书或加入书交存联合国秘书长之日后的第三十天生效。

2. 本公约对于在第二十份批准书或加入书交存之后批准或加入本公约的国家，自其批准书或加入书交存之日后的第三十天生效。

第五十条 1. 任何缔约国均可提出修正案，提交给联合国秘书长。秘书长应立即将提议的修正案通知缔约国，并请它们表明是否赞成召开缔约国会议以审议提案并进行表决。如果在此类通知发现之日后的四个月内，至少有三分之一的缔约国赞成召开这样的会议，秘书长应在联合国主持下召开会议。经出席会议并参加表决的缔约国多数通过的任何修正案应提交大会批准。

2. 根据本条第1款通过的修正案若获大会批准并为缔约国三分之二多数所接受，即行生效。

3. 修正案一旦生效，即应对接受该项修正案的缔约国具有约束力，其他缔约国则仍受本公约各项条款和它们已接受的任何早先的修正案的约束。

第五十一条 1. 联合国秘书长应接收各国在批准或加入时提出的保留，并分发给所有国家。

2. 不得提出内容与本公约目标和宗旨相抵触的保留。

3. 缔约国可随时向联合国秘书长提出通知，请求撤销保留，并由他将此情况通知所有国家。通知于秘书长收到当日起生效。

第五十二条 缔约国可以书面通知联合国秘书长其退出本公约。秘书长收到通知之日起一年后退约即行生效。

第五十三条 指定联合国秘书长为本公约的保管人。

第五十四条 本公约的阿拉伯文、中文、英文、法文、俄文和西班牙文文本具有同等效力，应交存联合国秘书长。

经各自政府正式授权的全权代表，在本公约上签字，以资证明。

《儿童权利公约》由联合国于1989年通过，是有史以来最为广泛认可的国际公约。《儿童权利公约》阐述了应赋予所有儿童的基本人权：生存的权利；充分发展其全部体能和智能的权利；保护他们不受危害自身发展影响的权利；以及参与家庭、文化和社会生活的权利。《儿童权利公约》通过确立各国政府在为本国儿童提供卫生保健、教育、法律和社会服务方面所必须达到的最低标准，从而保护这些权利。中国政府于1992年批准了《儿童权利公约》，并与各人民团体、国际组织、新闻媒体以及个人共同努力，把本公约规定的义务从单纯意向角度上的宣言转变成为改善所有中国儿童的生活的具体行动方案。

第二节 教师的权利和义务

【考点梳理】

一、教师的公民权利

作为中华人民共和国的公民，《中华人民共和国宪法》规定了公民的基本权利和义务如下：

第三十三条 凡具有中华人民共和国国籍的人都是中华人民共和国公民。

中华人民共和国公民在法律面前一律平等。

国家尊重和保障人权。

任何公民享有宪法和法律规定的权利，同时必须履行宪法和法律规定的义务。

【真题链接】

【例1】某幼儿园规定，女教师必须在园工作3年后方可怀孕，否则产假按事假对待。该规定（　　）。（2014年上·中学）

A. 合法，体现了幼儿园自主办园的权利　　B. 合法，保障了幼儿园正常的教学秩序

C. 不合法，侵犯了女教师的身体权　　　　D. 不合法，侵犯了女教师的人权

【答案】D。

【解析】根据《中华人民共和国妇女权益保障法》第二十七条规定，任何单位不得因结婚、怀孕、产假、哺乳等情形，降低其工资、予以辞退、与其解除劳动或者聘用合同。各单位在执行国家退休制度时，不得以性别为由歧视妇女。

第三十四条 中华人民共和国年满十八周岁的公民，不分民族、种族、性别、职业、家庭出身、宗教信仰、教育程度、财产状况、居住期限，都有选举权和被选举权；但是依照法律被剥夺政治权利的人除外。

第三十五条 中华人民共和国公民有言论、出版、集会、结社、游行、示威的自由。

第三十六条 中华人民共和国公民有宗教信仰自由。

任何国家机关、社会团体和个人不得强制公民信仰宗教或者不信仰宗教，不得歧视信仰宗教的公民和不信仰宗教的公民。

国家保护正常的宗教活动。任何人不得利用宗教进行破坏社会秩序、损害公民身体健康、妨碍国家教育制度的活动。

宗教团体和宗教事务不受外国势力的支配。

第三十七条 中华人民共和国公民的人身自由不受侵犯。

任何公民，非经人民检察院批准或者决定或者人民法院决定，并由公安机关执行，不受逮捕。

禁止非法拘禁和以其他方法非法剥夺或者限制公民的人身自由，禁止非法搜查公民的身体。

第三十八条 中华人民共和国公民的人格尊严不受侵犯。禁止用任何方法对公民进行侮辱、诽谤和诬告陷害。

第三十九条 中华人民共和国公民的住宅不受侵犯。禁止非法搜查或者非法侵入公民的住宅。

第四十条 中华人民共和国公民的通信自由和通信秘密受法律的保护。除因国家安全或者追查刑事犯罪的需要，由公安机关或者检察机关依照法律规定的程序对通信进行检查外，任何组织或者个人不得以任何理由侵犯公民的通信自由和通信秘密。

第四十一条 中华人民共和国公民对于任何国家机关和国家工作人员，有提出批评和建议的权利；对于任何国家机关和国家工作人员的违法失职行为，有向有关国家机关提出申诉、控告或者检举的权利，但是不得捏造或者歪曲事实进行诬告陷害。

对于公民的申诉、控告或者检举，有关国家机关必须查清事实，负责处理。任何人不得压制和打击报复。

由于国家机关和国家工作人员侵犯公民权利而受到损失的人，有依照法律规定取得赔偿的权利。

第四十二条 中华人民共和国公民有劳动的权利和义务。

国家通过各种途径，创造劳动就业条件，加强劳动保护，改善劳动条件，并在发展生产的基础上，提高劳动报酬和福利待遇。

劳动是一切有劳动能力的公民的光荣职责。国有企业和城乡集体经济组织的劳动者都应当以国家主人翁的态度对待自己的劳动。国家提倡社会主义劳动竞赛，奖励劳动模范和先进工作者。国家提倡公民从事义务劳动。

国家对就业前的公民进行必要的劳动就业训练。

第四十三条 中华人民共和国劳动者有休息的权利。

国家发展劳动者休息和休养的设施，规定职工的工作时间和休假制度。

【真题链接】

【例2】下列选项中，不属于《中华人民共和国宪法》规定的公民基本权利的是（　　）。（2018年下·幼儿园）

A.人身自由权　　　B.信仰自由权　　　C.通信自由权　　　D.教育自由权

【答案】D。

【解析】教育自由权是教师的职业权利之一，不属于《中华人民共和国宪法》规定的公民基本权利。

第四十四条 国家依照法律规定实行企业事业组织的职工和国家机关工作人员的退休制度。退休人员的生活受到国家和社会的保障。

第四十五条 中华人民共和国公民在年老、疾病或者丧失劳动能力的情况下，有从国家和社会获得物质帮助的权利。国家发展为公民享受这些权利所需要的社会保险、社会救济和医疗卫生事业。

国家和社会保障残废军人的生活，抚恤烈士家属，优待军人家属。

国家和社会帮助安排盲、聋、哑和其他有残疾的公民的劳动、生活和教育。

第四十六条 中华人民共和国公民有受教育的权利和义务。

国家培养青年、少年、儿童在品德、智力、体质等方面全面发展。

第四十七条 中华人民共和国公民有进行科学研究、文学艺术创作和其他文化活动的自由。国家对于从事教育、科学、技术、文学、艺术和其他文化事业的公民的有益于人民的创造性工作，给以鼓励和帮助。

第四十八条　中华人民共和国妇女在政治的、经济的、文化的、社会的和家庭的生活等各方面享有同男子平等的权利。

国家保护妇女的权利和利益，实行男女同工同酬，培养和选拔妇女干部。

第四十九条　婚姻、家庭、母亲和儿童受国家的保护。

夫妻双方有实行计划生育的义务。

父母有抚养教育未成年子女的义务，成年子女有赡养扶助父母的义务。

禁止破坏婚姻自由，禁止虐待老人、妇女和儿童。

第五十条　中华人民共和国保护华侨的正当的权利和利益，保护归侨和侨眷的合法的权利和利益。

第五十一条　中华人民共和国公民在行使自由和权利的时候，不得损害国家的、社会的、集体的利益和其他公民的合法的自由和权利。

第五十二条　中华人民共和国公民有维护国家统一和全国各民族团结的义务。

第五十三条　中华人民共和国公民必须遵守宪法和法律，保守国家秘密，爱护公共财产，遵守劳动纪律，遵守公共秩序，尊重社会公德。

第五十四条　中华人民共和国公民有维护祖国的安全、荣誉和利益的义务，不得有危害祖国的安全、荣誉和利益的行为。

第五十五条　保卫祖国、抵抗侵略是中华人民共和国每一个公民的神圣职责。

依照法律服兵役和参加民兵组织是中华人民共和国公民的光荣义务。

第五十六条　中华人民共和国公民有依照法律纳税的义务。

二、教师的职业权利

1. 教育教学权

教育教学权是教师的最基本权利。根据《中华人民共和国教师法》第七条第（一）项规定，教师享有"进行教育教学活动，开展教学改革和实验"的权利。

2. 科学研究权

新课程改革背景下的教师观要求教师要从传统的"教书匠"转变为教育教学的研究者和反思的实践者。根据《中华人民共和国教师法》第七条第（二）项规定，教师享有"从事科学研究、学术交流，参加专业的学术团体，在学术活动中充分发表意见"的权利。政府和其他有关部门应当对教师在教育教学、科学研究中的创造性工作给以鼓励和帮助。

3. 管理学生权

学生是教育的对象，也是教学活动的主体。在教学中，教师应当以学生为中心，对学生的全面发展进行指导和学业成绩的评定。《中华人民共和国教师法》第七条第（三）项规定，教师享有"指导学生的学习和发展，评定学生的品行和学业成绩"的权利。

4. 获取报酬待遇权

根据《中华人民共和国宪法》规定，公民有依法取得劳动报酬的权利。教师作为一种职业，也享有获得报酬待遇的权利。《中华人民共和国教师法》第七条第（四）项规定，教师享有"按时获取工资报酬，享受国家规定的福利待遇以及寒暑假期带薪休假"的权利。

5. 民主管理权

《中华人民共和国教师法》第七条第（五）项规定，教师享有"对学校教育教学、管理工作和教育行政部门的工作提出意见和建议，通过教职工代表大会或者其他形式，参与学校的民主管理"的权利。侵犯教师民主管理权利的机关和个人，应当依法追究相关的责任。

6. 进修培训权

新课程改革下的教师观要求教师应当树立终身学习的理念，不断提升自己。学校或其他机构应当依法保障教师继续参与进修和培训的权利，使教师不断提升自己的专业素养与教学能力。根据《中华人民共和国教师法》第七条第（六）项规定，教师享有"参与进修或者其他方式的培训"的权利。

三、教师的义务

备考锦囊

教师的义务包括两部分，一部分是教师作为公民的基本义务，应当结合之前《中华人民共和国宪法》规定的公民基本权利和义务进行学习，另一部分是作为教师的职业义务，应当结合《中华人民共和国教师法》中规定的教师的义务进行学习。以下仅从考试角度，对教师职业活动中的主要义务进行介绍。

1. 遵守法律，履行教学职责

教育教学是教师的基本权利，依法履行教学职责是教师的最基本的义务。在教学中，教师必须遵守规章制度，执行教学计划，履行教师聘约，完成教育教学工作任务。教师如果故意不完成教学任务，给教学工作造成重大损失，学校或其他机构有权解聘教师。

2. 爱护尊重学生

在教学工作中，教师要用发展的观点去看待学生，相信每一个学生都能成才，要爱护并尊重每一个学生，要根据学生的差异因材施教，不得损害学生的尊严和利益。根据《中华人民共和国教师法》相关规定，教师应"关心、爱护全体学生，尊重学生人格，促进学生在品德、智力、体质等方面全面发展"。

3. 保护学生的合法权益

根据《中华人民共和国教师法》第八条第（五）项规定，教师有"制止有害于学生的行为或者其他侵犯学生合法权益的行为，批评和抵制有害于学生健康成长的现象"的义务。同时，政府和有关部门应当积极支持教师制止有害于学生的行为或者其他侵犯学生合法权益的行为。

4. 不断提高思想和业务水平

教师在工作中，应当对学生进行宪法所确定的基本原则的教育和爱国主义、民族团结的教育，法制教育以及思想品德、文化、科学技术教育，组织、带领学生开展有益的社会活动。教师在工作中，还应当不断提高思想政治觉悟和教育教学业务水平。

第三节 学生的权利和保护

【考点梳理】

一、学生的公民权利

备考锦囊

学生的权利包括两部分,一部分是学生作为公民的权利,应当结合上一节中《中华人民共和国宪法》规定的公民权利和义务内容进行学习,另一部分是作为学生这一角色具有的权利,应当结合《中华人民共和国教育法》《中华人民共和国未成年人保护法》《中华人民共和国预防未成年人犯罪法》等相关内容进行学习。以下从考试角度,对涉及的学生主要权利进行介绍。

学生的权利包括两部分,一部分是学生作为中华人民共和国公民的基本权利,一部分是作为受教育者所具有的权利。总的来看,一共有三方面的权利:人身权、财产权和受教育权。

1. 人身权

与学生身份联系比较紧密的权利有:生命健康权、隐私权、人身自由权、人格尊严权等。

（1）生命健康权

生命健康权是人身权的最基本的权利,也是学生人身权的最主要的体现。在教育教学活动中,学校、社会等应当切实采取措施保障学生的生命健康权。如:学校不得在有危险的处所组织教学活动,不得使用危及学生健康的教学设施等。

（2）隐私权

学生依法享有隐私权,未成年学生正处于身心发展的关键时期,保护其隐私不受侵犯对未成年人的成长非常重要。尤其是对学习困难、有不良行为的少年以及未成年犯的隐私保护,对其成年后的人生发展有着重要意义。

（3）人身自由权

人身自由权是学生的重要人身权利,学校和教师不得以任何理由随意对学生进行搜身,不得限制其人身自由,不得对学生关禁闭。

（4）人格尊严权

在教学活动中,学生是具有独立意义的主体,其人格尊严不受侵犯。学校和教师应当尊重学生的人格,不得实施体罚、变相体罚或其他侮辱人格尊严的行为。

【真题链接】

【例1】中学生王某扰乱课堂秩序,教师刘某将其赶出教室,并罚其做俯卧撑,王某体力不支,头部磕伤。下列说法正确的是（　　）。（2014年上·中学）

A. 王某对其头部所受伤害负主要责任
B. 刘某将王某赶出教室不应实施体罚
C. 学校可依法给予刘某相应的行政处罚
D. 刘某侵犯王某的受教育权和人身权

【答案】D。

【真题链接】

【例2】 放学后，教师李某让小强留校写作业，李某因临时有事，将小强反锁在办公室直到深夜。李某的行为（　　）。（2014年上·中学）

A. 合法，教师有批评教育学生的权利　　B. 不合法，李某侵犯了小强的人格权

C. 合法，教师有监督学生完成作业的义务　　D. 不合法，李某侵犯了小强的人身自由权

【答案】D。

2. 财产权

学生的财产权包括对财产的所有权、继承权、受遗赠权以及知识产权中的财产权等。中小学生一般多为未成年人，在生活和学习中，许多事项需要由父母或监护人处理和安排，但不得随意剥夺、占有、侵犯其合法的财产权利。

财产所有权，是指所有人依法对其财产享有占有、使用、收益、处分的权利。

继承权，是指依法享有、能够无偿取得死亡公民遗留的个人合法财产的权利。

受赠权，是指接受别人赠与财物的权利。

知识产权中的财产权，是指著作权、专利权之中的财产权利。

二、学生的受教育权

根据《中华人民共和国教育法》规定，受教育者依法享有参加教育教学权、获得经济资助权、获得学业证书权、申诉起诉权、受完法定年限教育权等。

（1）参加教育教学权

这是学生作为受教育者最基本的权利，学生可以享有"参加教育教学计划安排的各种活动，使用教育教学设施、设备、图书资料"的权利。

（2）获得经济资助权

学生依法享有"按照国家有关规定获得奖学金、贷学金、助学金"的权利。

（3）获得学业证书权

根据《中华人民共和国教育法》规定，学生享有"在学业成绩和品行上获得公正评价，完成规定的学业后获得相应的学业证书、学位证书"的权利。

（4）申诉起诉权

学生享有"对学校给予的处分不服向有关部门提出申诉，对学校、教师侵犯其人身权、财产权等合法权益，提出申诉或者依法提起诉讼"的权利。

（5）受完法定年限教育权

根据《中华人民共和国义务教育法》规定，年满6周岁的儿童应当接受九年义务教育。在义务教育阶段，学校不得违法开除学生。

【闯关训练】

1.《国家中长期教育改革和发展规划纲要（2010-2020年）》提出（　　），来确保进城务工人员随迁子女平等接受义务教育。

  A.以输入地政府管理为主，以全日制公办中小学为主

  B.以生源地政府管理为主，以全日制公办中小学为主

  C.以生源地政府管理为主，以全日制民办中小学为主

  D.以输入地政府管理为主，以全日制民办中小学为主

2.李老师就校务公开问题向学校提建议，李老师的做法是在（　　）。

  A.行使教师权利 B.履行教师义务 C.影响学校的秩序 D.给学校出难题

3.班主任孙老师按照学生的期中考试成绩调整座位，将考试成绩后5名的学生安排在教室的最后一排。孙老师的做法（　　）。

  A.是激发学生的重要手段   B.侵犯了学生的人格尊严

  C.是管理班级的有效手段   D.侵犯了学生的受教育权

4.某中学规定：教师迟到一次，罚款10元；缺勤一次，罚款50元。该校的做法（　　）。

  A.正确，学校有教师管理权   B.正确，学校有自主办学权

  C.不正确，学校没有罚款的权力 D.不正确，警告无效后才能罚款

5.张老师责令考试成绩不及格的小孙停课半天写检查。张老师的做法（　　）。

  A.合法，有助于警示学生   B.合法，教师有管理学生的权利

  C.不合法，侵犯了小孙的人身权 D.不合法，侵犯了小孙的受教育权

6.学生王某的脸上有一块疤痕，同学章某便给王某起了外号"王疤"，并在同学中广而告之。章某侵犯的王某的权利是（　　）。

  A.隐私权 B.姓名权 C.荣誉权 D.人格权

【参考答案】

1.【答案】A。

2.【答案】A。

3.【答案】B。

4.【答案】C。

5.【答案】D。

6.【答案】D。

第三章　教师职业道德

本章考情分析

本章主要考查教师职业道德相关知识，其中《中小学教师职业道德规范》（2008 年修订）是重点考查内容，此外，《中小学教师职业道德规范》（1997 年修订）也有所涉及。本章考试题型为 4 个选择题，共 8 分；1 个材料分析题，14 分。本章每年共计考查 22 分。

第一节　《中小学教师职业道德规范》

【考点梳理】

一、《中小学教师职业道德规范》（1997 年修订）

（一）依法执教

学习和宣传马列主义、毛泽东思想和邓小平建设有中国特色社会主义理论，拥护党的基本路线，全面贯彻国家教育方针，自觉遵守教师法等法律法规，在教育教学中同党和国家方针政策保持一致，不得有违背党和国家方针政策的言行。

（二）爱岗敬业

热爱教育，热爱学校，尽职尽责，教书育人，注意培养学生具有良好的思想品德。认真备课上课，认真批改学生作业，不传播有害学生身心健康的思想。

【提示】教师在教学工作中，要认真批改学生的作业，并从中总结和反思自己的教学工作。对待学生的作业，如果只是简单地核对一下标准答案，则违背爱岗敬业原则。

（三）热爱学生

关心爱护学生，尊重学生的人格，平等、公正对待学生。对学生严格要求，耐心教导，不讽刺、挖苦、歧视学生，不体罚或变相体罚学生，保护学生合法权益，促进学生全面、主动、健康发展。

（四）严谨治学

树立优良学风，刻苦钻研业务，不断学习新知识，探索教育教学规律，改进教育教学方法，提高教育、教学和科研水平。

（五）团结协作

谦虚谨慎，尊重同志，相互学习，相互帮助，维护其他教师在学生中的威信。关心集体，维护学校荣誉，共创文明校风。

（六）尊重家长

主动与学生家长联系，认真听取意见和建议，取得支持和配合。积极宣传科学的教育思想和方法，不训斥、指责学生家长。

（七）廉洁从教

坚守高尚情操，发扬奉献精神，自觉抵制社会不良风气影响。不利用职责之便谋取私利。

【真题链接】

【例1】有人建议邢老师对违纪学生进行罚款，邢老师拒绝了建议，体现了邢老师（　　）。（2013年上·中学）

A. 乐于奉献　　　　B. 因材施教

C. 依法执教　　　　D. 廉洁从教

【答案】C。

【解析】教师和学校都没有罚款的权力，所以罚款属于违法行为，违背的是依法执教原则。而廉洁从教指的是教师个人不得谋取私利。

（八）为人师表

模范遵守社会公德，衣着整洁得体，语言规范健康，举止文明礼貌，严于律己，作风正派，以身作则，注重身教。

二、《中小学教师职业道德规范》（2008年修订）

（一）爱国守法

热爱祖国，热爱人民，拥护中国共产党领导，拥护社会主义。全面贯彻国家教育方针，自觉遵守教育法律法规，依法履行教师职责权利。不得有违背党和国家方针政策的言行。

（二）爱岗敬业

忠诚于人民教育事业，志存高远，勤恳敬业，甘为人梯，乐于奉献。对工作高度负责，认真备课上课，认真批改作业，认真辅导学生。不得敷衍塞责。

（三）关爱学生

关心爱护全体学生，尊重学生人格，平等公正对待学生。对学生严慈相济，做学生的良师益友。保护学生安全，关心学生健康，维护学生权益。不讽刺、挖苦、歧视学生，不体罚或变相体罚学生。

【真题链接】

【例2】 李老师尽管从教多年，但每次备课依然一丝不苟，同一节课在不同的班级往往采取不同的授课方式。下列对李老师行为的评析，不恰当的是（　　）。（2016年上·小学）

A. 因材施教　　　　　　　　　　　　B. 严谨治学

C. 严慈相济　　　　　　　　　　　　D. 潜心钻研

【答案】 C。

【例3】 学习一直不好的张同学这次考试得了59分，老师给他评分为"59+1"，并在发试卷时悄悄对他说："这一分是预支给你的，希望你下次考得更好些，再把这一分还给老师，好吗？"该老师的做法（　　）。（2014年下·中学）

A. 虽未按常规处理，但有利于激励学生　　　　B. 虽缺乏教育技巧，但有利于学生发展

C. 虽有违教育原则，但有利于保护学生　　　　D. 虽有失教育公平，但有利于教育学生

【答案】 A。

【例4】 晚自习时，高老师发现班上的一个男生在给一个女生递纸条。高老师走上前去对他们说："你们在干吗？是不是递情书啊？现在可不是谈恋爱的时候啊，考上大学后再谈吧。"高老师的声音不大，但同学们都听到了，这两个同学顿时羞红了脸。关于高老师的做法，下列说法中正确的是（　　）。（2017年上·中学）

A. 明察秋毫，及时引导学生　　　　　　B. 有亲和力，巧妙杜绝早恋

C. 方法粗暴，侵犯学生隐私　　　　　　D. 工作武断，伤害学生自尊

【答案】 D。

【解析】 本题有同学容易误选C项，高老师的做法确实方法粗暴，但是从题干中并看不出侵犯隐私的相关信息，男生和女生只是递了一个小纸条，二人是否"情侣"关系，并没有明确给出，所以C项错误。

（四）教书育人

遵循教育规律，实施素质教育。循循善诱，诲人不倦，因材施教。培养学生良好品行，激发学生创新精神，促进学生全面发展。不以分数作为评价学生的唯一标准。

【真题链接】

【例5】 班主任王老师在班上开展"悦读悦享"活动，与同学们同读一本书，经常将自己的"阅读心得"与同学们分享。下列分析不恰当的是（　　）。（2016年上·小学）

A. 王老师注重师生同读互促，率先垂范　　　　B. 王老师注重营造读书氛围，激趣启智

C. 王老师注重学习，不断提升自我素养　　　　D. 王老师注重公正，对同学们一视同仁

【答案】 D。

【解析】 本题中老师的做法是积极的、正确的，但并没有体现D选项内容。

（五）为人师表

坚守高尚情操，知荣明耻，严于律己，以身作则。衣着得体，语言规范，举止文明。关心集体，团结协作，尊重同事，尊重家长。作风正派，廉洁奉公。自觉抵制有偿家教，不利用职务之便谋取私利。

> 【真题链接】
>
> 【例6】从根本上说，教师的教育威信来自于（　　）。（2013年下·中学）
> A. 教师高尚的教育人格　　　　　　　　B. 社会尊师重教的传统
> C. 教师的社会地位优势　　　　　　　　D. 学生对教师的畏惧心理
> 【答案】A。
> 【解析】教师的威信本质上是来源于教师高尚的人格。B、C两项中，如果没有教师高尚的人格作为基础，那么社会就不会尊重老师。
>
> 【例7】教师进行人格修养最好的策略是（　　）。（2013年下·中学）
> A. 取法乎下　　　　B. 取法乎中　　　　C. 取法乎上　　　　D. 无法即法
> 【答案】C。
> 【解析】唐太宗《帝范》的卷四中说："取法于上，仅得为中。取法于中，故为其下。"类似的说法来源很广，《孙子兵法》中说："求其上，得其中；求其中，得其下；求其下，必败。"宋末元初时期的诗词评论家严羽《沧浪诗话》中说："学其上，仅得其中；学其中，斯为下矣。"这句话可以用在很多方面，融入到教师教学中，就是要求老师要严格要求自己，为人师表，对自己有高的要求，才能有较好的人格修养。
>
> 【例8】下列选项中，没有违背教师职业道德规范的是（　　）。（2016年上·小学）
> A. 王老师收了学生家长赠送的购物卡　　　　B. 赵老师收到了不少学生制作的贺卡
> C. 李老师经常让学生家长开车送其回家　　　D. 宋老师每天都给学生布置过量的练习题
> 【答案】B。
> 【解析】对待学生赠送的礼物，老师要区别对待，并不是老师只要收下礼物都违背职业道德。如果是简单的祝福贺卡，是可以收下的。对于金钱（包括购物卡、各种礼券等）是不可以接受的。

（六）终身学习

崇尚科学精神，树立终身学习理念，拓宽知识视野，更新知识结构。潜心钻研业务，勇于探索创新，不断提高专业素养和教育教学水平。

> 【真题链接】
>
> 【例9】学校邀请专家来做教育理念辅导报告，李老师拒绝参加，他说学那些理论没有用，把自己的课上好才是老师的看家本领。李老师的说法（　　）。（2015年上·中学）
> A. 错，教师应该把自我提升作为首要目标　　　B. 对，能把课上好就是优秀的中学教师
> C. 错，教师应该不断提高理论素养　　　　　　D. 对，教育理念报告对实践教学没有任何帮助
> 【答案】C。
> 【解析】李老师的说法是错误的，排除B、D两项。教师的首要目标是"教书育人"，所以不选A项。

【知识链接】

1. 新旧《规范》的对比

（1）条目数量由8条减少为6条

新《规范》条目减少，但内涵却更加丰富。

如，第三条将"热爱学生"改为"关爱学生"。旧条款要求教师对学生严格要求，新条款则修改成"对学生严慈相济，做学生的良师益友"。这正是"育人为本"的学生观的重要体现，教师在与学生相处的过程中，要与学生形成平等的关系，要尊重学生的主体地位。

第四条的"严谨治学"改为"教书育人"。"教书"是一种外在的表现形式，而"育人"才是教育的目的，这一更改更凸显了素质教育的学生观要求。

此外，条款中的要求由"勇于探索创新，不断提高教育教学水平"改为"循循善诱，诲人不倦，因材施教"。"勇于探索创新，不断提高教育教学水平"更多地强调的是单方面的老师提高。而新修改的"循循善诱，诲人不倦，因材施教"体现的是师生双向互动，老师既要不断探索创新，提高自己的教育教学水平，还要了解学生发展的身心规律，做到因材施教。这正是新课程改革背景下老师角色转换的重要体现，老师要从传统的知识传授者转变为学生学习的引导者和学生发展的促进者。

（2）"保护学生安全"纳入新规

新《规范》第三条"关爱学生"的条款要求中，明确写入"保护学生安全"，这其实是《中华人民共和国教师法》中教师义务的一种体现，也是教师应遵守的职业精神。

《中华人民共和国教师法》规定，教师应当履行下列义务：（四）关心、爱护全体学生，尊重学生人格，促进学生在品德、智力、体质等方面全面发展；（五）制止有害于学生的行为或者其他侵犯学生合法权益的行为，批评和抵制有害于学生健康成长的现象。

（3）明确抵制"有偿家教"现象

明确"抵制有偿家教"现象既体现了教师的职业操守，同时也是《中小学教师职业道德规范》与时俱进的一种体现。随着经济社会的快速发展，家长和学生对优质教育资源需求更加强烈，部分对自己要求较低的教师开始进行"有偿家教"活动。

"有偿家教"首先会滋生教师的"拜金主义"，降低授课质量，其次会加重学生的课业负担。如果学生和家长之间形成攀比，则会影响正常的学校教学活动。新《规范》中明确要求教师应当自觉抵制有偿家教，为规范教师的课外行为、提高教师的思想觉悟和道德修养，奠定了基础。

（4）"终身学习"被单独提出

新课改下的教师专业发展观，要求教师要学会学习，成为终身学习者。新《规范》将终身学习单独提出，更加凸显了这一新教师观的要求。

2. 新《规范》的核心思想

新《规范》共六条，体现了教师职业特点对师德的本质要求和时代特征，"爱"与"责任"是贯穿其中的核心和灵魂。

（1）"爱国守法"——教师职业的基本要求

教师首先是中华人民共和国的公民，要遵守宪法和法律规定，去实施公民的个人行为。其次，教师是一种神圣的职业，应当遵守教育法律法规，去实施自己的职业行为。

（2）"爱岗敬业"——教师职业的本质要求

教师是阳光下最光辉的事业，教师在工作中应当志存高远，富有激情，把个人的成长和国家人才培养的大事业紧密联系在一起。在工作中，要爱岗敬业，在深刻的社会变革和丰富的教育实践中履行自己的光荣职责。

（3）"关爱学生"——师德的灵魂

爱，本身就是教育。没有爱，就没有真正的教育。在工作中，教师应当用发展的眼光看待每一个学生，要相信每一个学生都可以成才，要尊重每一个学生的人格尊严，平等对待每一个学生。同时，也要对学生严慈相济，做学生的良师益友。保护学生安全，关心学生健康，维护学生权益。

（4）"教书育人"——教师的天职

教师必须遵守教育法律法规，结合学生的身心发展特点，全面实施素质教育。注重学生发展的全面性和差异性。循循善诱，诲人不倦，因材施教。要激发学生的创新精神，培养学生的实践能力，不以分数作为评价学生的唯一标准。

（5）"为人师表"——教师职业的内在要求

学高为师，身正为范。教师要坚守高尚情操，知荣明耻，严于律己，以身作则，在各个方面率先垂范，做学生的榜样，以自己的人格魅力和学识魅力教育影响学生。在工作中，教师要提高个人思想觉悟和个人修养，自觉抵制有偿家教行为，不利用职业之便谋取个人私利。

（6）"终身学习"——教师专业发展不竭的动力

要给学生一碗水，教师就要拥有一盆水甚至是一桶水。终身学习是时代发展的要求，也是教师职业特点所决定的。教师必须树立终身学习理念，拓宽知识视野。

第二节 《中小学班主任工作规定》

【考点梳理】

一、主要内容

第一章 总　则

第一条 为进一步推进未成年人思想道德建设，加强中小学班主任工作，充分发挥班主任在教育学生中的重要作用，制定本规定。

第二条 班主任是中小学日常思想道德教育和学生管理工作的主要实施者，是中小学生健康成长的引领者，班主任要努力成为中小学生的人生导师。

班主任是中小学的重要岗位，从事班主任工作是中小学教师的重要职责。教师担任班主任期间应将班主任工作作为主业。

第三条 加强班主任队伍建设是坚持育人为本、德育为先的重要体现。政府有关部门和学校应为班主任开展工作创造有利条件，保障其享有的待遇与权利。

第二章 配备与选聘

第四条 中小学每个班级应当配备一名班主任。

第五条 班主任由学校从班级任课教师中选聘。聘期由学校确定，担任一个班级的班主任时间一般应连续1学年以上。

第六条 教师初次担任班主任应接受岗前培训，符合选聘条件后学校方可聘用。

第七条 选聘班主任应当在教师任职条件的基础上突出考查以下条件：

（一）作风正派，心理健康，为人师表；

（二）热爱学生，善于与学生、学生家长及其他任课教师沟通；

（三）爱岗敬业，具有较强的教育引导和组织管理能力。

第三章 职责与任务

第八条 全面了解班级内每一个学生，深入分析学生思想、心理、学习、生活状况。关心爱护全体学生，平等对待每一个学生，尊重学生人格。采取多种方式与学生沟通，有针对性地进行思想道德教育，促进学生德智体美全面发展。

第九条 认真做好班级的日常管理工作，维护班级良好秩序，培养学生的规则意识、责任意识和集体荣誉感，营造民主和谐、团结互助、健康向上的集体氛围。指导班委会和团队工作。

第十条 组织、指导开展班会、团队会（日）、文体娱乐、社会实践、春（秋）游等形式多样的班级活动，注重调动学生的积极性和主动性，并做好安全防护工作。

第十一条 组织做好学生的综合素质评价工作，指导学生认真记载成长记录，实事求是地评定学生操行，向学校提出奖惩建议。

第十二条 经常与任课教师和其他教职员工沟通，主动与学生家长、学生所在社区联系，努力形成教育合力。

第四章 待遇与权利

第十三条 学校在教育管理工作中应充分发挥班主任的骨干作用，注重听取班主任意见。

第十四条 班主任工作量按当地教师标准课时工作量的一半计入教师基本工作量。各地要合理安排班主任的课时工作量，确保班主任做好班级管理工作。

第十五条 班主任津贴纳入绩效工资管理。在绩效工资分配中要向班主任倾斜。对于班主任承担超课时工作量的，以超课时补贴发放班主任津贴。

第十六条 班主任在日常教育教学管理中，有采取适当方式对学生进行批评教育的权利。

【真题链接】

【例1】关于班主任工作，下列叙述不正确的是（　　）。（2015年下·中学）

A. 教师担任一个班级的班主任，时间一般应该连续一学期以上

B. 班主任津贴纳入绩效工资管理，在绩效工资分配中要向班主任倾斜

C. 教师初次担任班主任应接受岗前培训，符合选聘条件后学校方可聘用

D. 合理安排班主任的课时工作量，按当地教师标准课时工作量的一半计入

【答案】A。

【解析】A项应为连续一学年以上，而不是一学期以上。

【例2】放学后，教师李某让小强留校写作业，李某因临时有事，将小强反锁在办公室直到深夜。李某的行为（　　）。（2014年上·中学）

A. 合法，教师有批评教育学生的权利　　B. 不合法，李某侵犯了小强的人格权

C. 合法，教师有监督学生完成作业的义务　　D. 不合法，李某侵犯了小强的人身自由权

【答案】D。

第五章 培养与培训

第十七条 教育行政部门和学校应制定班主任培养培训规划，有组织地开展班主任岗位培训。

第十八条 教师教育机构应承担班主任培训任务，教育硕士专业学位教育中应设立中小学班主任工作培养方向。

第六章 考核与奖惩

第十九条 教育行政部门建立科学的班主任工作评价体系和奖惩制度。对长期从事班主任工作或在班主任岗位上作出突出贡献的教师定期予以表彰奖励。选拔学校管理干部应优先考虑长期从事班主任工作的优秀班主任。

第二十条 学校建立班主任工作档案，定期组织对班主任的考核工作。考核结果作为教师聘任、奖励和职务晋升的重要依据。对不能履行班主任职责的，应调离班主任岗位。

第七章 附则

第二十一条 各地可根据本规定，结合当地实际情况，制定中小学班主任工作的具体实施办法。

第二十二条 本规定自发布之日起施行。

二、解读

（一）《中小学班主任工作规定》（以下简称《规定》）的核心内容

1. 明确班主任工作量，给予班主任更多时间做好班主任工作

《规定》要求："班主任工作量按当地教师标准课时工作量的一半计入教师基本工作量。各地要合理安排班主任的课时工作量，确保班主任做好班级管理工作。"

2. 提高班主任待遇，激发了班主任工作的热情

《规定》第十五条要求将"班主任津贴纳入绩效工资管理。在绩效工资分配中要向班主任倾斜。对于班主任承担超课时工作量的，以超课时补贴发放班主任津贴"。

3. 保证班主任教育学生的权利，让班主任管理学生的工作更有制度保障

《规定》第十六条明确规定："班主任在日常教育教学管理中，有采取适当方式对学生进行批评教育的权利。"

4. 突出班主任在学校中的重要地位，提升班主任工作的信心

《规定》从班主任的职业发展、职务晋升、参与学校管理、待遇保障、表彰奖励等多个方面强调了班主任在学校教育中的重要地位，充分体现了对班主任工作的尊重和认可，对广大班主任教师是极大的鼓舞和激励。

（二）《规定》对班主任工作的明确要求

1. 工作中要坚持育人为本，德育为先的目标导向。
2. 工作中要注重公平，面向班集体每一个学生。
3. 工作中要关心学生的全面发展。
4. 工作中要建立平等互信的师生关系。
5. 工作中遵循学生的年龄特点和身心发展规律。
6. 工作中要建立完善班级管理制度。
7. 工作中要积极进行班集体文化建设。
8. 工作中要指导和组织学生积极参加社会实践活动。
9. 工作中要充分发挥纽带作用。
10. 要大胆创新工作方式。

第三节 教师职业行为规范

【考点梳理】

一、教师职业行为规范

（一）教师思想行为规范

（1）热爱祖国、热爱人民，拥护社会主义，以马列主义、毛泽东思想、中国特色社会主义理论以及习近平新时代中国特色社会主义思想为指针，热爱教育事业。

（2）认真学习科学的素质教育观、"育人为本"的学生观，树立终身学习的理念，忠诚党的教育事业。

（3）加强职业道德修养，依法行教，自觉抵制有偿家教，不利用职务之便谋取私利。不接受学生家长的宴请、财物等，时刻树立教师的良好形象。

（二）教师教学行为规范

（1）教师要端正自己的教学态度，严肃对待教学工作。

（2）要熟悉教材，认真备好每一次课。

（3）要有探索精神，学会运用信息技术，组织好课堂教学。

（4）重视对学生作业的批改工作，及时从作业批改中进行教学反思，不断提高自己的教学质量。

（5）对学生要严慈相济，既要严格要求学生，又要关爱学生的成长，成为学生成长的良师益友。

（6）认真遵守教育法律法规及学校的章程，不早退、不缺课，认真而高效地完成教学工作。

（7）要平等对待每一个学生，要针对学生的个性差异，因材施教。对待学困生，要更有耐心，尊重学生的人格尊严，不能讽刺、挖苦学生。

（三）教师的仪表行为规范

（1）穿衣应当简洁大方，符合教师的职业特点，体现教师的良好形象。

（2）举止要稳重，彬彬有礼。行为要端庄，体现教师的修养。

（四）教师的人际行为规范

（1）教师对待学生，要有爱心和耐心。所谓爱心，就是要关爱学生，关心学生的全面发展，培养学生的个性，以培养学生的创新精神和实践能力为重点。所谓耐心，就是要相信每一个学生都可以成才，要用发展的眼光看待每一个学生。尤其是对待学困生，要有耐心，要诲人不倦。

（2）教师对待家长，要主动与尊重。教师要主动与学生家长密切联系，争取与家长实现良好的互动与合作，共同促进学生的成长。尊重，是指教师要尊重和理解家长，要善于听取家长的意见和建议，在工作中不要将所有事情都推给家长，要学会与学长实现合作，形成教育学生的合力。

（3）教师对待同事，要发扬虚心学习、团结协作的精神。新入职的年轻教师，要主动地向经验丰富的老师学习，尽快提升自己。经验丰富的老教师也要有团结协作、乐于助人的精神，主动帮助年轻教师快速成长。

（4）教师对待教育的管理者，要服从安排，积极配合，协助管理者完成工作，提升自己的素质。要以主人翁的精神，积极参与到学校的管理中。要依据《中华人民共和国教师法》，发挥好自己的民主管理权。

（五）教师的语言行为规范

（1）教学中，教师要善于使用普通话进行教学，要积极配合学校的相关部门，做好普通话的宣传、教育等普及工作，指导学生从小养成讲普通话的好习惯。

（2）教师授课语言要规范、简明，避免使用方言、土语、粗俗语言。

（3）教学以外，教师要善于学习，不断提高自己的语言表达能力，不断通过语言能力提升自己的个人魅力。

二、教师在教育活动中的人际关系处理

（一）教师与学生的关系

教师与学生的关系，是教育活动行为中最重要的一种关系。只有形成良好的师生关系，才能保障教育活动的顺利开展。

第一，教师要**关爱学生**，要有甘为人梯的奉献精神，要关心学生的身心健康，关爱学生的成长。对于有个性的学生，要在保护他们个性的同时注意促进他们的全面发展。对待学习困难的学生，要有耐心和爱心。

第二，教师要**信任学生**。在教学活动中，如果发生一些学生之间的冲突和误会，教师要信任每一个学生的天性和品质，要弄清楚原因，寻找合理的解决办法，不要轻意定性下结论。

第三，教师要**尊重学生**。学生是学习的主体，是独立意义的人。教师在与学生相处过程中，要平等对待每一个学生，不讥讽、不挖苦学生。

第四，教师要**保护学生**。教师有权保护学生的合法利益，有权制止有害于学生合法利益行为的发生。

第五，当师生之间发生误会和冲突时，作为成年人的教师，应当善于**进行心理调适，控制情绪，缓解冲突**。

【真题链接】

【例1】张老师生气时在学生面前不自觉地会"爆粗口"，学生很反感。张老师应该（　　）。（2017年上·小学）

A. 依然如故，顺其自然　　　　B. 无意为之，不必在意

C. 努力改正，尽量避免　　　　D. 改变自己，不说脏话

【答案】D。

【例2】在数学课堂上，余老师注重激发学生对所学内容"七嘴八舌"的议论，从中发现他们不懂的问题，然后有针对性地进行讲解，形成了一种"问题导向"的教学模式。下面对余老师教学行为的描述不正确的是（　　）。（2017年上·小学）

A. 余老师善用信息技术　　　　B. 余老师注重改革创新

C. 余老师善于教学重构　　　　D. 余老师勤于教学反思

【答案】A。

【真题链接】

【例3】 骨干教师闵老师在年终的同行测评中评分不高，很郁闷，上课时学生出一点差错他就大发雷霆。闵老师应该（　　）。（2015年下·小学）

A. 严格待生，专注教学　　　　B. 保持个性，坚持自我

C. 注重反省，调适自我　　　　D. 迎合同事，搞好关系

【答案】C。

【例4】 小红怀疑同桌小刚偷了她新买的文具盒，并报告了老师，老师让班干部搜查小刚的书包和抽屉。小刚再三辩白，拒绝被搜。该老师的做法（　　）。（2015年下·小学）

A. 错误，应该充分信任小刚　　　　B. 错误，应该搜查所有学生的书包

C. 错误，应不当着学生的面搜查　　D. 错误，应该通知学生家长再搜查

【答案】A。

【例5】 一个学生正在画漫画，漫画上的卢老师奇丑无比，卢老师笑着说："希望你有马良的神笔，让老师笑起来。"这体现了卢老师能（　　）。（2014年下·小学）

A. 宽容学生　　　　B. 公正待生

C. 严于律己　　　　D. 严慈相济

【答案】A。

【例6】 涂鸦活动中，贝贝笔下的卢老师奇丑无比，有同学讥笑贝贝，卢老师对有些不高兴的贝贝笑着说："贝贝，你把我的头发画得卷卷的挺好看的。"卢老师的行为体现了（　　）。（2014年下·幼儿园）

A. 公正待生　　　　B. 正面激励

C. 严于律己　　　　D. 严慈相济

【答案】B。

【例7】 班主任老师决定，凡是考试成绩前三名的学生可以免除班级卫生义务。张老师的做法（　　）。（2014年下·小学）

A. 不利于学生品德的形成　　　　B. 有利于班级管理创新

C. 有利于激发学生学习　　　　　D. 不利于学生平均发展

【答案】A。

【例8】 张老师一心扑在工作上，没有时间辅导自己的孩子学习。他既欣慰于学生的成长又对自己的孩子感到内疚。张老师需要进行的是（　　）。（2014年下·中学）

A. 行为取向的义利调适　　　　B. 生活工作的角色调适

C. 行为选择的动机调适　　　　D. 师生之间的人际调适

【答案】B。

【解析】A项，"行为取向的义利调适"是指当行为者的行为在义与利的选择发生冲突时，行为者进行自我调适，以达到义利的统一。C项，"行为选择的动机调适"，当教师缺乏教学的热情和激情的时候，需要进行这类调适。D项，"师生之间的人际调适"，一般用于当师生关系发生冲突、误会，互不接纳时，进行"人际调适"。

【例9】毛泽东在写给他的老师徐特立的信中说："你是我二十年前的先生，你现在仍然是我的先生，你将来必定还是我的先生。"这说明教师对学生的影响具有（　　）。（2016年下·中学）

A.层次性　　　　B.自觉性　　　　C.深远性　　　　D.规范性

【答案】C。

（二）教师与家长的关系

家校合作是促进学生全面发展的有效途径。教师首先要善于主动和家长联系，寻求家长的配合，共建良好互动的关系。

其次，教师要尊重和理解家长。在教学活动中出现问题，寻找解决方法是最重要的事情。老师切不可推脱责任。

最后，教师与家长沟通时，要注意语气和地位，进行平等、友好的沟通。切忌命令式、指挥式的要求。

【真题链接】

【例10】放学时，家长们都走进幼儿园接孩子，金老师一见到小齐爸爸，就埋怨他说："小齐到现在还不会自己吃饭、穿衣，你们做家长的都怎么教的！"小齐爸爸觉得很难堪，恼怒地说："就是不会才送到幼儿园学习的嘛！"对该事情，下列说法正确的是（　　）。（2018年下·幼儿园）

A.金老师应该注意与家长沟通的方式　　　　B.生活能力培养主要由家长负责
C.金老师拥有批评幼儿家长的权利　　　　　D.生活能力培养主要由教师负责

【答案】A。

【例11】下列关于教师家访的做法，不恰当的是（　　）。（2014年下·小学）

A.忌"指导"：对家教问题不要给家长提建议　　　　B.忌"独白"：与家长交流不要唱"独角戏"
C.忌"教训"：不要居高临下苛责教训家长　　　　　D.忌"揭短"：不要当着学生面向家长告状

【答案】A。

【例12】许多老师发现，不少孩子在家过了一个双休日之后再回到幼儿园，一些良好的行为习惯就退步了。例如，不认真吃饭、乱扔东西、活动时喜欢说话。对此老师正确的做法是（　　）。（2016年上·幼儿园）

A.召开家长会，点名要求做得不好的家长向做得好的家长学习

B.密切联系家长，并要求家长完全按照老师的要求去做

C.发挥自己学有专攻的优势，为家长提供指导

D.不过于干涉家庭教育，做好园内教育工作

【答案】C。

（三）教师与同事的关系

俗话说"一个人走得快，一群人走得远"。在工作中，教师与同事之间应当 相互配合，共同提升。

新入职的教师应当保持谦虚的态度，多向经验丰富的老师取经。经验丰富的老师也要发扬 团结协作、互帮互助 的精神，帮助新任教师快速成长。可以通过教学研讨、学习分享、听课等形式，形成共同提升教学质量的合力。

教师与同事之间应当形成 良性竞争。不可以挖苦或嘲笑新同事，不可以因职称晋升等理由拒绝帮助别人。

> **【真题链接】**
>
> 【例13】刚参加完培训的张老师自费将培训材料复印给同事，而且将自己的心得打印出来与同事分享。下列不正确的是（　　）。（2014年下·小学）
> A.张老师富有团结协作的精神　　B.张老师注重业务能力的提高
> C.张老师颇有循循善诱的品德　　D.张老师重视专业素质的提升
> 【答案】C。
>
> 【例14】当一位新入职的老师向经验丰富的张老师借教案上课时，张老师拒绝了，说道："我的教案不一定适合你，这个周末我们一起来探讨。"这表明张老师（　　）。（2014年下·中学）
> A.缺乏团结协作的精神　　B.缺乏良性竞争的能力
> C.善于保护自己的隐私　　D.注意帮助同事的方法
> 【答案】D。
>
> 【例15】学科组长匡老师从教30年，每逢他们组有新入职的老师，匡老师都会把自己的教案直接提供给他们，要求他们严格按照自己的教学设计开展教学，并坚持推门听课。匡老师的做法（　　）。（2015年下·中学）
> A.有利于与同事搞好关系　　B.有利于教学质量的提升
> C.不利于新教师的成长　　　D.不利于自身的专业发展
> 【答案】C。
>
> 【例16】数学老师小段多才多艺，在文体活动等方面给各个班许多帮助，受到同事好评。这表明段老师具有（　　）。（2017年上·小学）
> A.因材施教能力　　B.团结协作精神
> C.严谨治学意识　　D.课堂教学素养
> 【答案】B。

（四）教师与管理者的关系

教师首先要 服从 管理者，积极配合和 支持 管理者完成各项工作任务，保障教育教学活动的顺利进行。教师应当 关心 学校的发展和建设，行使自己的民主管理权。

【闯关训练】

1. 波波同学说话有些口吃，班里常有同学取笑她。班主任黎老师除教育学生要尊重波波外，还指导波波朗读，鼓励她坚持练习。这表明黎老师具有（　　　）。

  A. 维护课堂秩序的能力　　　　　　　　B. 严格要求学生的意识

  C. 尊重关爱学生的情怀　　　　　　　　D. 严于律己的从教意识

2. 刘校长切实抓好地震消防应急预案工作，地震发生时，全校师生顺利转移到安全地带，这说明刘校长注重（　　　）。

  A. 保护学生安全　　　B. 校园文化建设　　　C. 促进教师发展　　　D. 校园硬件建设

3. 小丽考试不理想，发卷子时，刘老师对她说："你还穿'耐克'，赶紧回家换'特步'吧！耐克的表示'√'，特步的表示'×'！"小丽顿时羞红了脸。这表明了刘老师（　　　）。

  A. 教学语言有失严谨　　　　　　　　　B. 无视学生的人格尊严

  C. 批评学生严而有格　　　　　　　　　D. 教育学生严慈相济

4. 学生干部选举前，有的家长给班主任陈老师送来礼物请求照顾，陈老师一概予以拒绝。这件事体现了陈老师（　　　）。

  A. 廉洁从教　　　B. 因材施教　　　C. 关爱学生　　　D. 严慈相济

5. 一（五）班班规有一条"不讲普通话唱歌一首"。一天，班主任廖老师在讲课时无意中讲了一句方言，于是她在下课后给同学们唱了一首歌。下列对廖老师的评价，不正确的是（　　　）。

  A. 维护教师权威　　　B. 注重师生平等　　　C. 严格自律　　　D. 以身作则

6. 材料分析题

（1）一天上午，晓轩突然在教室里大叫起来："陈老师，我新买的钢笔不见了。"这时，很多同学把怀疑的目光转向小明，有的想要打开他的书包检查，小明一边说"我没拿"，一边推开同学们的手。我大概知道是怎么回事了，因为班上同学丢的几件东西都是在小明那里找到的。我安慰一下晓轩，然后让大家安静下来，说："晓轩的钢笔肯定会找回来的，现在大家先安心上课。"

中午，小明悄悄来到办公室，递给我一支钢笔，我问他："这是晓轩的钢笔吗？"他点头。我又问他："你为什么要拿他的钢笔呢？"他说："这支钢笔很漂亮。"我说："东西再漂亮也是别人的，没有经过别人的同意，不能拿别人的东西，你知道吗？"小明惭愧地点点头。

经过调查我发现，小明平时去亲朋好友家里，想要什么东西都可以随便拿，久而久之，养成了"顺手牵羊"的坏毛病。就此，我多次跟小明的父母沟通，要求家长不要溺爱孩子，帮助孩子意识到，不是自己的东西不能随便拿。我还在班上组织班会活动，让大家熟练掌握向别人借东西的礼貌用语。

经过不断的努力，小明终于改掉了乱拿别人东西的不良习惯。

问题：请从教师职业道德的角度，评析陈老师的教育行为。

（2）徐老师的班上新来了一个男孩。不爱说话，更没有笑声。徐老师问他叫什么名字，他只会摇头。通过和家长交谈，徐老师知道这个名叫晓天的幼儿从小失去母亲，爸爸忙于生计也无暇顾及他，所以晓天性格孤僻，语言表达能力很差，动作发育迟缓。

了解到晓天的身世后，徐老师更加关心晓天，在教室里为他专门准备了开发智力的玩具，还亲手为他编织毛衣。徐老师经常亲切地跟晓天说话，教他练习发音，以提高其语言表达能力；利用图片和图书为他讲故事，以提高其理解能力；跟他一起堆积木、折纸，以提高其动手能力。徐老师还指导晓天的爸爸在家里如何对孩子进行早期智力训练。

时间一天天过去，渐渐地，晓天的眼睛亮了，能与人进行简单的交谈了，脸上也常挂着微笑。

问题：请从教师职业道德的角度，评价徐老师的保教行为。

【参考答案及解析】

1.【答案】C。

2.【答案】A。

3.【答案】B。解析：本题中刘老师的语言有失严谨，但深层次是不尊重学生的人格的体现，所以B项比A项更为恰当。

4.【答案】A。

5.【答案】A。

6.【参考答案】

（1）材料中陈老师的处理方法是正确的，符合教师职业道德规范的相关要求。

首先，陈老师的做法体现了关爱学生的教师职业道德。

当其他同学怀疑小明并要搜小明的书包时，陈老师并没有鼓励同学们这样做，保护了学生的自尊心。此外，当小明主动承认错误时，陈老师并没有挖苦小明，而是主动帮他分析，帮助他改正错误，做到了真正的关心和热爱学生。

其次，陈老师的做法体现了教书育人和为人师表。

陈老师细致地了解了小明的情况以后，并没有将责任直接推给家长，而是多次和小明的父母沟通，以入情入理的方式，与家长协同合作，帮助小明改掉坏习惯，健康成长。这保护了孩子，尊重了家长，促进了学生的成长，体现了教书育人和为人师表的职业道德要求。

（2）徐老师的保教行为符合教师职业道德的相关要求，值得肯定。

首先，徐老师的行为体现了关爱学生。关爱学生要求关心爱护全体学生，尊重学生人格，做学生的良师益友，徐老师面对晓天这种个体差异化十分明显的幼儿，并没有不管不问，而是深入了解该幼儿的情况，对其加以关心爱护，保护了幼儿的人身尊严。

其次，徐老师的行为体现了教书育人。教书育人要求遵循教育规律，实施素质教育。循循善诱、诲人不倦、因材施教。徐老师在了解幼儿情况的基础上，从开发智力、培养语言表达能力、提升理解能力与动手能力等多方面入手，符合因材施教的教育要求，也符合该幼儿的身心发展需要。

再次，徐老师的行为体现了为人师表。为人师表要求坚守高尚情操，团结协作、尊重同事、尊重家长。徐老师不仅自己想方设法对幼儿进行教育，还积极联系家长，了解幼儿情况，与家长交流教育经验与方法，从而形成教育合力，最终促使幼儿得到了健康发展。这种行为不仅为家长树立了良好的榜样，也有助于班级其他幼儿健康思想的形成与发展。

总之，徐老师的行为体现了崇高的教师职业道德规范，这种精神值得大力弘扬，需要每个老师学习。

第四章 教师文化素养

本章考情分析

本章主要考查教师的综合文化素养,内容涉及科技、传统、艺术、历史、地理、文学、物理、化学、生物等,内容较多,考试题型均为选择题,一共9个,共计18分。

第一节 科技文化素养

【考点梳理】

一、中国古代科技成就

（一）四大发明

1.造纸术,也称蔡侯纸。东汉蔡伦在前人经验的基础上,改进了造纸术,制成了适合书写的植物纤维纸,被称为"蔡侯纸"。

2.指南针,也称司南,是我国春秋战国时期发明的一种指南工具。司南由青铜盘和天然磁体制成的磁勺组成,静止时,勺尾指向为南。北宋时期制成指南针,用于航海事业。

3.火药,火药的研究开始于古代道家炼丹术,唐末火药用于军事,宋元时期广泛用于战争。

4.印刷术,中国是世界上最早发明印刷术的国家,隋唐时期出现了雕版印刷术,唐朝《金刚经》是最早的雕版印刷制品。北宋时期工匠毕昇发明了胶泥活字印刷术,大大提高了印刷效率。

【拓展】活字制版避免了雕版的不足,只要事先准备好足够的单个活字,就可随时拼版,大大地加快了制版时间。但是,毕昇的发明并未受到当时统治者和社会的重视。他死后,活字印刷术仍然没有得到推广,他创造的胶泥活字也没有保留下来。但是他发明的活字印刷技术,却流传下去了。除了泥活字,后面还出现了木活字和金属活字。

【真题链接】

【例1】北宋沈括《梦溪笔谈》指出,"上印三二张,未为简单,若能印数十千张,则极为神速。"产生这一现象的原因,分析正确的是（　　）。（2014年下·中学）

A.活字印刷的改进　　B.雕版印刷的推广　　C.胶泥印刷的诞生　　D.金属活字印刷的产生

【答案】C。

【解析】此题易误选A,A项应当改为"发明"。

（二）农业和手工业

1.《齐民要术》，作者是南北朝的农学家贾思勰，《齐民要术》是我国现存最早、最完整的一部农书。

2.《梦溪笔谈》，作者是北宋的沈括，英国科学史家李约瑟评价为"中国科学史上的里程碑"。

3.《农政全书》，作者是明代的徐光启，建立了比较完整的农学体系。

4.《天工开物》，作者是明朝科学家宋应星，《天工开物》是世界上第一部关于农业和手工业生产的综合性著作，是中国古代一部综合性的科学技术著作。外国学者称它为"中国17世纪的工艺百科全书"。

5.黄道婆，又名黄婆或黄母。宋末元初著名的棉纺织家、技术改革家，在清代被尊为布业的始祖。

【真题链接】

【例2】外国历史学家要研究我国历史上手工业生产的基本情况。下列选项中，最应该推荐的书是（　　）。（2018年上·幼儿园）

A.农政全书　　　　B.齐民要术　　　　C.天工开物　　　　D.梦溪笔谈

【答案】C。

（三）数学

汉、唐年间有十部著名的数学著作，被称为"算经十书"，标志着中国古代数学的高峰，它们曾是隋唐时代国子监算学科的教科书。

十部书的名称是：《周髀算经》《九章算术》《海岛算经》《张丘建算经》《夏侯阳算经》《五经算术》《缉古算经》《缀术》《五曹算经》《孙子算经》。

1.《周髀算经》，中国最早记载天文的著作，中国最古老的算书，明确记载了勾股定理的相关内容。

2.《九章算术》，它的出现标志着中国古代数学形成了完整的科学体系，成书于东汉，分九章介绍算术命题及其解法。

3.《海岛算经》，中国学者编撰的最早一部测量数学著作，作者是三国时期的刘徽，刘徽还提出了割圆术——计算圆周率的正确方法。

4.《缀术》，中国南北朝时期的一部算经，汇集了祖冲之和祖暅之父子的数学研究成果。祖冲之精确地计算出了圆周率在3.1415926—3.1415927之间，比欧洲早近一千年。

5.《缉古算经》，由唐代数学家王孝通编撰，是中国现存最早解三次方程的著作。

（四）天文学

1.春秋时期

（1）夏历：古代汉族历法之一，与黄帝历、颛顼历、殷历、周历、鲁历合称古六历，传说是夏代创立的历法。

（2）日食：人类历史上关于日食的最早记录出现在商朝，它用甲骨文刻在一片龟甲上。

（3）哈雷彗星：世界上首次哈雷彗星的确切记录在我国的春秋时期，《春秋》记载"有星孛入于北斗"，即指哈雷彗星，这一记录比欧洲早670多年。

（4）《甘石星经》：世界上最早的天文学著作，作者为春秋战国时期的齐国人甘德和魏国人石申，《甘石星经》是两书的合称，甘德著有《天文星占》八卷，石申著有《天文》八卷，两书合称《甘石星经》。

2. 秦汉时期

（1）汉武帝时，天文学家制订出中国第一部较完整的历书"太初历"，开始以正月为岁首。

（2）西汉关于太阳黑子的记录，被世界公认为是有关太阳黑子的最早记录。

（3）东汉时，张衡从日、月、地球所处的不同位置，对月食作了最早的科学解释。

（4）东汉张衡发明制作了地动仪，可以遥测千里以外地震发生的方向，比欧洲早1700多年。此外，他还发明了浑天仪，是东汉中期浑天说的代表人物之一，被后人誉为"木圣"（科圣）。联合国天文组织将月球背面的一个环形山命名为"张衡环形山"，太阳系中的1802号小行星命名为"张衡星"。

3. 隋唐时期

唐朝天文学家僧一行制定的《大衍历》，比较准确地反映了太阳运行的规律。僧一行还是世界上用科学方法实测地球子午线长度的创始人，在实测中他认识到，在小范围有限的空间里得到的认识，不能任意向大范围甚至无际的空间推演，这是我国科学思想史上的一大进步。

4. 宋元时期

（1）北宋科学家沈括，创制了一种与现今阳历相似的历法，即把四季二十四节气和十二个月完全统一起来的"十二气历"，有利于农事安排。

（2）元朝天文学家郭守敬，提出"历之本在于测验，而测验之器莫先仪表"的正确主张，主持编定《授时历》，一年的周期与现行公历基本相同，但问世比现行公历早300年。

（五）医学

1. 先秦时期

扁鹊是战国时期最著名的医生，后代把他奉为"脉学之宗"，他采用的"望闻问切"四诊法，成为我国中医的传统诊病法，两千多年来一直为中医所沿用。

2. 两汉时期

（1）《黄帝内经》是我国现存较早的重要医学文献，它奠定了我国中医学的理论基础。在战国时期问世、西汉时期编定。

（2）东汉的《神农本草经》是中国第一部完整的药物学著作。

（3）东汉末年的名医华佗，擅长外科手术，被人誉为"神医"，发明的麻沸散比西方早1600多年。

（4）东汉末年的名医张仲景，被称为"医圣"，代表作《伤寒杂病论》是后世中医的重要经典。

3. 隋唐时期

（1）唐朝医学家孙思邈，被称为"药王"。他的《千金方》，全面总结历代和当时的医药学成果。

（2）吐蕃名医元丹贡布编著《四部医典》，在国内外有重要影响。

（3）唐高宗时期编修的《唐本草》，是世界上最早的、由国家颁行的药典。

4. 明清时期

明朝李时珍的《本草纲目》，记载了药物一千八百多种，方剂一万多个，全面总结了16世纪以前的中国医药学，被誉为"东方医药巨典"。

【真题链接】

【例3】下列选项中，不属于中医学著作的是（   ）。（2014年下·小学）

A.《本草纲目》　　　　B.《黄帝内经》　　　　C.《齐民要术》　　　　D.《神农本草经》

【答案】C。

【解析】《齐民要术》是农学著作。

（六）地理学

1. 春秋战国时期

（1）我国最早出现"地理"一词见于《周易·系辞》中，有"仰天以观天文，俯以察于地理"之句。

（2）最早的地理著述主要有：《山经》（《山经》是《山海经》一书中写作时间最早和地理价值最大的部分）。

2. 秦汉——明清时期

（1）张骞奉汉武帝之命二次出使西域。

（2）班超的儿子班勇继父志出使西域，写成《西域记》一书。

（3）北魏地理学家郦道元撰写《水经注》，是一部综合性地理著作。

（4）唐代名僧玄奘西行求法，回国后按其口述编成《大唐西域记》。

（5）宋代时罗盘用于航海，海上交通贸易更为发达。

（6）早于西方"地理大发现"半个世纪，明代三宝太监郑和七下西洋。

（7）明代徐霞客撰写的《徐霞客游记》，是一部地理学巨著，是世界上最早介绍喀斯特地貌的著作。

【知识链接】

生活中的地理常识

1. 七大洲：亚洲（最大）、非洲、北美洲、南美洲、欧洲、南极洲、大洋洲（最小）。

2. 四大洋：太平洋（最大）、大西洋、印度洋、北冰洋（最小）。

3. 世界之最

世界最大的平原：亚马逊平原

世界最大的高原：巴西高原

世界最大的内海：地中海

世界最高的高原：青藏高原

世界最大的咸水湖：里海

世界最大的淡水湖：苏必利尔湖

世界最深的淡水湖：贝加尔湖

世界最深的海沟：马里亚纳海沟

世界最大的沙漠：撒哈拉沙漠

世界最大的裂谷带：东非裂谷带

世界最大的岛屿：格陵兰岛

世界最大的半岛：阿拉伯半岛

世界最大的盆地：刚果盆地

世界最高的山峰：珠穆朗玛峰

世界最长的内流河：伏尔加河

流经国家最多的河流：多瑙河

世界最咸（盐度最高）的海：红海

世界流量最大的河：亚马逊河

世界最长的河流：尼罗河

世界最长的运河：京杭大运河

世界最大的国家：俄罗斯

世界最小的国家：梵蒂冈

4. 中国之最

最大的咸水湖：青海湖

最大的淡水湖：鄱阳湖

最高的高原：青藏高原

最低点：新疆吐鲁番盆地的艾丁湖

最大的盆地：塔里木盆地

最高的盆地：柴达木盆地

最长的河流：长江

最长的内陆河：塔里木河

最大的沙漠：塔克拉玛干大沙漠

最大的瀑布：黄果树瀑布

最大的群岛：舟山群岛

最大的岛屿：台湾岛

最大的平原：东北平原

最大的半岛：山东半岛

5. 其他

中国四大高原：青藏高原、内蒙古高原、黄土高原、云贵高原

中国四大盆地：塔里木盆地、柴达木盆地、四川盆地、准噶尔盆地

中国四大淡水湖：鄱阳湖、洞庭湖、太湖、洪泽湖

中国三大平原：东北平原、华北平原、长江中下游平原

中国佛教四大名山：山西五台山、四川峨眉山、浙江普陀山、安徽九华山

中国道教四大名山：湖北十堰的武当山、安徽黄山市的齐云山、四川都江堰的青城山、江西鹰潭的龙虎山

中国四大瀑布：贵州黄果树瀑布、陕西延安的黄河壶口瀑布、吉林长白瀑布、黑龙江吊水楼瀑布

中国四大名楼：湖北武汉的黄鹤楼、湖南岳阳的岳阳楼、江西南昌的滕王阁、山东蓬莱的蓬莱阁

中国四大古都：西安（建都最多、西汉都城）、洛阳（东汉都城）、南京（又称天京、石头城、金陵、建康）、北京（又称燕京、大都、北平）

中国四大书院：河南郑州嵩阳书院、河南商丘睢阳区应天书院、湖南长沙岳麓书院、江西九江白鹿洞书院

中国五岳名山：中岳嵩山（河南）、东岳泰山（山东）、西岳华山（陕西）、南岳衡山（湖南）、北岳恒山（山西）

二、中国近现代科技成就

（一）航天事业

1. 1956年，我国第一个火箭导弹研制机构——国防部第五研究院成立，钱学森任院长。

2. 1970年，我国第一颗人造地球卫星"东方红"1号在酒泉发射成功。

3. 1975年，首颗返回式卫星发射成功。

4. 1979年，远望1号航天测量船建成并投入使用。

5. 1992年，我国载人飞船正式列入国家计划进行研制，这项工程后来被定名为神舟号飞船载人航天工程。神舟号飞船载人航天工程由神舟号载人飞船系统、长征运载火箭系统、酒泉卫星发射中心飞船发射场系统、飞船测控与通信系统、航天员系统、科学研究和技术试验系统等组成，是我国在20世纪末期至21世纪初期规模最庞大、技术最复杂的航天工程。

6. 1999年，神舟一号无人飞船发射成功。

7. 2003年，我国成功发射第一艘载人飞船神舟五号，航天员是杨利伟。

8. 2007年，我国首颗绕月人造卫星——嫦娥一号，在西昌卫星发射中心升空。

9. 2008年，"神舟"7号载人飞船发射成功，是中国首次进行出舱作业的飞船，航天员翟志刚（指令长）、刘伯明和景海鹏。

10. 2011年，天宫一号——中国第一个目标飞行器，在酒泉卫星发射中心发射。

11. 2012年，"神舟"9号载人飞船发射成功，刘洋成为我国首位女航天员。

12. 2013年，神舟十号载人飞船发射成功，航天员王亚平是首次在太空开展授课活动的航天员。

13. 我国四大卫星发射中心：山西太原、四川西昌、甘肃酒泉、海南文昌。

（二）数学

1. 陈景润：1973年发表了（1+2）的详细证明，被公认为是对哥德巴赫猜想研究的重大贡献。

2. 华罗庚：中国现代数学之父，国际上以华氏命名的数学科研成果有"华氏定理""华氏不等式""华—王方法"等。

3. 苏步青：中国著名的数学家、教育家，中国微分几何学派创始人，被誉为"东方国度上灿烂的数学明星""东方第一几何学家""数学之王"。

（三）生物

1. 袁隆平，首届国家最高科学技术奖得主、杂交水稻之父。

2. 屠呦呦，2015年获诺贝尔生理学奖或医学奖。

3. 1965年，中国科学家人工合成结晶牛胰岛素，这是世界上第一个人工合成的蛋白质。

（四）化学

侯德榜，名启荣，著名科学家，杰出化学家，侯氏制碱法的创始人，中国重化学工业的开拓者。近代化学工业的奠基人之一，是世界制碱业的权威。

（五）计算机及文字信息处理

1. 超级计算机

（1）银河一号：1983年，中国第一台每秒钟运算一亿次以上的"银河一号"巨型计算机研制成功。

（2）天河一号：2010年，中国"天河一号"超级计算机成为世界上运算最快的超级计算机。

2. 王选，计算机文字信息处理专家，当代中国印刷业革命的先行者，计算机汉字激光照排技术创始人，被称为"汉字激光照排系统之父"，被誉为"有市场眼光的科学家"。

【真题链接】

【例4】下列选项中，不属于中国21世纪科技方面所取得的重要成就的是（　　）。（2016年上·小学）

A."超高音速航空器"试飞成功　　B."天河一号"超级计算机研制成功
C.世界上首次人工合成牛胰岛素　　D."嫦娥三号"探测器在月球软着陆

【答案】C。

三、外国主要科学家及成就

1. 阿基米德——古希腊哲学家、物理学家，提出"杠杆原理""力矩"等概念，被称为"力学之父"

2. 毕达哥拉斯——毕达哥拉斯定律（勾股定律）

3. 欧几里得——《几何原本》，奠定了欧洲数学的基础，被称为"几何之父"

4. 高斯——数学王子

5. 哈雷——哈雷彗星

6. 世界三大数学家——阿基米德、高斯、牛顿

7. 哥白尼——日心说

8. 开普勒——关于行星运动三大定律

9. 伽利略——两个铁球同时着地（自由落体运动）、伽利略望远镜，近代力学之父、现代科学之父

10. 牛顿——发现万有引力，有牛顿力学三定律

11. 富兰克林——通过"风筝实验"，发明避雷针

12. 奥斯特——电流磁效应

13. 法拉第——电磁感应

14. 麦克斯韦——建立电磁学理论

15. 瓦特——改良蒸汽机，第一次工业革命重要标志，被称为"工业革命之父"

16. 伦琴——伦琴射线，即"X"射线

17. 居里夫人——发现"镭""钋"

18. 爱因斯坦——相对论

19. 拉瓦锡——提出质量守恒定律，被誉为"化学之父"
20. 道尔顿——建立原子论
21. 阿伏加德罗——提出分子概念
22. 门捷列夫——化学元素周期表
23. 达尔文——物种起源、生物进化学说
24. 孟德尔——发现遗传规律，现代遗传学之父
25. 爱迪生——美国发明家，发明了白炽灯、留声机、碳粒电话筒、电影摄像机等
26. 贝尔——美国发明家，发明了世界上第一台可用的电话机，被誉为"电话之父"
27. 普朗克——量子力学创始人
28. 哈勃——河外天文学奠基人

【真题链接】

【例5】 历史上第一位使用望远镜进行科学观察的学者是（　　）。（2014年下·幼儿园）

A. 亚里士多德　　B. 开普勒　　C. 伽利略　　D. 布鲁诺

【答案】C。

【例6】 创立元素周期表的科学家是（　　）。（2013年下·中学）

A. 玻意耳　　B. 居里夫人　　C. 门捷列夫　　D. 玻尔

【答案】C。

【解析】玻意耳提出"玻意耳定律"，这是第一个描述气体运动的数量公式，为气体的量化研究和化学分析奠定了基础；居里夫人发现"镭"和"钋"；玻尔提出"玻尔定律"，内容是原子只能处于一系列不连续的能量状态中，在这些状态中，电子虽作变速运动，但并不向外辐射电磁波，这样相对稳定的状态称为定态。

【例7】 量子概念的提出，第一次把能量的不连续性引入对自然过程的深入认识，对其后量子理论的进一步发展起到了重要作用。这一概念的提出者是（　　）。（2018年上·中学）

A. 洛伦兹　　B. 爱因斯坦　　C. 普朗克　　D. 麦克斯韦

【答案】C。

【例8】 达尔文的《物种起源》中阐释的主要内容是（　　）。（2013年下·中学）

A. 基因理论　　B. 条件反射　　C. 进化论　　D. 细胞学说

【答案】C。

【例9】 人类社会经历了三次科技革命，第一次科技革命的标志是（　　）。（2016年下·中学）

A. 蒸汽机的发明　　B. 纺织机的发明　　C. 计算机的发明　　D. 电力的发明

【答案】A。

第二节 传统文化常识

【考点梳理】

一、二十四节气

二十四节气歌

春雨惊春清谷天，夏满芒夏暑相连。

秋处露秋寒霜降，冬雪雪冬小大寒。

上半年逢六廿一，下半年逢八廿三。

每月两节不变更，最多相差一两天。

表4—1 季、月、节气对照表

季	春			夏			秋			冬		
月	正月	二月	三月	四月	五月	六月	七月	八月	九月	十月	冬月	腊月
节	立春	惊蛰	清明	立夏	芒种	小暑	立秋	白露	寒露	立冬	大雪	小寒
气	雨水	春分	谷雨	小满	夏至	大暑	处暑	秋分	霜降	小雪	冬至	大寒

【真题链接】

【例1】农历中的二十四节气，反映气候、物候的变化，用以指导农事。下列节气中，白昼最长的是（　　）。（2018年下·中学）

A.春分　　　　B.夏至　　　　C.秋分　　　　D.冬至

【答案】B。

【解析】夏至，是二十四节气之一。夏至这天，太阳直射地面的位置到达一年的最北端，几乎直射北回归线，此时，北半球各地的白昼时间达到全年最长。

【例2】下列节气不在春季的是（　　）。（2014年上·中学）

A.白露　　　　B.惊蛰　　　　C.清明　　　　D.谷雨

【答案】A。

【解析】白露在秋季。

二、干支纪年

干支纪年法是中国历法上自古以来就一直使用的纪年方法。

干支是天干和地支的总称。把干支顺序相配正好六十为一周，周而复始，循环记录，这就是俗称的"干支表"。

天干：甲、乙、丙、丁、戊、己、庚、辛、壬、癸。

地支：子、丑、寅、卯、辰、巳、午、未、申、酉、戌、亥。

中国古代，把每一个天干和地支按照一定的顺序而不重复地搭配起来，用来作为纪年、纪月、纪日、纪时的代号。把"天干"中的一个字摆在前面，后面配上"地支"中的一个字，这样就构成一对干支。如果"天干"以"甲"字开始，"地支"以"子"字开始顺序组合，就可以得到：

150

表4—2 "天干"与"地支"配合表

01. 甲子	02. 乙丑	03. 丙寅	04. 丁卯	05. 戊辰	06. 己巳	07. 庚午	08. 辛未	09. 壬申	10. 癸酉
11. 甲戌	12. 乙亥	13. 丙子	14. 丁丑	15. 戊寅	16. 己卯	17. 庚辰	18. 辛巳	19. 壬午	20. 癸未
21. 甲申	22. 乙酉	23. 丙戌	24. 丁亥	25. 戊子	26. 己丑	27. 庚寅	28. 辛卯	29. 壬辰	30. 癸巳
31. 甲午	32. 乙未	33. 丙申	34. 丁酉	35. 戊戌	36. 己亥	37. 庚子	38. 辛丑	39. 壬寅	40. 癸卯
41. 甲辰	42. 乙巳	43. 丙午	44. 丁未	45. 戊申	46. 己酉	47. 庚戌	48. 辛亥	49. 壬子	50. 癸丑
51. 甲寅	52. 乙卯	53. 丙辰	54. 丁巳	55. 戊午	56. 己未	57. 庚申	58. 辛酉	59. 壬戌	60. 癸亥

一日有二十四小时，而我国传统则以十二个时辰来表示，即一时辰是二小时。（如下表）

表4—3 十二时辰与时间对应表

时辰		对应时间
子时	夜半	23—1
丑时	鸡鸣	1—3
寅时	平旦	3—5
卯时	日出	5—7
辰时	食时	7—9
巳时	隅中	9—11
午时	日中	11—13
未时	日昳	13—15
申时	晡时	15—17
酉时	日入	17—19
戌时	黄昏	19—21
亥时	人定	21—23

三、古代特殊称谓

（一）称谓方式

1. 称字：毛泽东，字润之，也称"毛润之"。

2. 称号：一般只用于自称，如李白号青莲居士，白居易号香山居士，李清照号易安居士。

3. 称谥号：古代王侯将相死后被追加的称号，如范仲淹称文正，欧阳修称文忠。

4. 称籍贯：以人的出生地命名，如孟浩然称孟襄阳，柳宗元又称柳河东。

5. 称官名：以人的官名来命名，如杜甫称杜工部。

6. 称官地：以人做官的地方来命名，如柳宗元称柳柳州。

7. 古代帝王对贵族功臣的封赐爵号（位）：公、侯、伯、子、男（五等）。

（二）谦称

1. 自称：愚、敝、卑、臣、仆。

2. 帝王自称：孤、寡、朕。

3. 古代官吏自称：下官、末官、小吏。

4. 读书人自称：小生、晚生、晚学、不才、不肖。

5. 古人称自己一方的亲属朋友用家或舍：如家父、家母、家兄、舍弟、舍妹、舍侄。

6. 其他自谦词：

尊长者自称：在上。

晚辈自称：在下。

老人自称：老朽、老夫。

女子自谦：妾。

（三）敬称

1. 令：令尊（对方父亲）、令堂（对方母亲）、令兄（对方哥哥）、令郎（对方儿子）、令爱（对方女儿）。

【记忆口诀】对人的称呼有一个口诀"家大舍小令外人"：称呼比自己大的家人用"家"，如家父、家母、家兄；称呼比自己小的家人用"舍"，如舍弟、舍妹；称呼外人用"令"，如令尊、令爱、令郎等。

2. 称年老的人为丈、丈人。唐以后称岳父为丈人，又称泰山；妻母为丈母，又称泰水。

3. 称谓前加"先"表已死，用于敬称地位高的人或年长的人。

称死去的父亲：先考、先父。

称死去的母亲：先妣、先慈。

已死的有才德的人：先贤。

死去的帝王：先帝。

（四）特殊称谓

1. 百姓的称谓：布衣、黎民、庶民、苍生、氓。

2. 伯（孟）仲叔季：兄弟行辈中长幼排行的次序。伯（孟）是老大，仲是老二，叔是老三，季是老四。

3. 不同的朋友关系之间的称谓：

贫贱之交：指地位低下时结交的朋友。

金兰之交：指情投意合，亲如兄弟的朋友。

刎颈之交：同生死、共患难的朋友。

忘年之交：辈分不同，年龄相差较大的朋友。

患难之交：在遇到磨难时结成的朋友。

4. 年龄的称谓：

（1）赤子：初生的婴儿。

（2）襁褓：未满周岁的婴儿。

（3）孩提：指两三岁的幼儿。

（4）龆龀：本义是儿童换齿，一般指七八岁的儿童。

（5）垂髫：指三四岁至八九岁的儿童。

（6）幼学：十岁为"幼学之年"。

（7）总角：指八九岁至十三岁的少年儿童。

（8）豆蔻：植物名，代指十三四岁的少女。

（9）及笄：女子十五岁。

（10）束发：男子十五岁。

152

（11）破瓜：指十六岁。

（12）弱冠：古代男子二十岁行冠礼，故用以指男子二十岁左右。

（13）而立：三十岁。

（14）不惑：四十岁。

（15）知命：五十岁。

（16）耳顺：六十岁。

（17）古稀：七十岁。

（18）耋：七十至八十岁。

（19）耄：八十至九十岁。

（20）期颐：一百岁。

【真题链接】

【例3】下列对古代年龄别称的解说，不正确的是（　　）。（2014年下·中学）

A."豆蔻"指女子十七八岁　　　　　　　　B."弱冠"指男子二十岁

C."花甲"指六十岁　　　　　　　　　　　　D."古稀"指七十岁

【答案】A。

【解析】豆蔻是一种植物名，代指十三四岁的少女。

【例4】小王对小李说："令尊常对我说，活在世上，最为重要的是清清白白做人。"其中加点的敬辞所指的人是（　　）。（2015年下·中学）

A.小王的父亲　　　　B.小李的父亲　　　　C.小李的母亲　　　　D.小王的母亲

【答案】B。

四、古代传统节日

1.除夕——又称大年夜、除夕夜等，每年农历腊月（十二月）的最后一个晚上，有时是腊月三十，有时是腊月二十九。

2014年，除夕依国务院关于修改《全国年节及纪念日放假办法》决定进行调整，不再作为中国法定节假日。描写除夕夜的诗句有：

除夜

【宋】文天祥

乾坤空落落，岁月去堂堂。末路惊风雨，穷边饱雪霜。

命随年欲尽，身与世俱忘。无复屠苏梦，挑灯夜未央。

2.春节——传统上的农历新年，春节与清明节、端午节、中秋节并称为中国四大传统节日。"春节"民俗经国务院批准列入第一批国家级非物质文化遗产名录。描写春节的诗句有：

元日

【宋】王安石

爆竹声中一岁除，春风送暖入屠苏。

千门万户曈曈日，总把新桃换旧符。

3. 元宵节——农历正月十五，又称为小正月、元夕或灯节，是春节之后的第一个重要节日。元宵节的习俗在全国各地也不尽相同，有吃元宵、赏花灯、舞龙、舞狮子等。描写元宵节的诗词有：

元夕

【宋】欧阳修

去年元夜时，花市灯如昼。

月上柳梢头，人约黄昏后。

今年元夜时，月与灯依旧。

不见去年人，泪湿春衫袖。

青玉案·元夕

【宋】辛弃疾

东风夜放花千树，更吹落，星如雨。宝马雕车香满路，凤箫声动，玉壶光转，一夜鱼龙舞。

蛾儿雪柳黄金缕，笑语盈盈暗香去。众里寻他千百度，蓦然回首，那人却在，灯火阑珊处。

4. 清明节——又叫踏青节，在仲春与暮春之交。清明节是中国传统节日，也是最重要的祭祀节日之一，是扫墓祭祖的日子。

2006年，中国文化部申报的清明节经国务院批准列入第一批国家级非物质文化遗产名录。描写清明节的诗句有：

清明

【唐】杜牧

清明时节雨纷纷，路上行人欲断魂。

借问酒家何处有，牧童遥指杏花村。

【真题链接】

【例5】下列选项中，既是农历节气，又是传统节日的是（　　）。（2015年上·中学）

A. 谷雨　　　　　　B. 清明　　　　　　C. 中秋　　　　　　D. 重阳

【答案】B。

5. 端午节——为每年农历五月初五，是中国四大传统节日之一。也称端阳节、午日节、五月节、龙舟节、等。端午习俗主要有赛龙舟与吃粽子等。

端午节起源于中国，战国时期的楚国诗人屈原在这一日跳汨罗江自尽，人民群众为弘扬爱国主义精神和追思高尚纯洁人格，将端午作为纪念屈原的节日；个别地方也有纪念伍子胥、曹娥及介子推等说法。描写端午节的诗句有：

端午

【唐】文秀

节分端午自谁言，万古传闻为屈原。

堪笑楚江空渺渺，不能洗得直臣冤。

6. 七夕节——农历七月初七，又名乞巧节、七巧节或七姐诞。相传农历七月七日夜妇女在庭院向织女星乞求智巧，故称为"乞巧"，后被赋予了牛郎织女的传说使其成为象征爱情的节日。描写七夕节的诗词有：

鹊桥仙·纤云弄巧

【宋】秦观

纤云弄巧，飞星传恨，银汉迢迢暗度。

金风玉露一相逢，便胜却人间无数。

柔情似水，佳期如梦，忍顾鹊桥归路。

两情若是久长时，又岂在朝朝暮暮。

7. 中秋节——又称仲秋节、八月节、团圆节，中秋节自古便有祭月、赏月、拜月、吃月饼、赏桂花、饮桂花酒等习俗。描写中秋节的诗句有：

中秋月

【宋】苏轼

暮云收尽溢清寒，银汉无声转玉盘。

此生此夜不长好，明月明年何处看。

8. 重阳节——农历九月初九，又称重九节、晒秋节、踏秋、登高节。庆祝重阳节一般会包括出游赏秋、登高望远、观赏菊花、遍插茱萸、吃重阳糕、饮菊花酒等活动。描写重阳节的诗句有：

九月九日忆山东兄弟

【唐】王维

独在异乡为异客，每逢佳节倍思亲。

遥知兄弟登高处，遍插茱萸少一人。

【真题链接】

【例6】"江边枫落菊花黄，少长登高望一乡"描述的是（ ）。（2012年下·中学）

A. 清明　　　　B. 重阳　　　　C. 端午　　　　D. 中秋

【答案】B。

五、中国汉字

（一）《说文解字》

我国第一部文字学著作是《说文解字》，作者是东汉许慎，在《说文解字·绪》中，许慎对汉字结构的"六书"理论进行了阐述。六书分别指的是象形、指事、会意、形声、转注、假借。

（二）汉字从古到今的形体演变

甲骨文——我国最早的成系统的文字，也称殷商甲骨文。甲骨文多刻在龟甲和兽骨上面，常用来占卜，所以也称"甲骨卜辞"。

金文——出现在我国两周时期，也称西周金文或两周金文，金文是刻在青铜器上的文字，因为古代称铜为金，所以得名。

战国文字——战国文字是按照文字所处的时期来命名的，分为两个传统：一是秦系文字，一般指大篆；二是六国文字，即各个国家自己的文字。秦系文字是主流，六国文字是支流。

小篆——秦始皇统一六国以后，书同文指的就是统一六国文字为小篆。东汉许慎的《说文解字》一般是以小篆为标准，进行汉字形、音、义的分析。

隶书——隶书分为秦隶和汉隶，秦隶也称古隶，汉隶也称今隶，隶书的成熟发生在汉代。隶书是文字从象形到不象形，进一步符号化的重要转折，这一过程也称"隶变"。因此，隶书之前的"甲骨文""金文""战国文字""小篆"称为古文字阶段，隶书开始，中国汉字进入今文字阶段。

楷书——沿用至今的文字，即可以作为楷模的文字，所以称为"楷书"。

（三）中国著名书法家

（1）王羲之：有"书圣"之称，代表作《兰亭序》被誉为"天下第一行书"，此外还有《快雪时晴帖》。

（2）楷书四大家：指的是唐朝欧阳询（欧体）、唐朝颜真卿（颜体）、唐朝柳公权（柳体）、元朝赵孟頫（赵体），颜真卿代表作《金宝塔碑》《颜氏家庙碑》，柳公权代表作《玄秘塔碑》《神策军碑》。

（3）张颠素狂：指的是唐代草书（狂草）名家张旭和怀素的并称。

（4）初唐三大家：指的是欧阳询、虞世南、褚遂良。

（5）宋四家：指的是苏轼、蔡襄、米芾、黄庭坚。

六、与少数民族有关的文化

（一）少数民族节日

泼水节——傣族

火把节——彝族、白族、纳西族、基诺族、拉祜族

那达慕——蒙古族

芦笙节——苗族

三月街——白族

开斋节——回族、维吾尔族

（二）少数民族居住与特色建筑

藏族——布达拉宫

傣族——竹楼

壮族——吊脚楼

蒙古族——蒙古包

哈尼族——蘑菇房

彝族——土掌房

纳西族——丽江古城

仡佬族——石板房

彝族——土司庄园

瑶族——歇山顶茅屋

苗族——大船廊、木鼓房、铜鼓坪、芦笙堂、妹妹棚、跳花场

侗族——鼓楼、花桥、戏楼、祖母堂

布依族——凉亭、歌台

（三）少数民族舞蹈和服饰

蒙古族——盅碗舞（筷子舞）——蒙古袍、蒙古靴

朝鲜族——顶水舞（长鼓舞）——长裙

藏族——大鼓舞（踢踏舞）——藏袍

傣族——花环舞

新疆——刀郎舞（盘子舞）

苗族——芦笙舞（铜鼓舞）——交领绣花衣与百褶裙

黎族——竹竿舞——披毡与宽脚裤

第三节 历史常识

【考点梳理】

一、中国历史部分

历史朝代歌：

三皇五帝始　　尧舜禹相传
夏商与西周　　东周分两段
春秋和战国　　一统秦两汉
三分魏蜀吴　　两晋前后延
南北朝并立　　隋唐五代传
宋元明清后　　皇朝至此完

（一）古代部分

1. 原始社会

表4—4　原始社会概况

时期	社会人物	概况
旧石器时代	原始人类	元谋人：距今170万年，中国境内最早人类，发现于云南元谋县
		蓝田人：距今115万年，发现于陕西蓝田县
		北京人：距今70万至20万年，发现于北京周口店
		山顶洞人：距今2.7万至3.4万年，发现于北京周口店
新石器时代	母系社会	黄河流域，陕西西安半坡文化，种植粟（小米）
		长江流域，浙江余姚河姆渡文化，种植水稻
		我国是世界上最早种植粟和水稻的国家
	父系社会	山东大汶口文化，出现私有制，进入父系氏族公社时期
原始社会瓦解	炎黄二帝	两次较大的战争：涿鹿之战、阪泉之战
	尧舜禹	1. 尧帝将王位禅让给舜帝，开创"禅让制"先河
		2. 大禹为治理水患，三过家门而不入
	三皇五帝	三皇通常指：燧人氏、伏羲氏、神农氏 【提示】 1. 燧人氏，他的事迹与"火"有关，他教先民"钻木取火"。 2. 伏羲氏，相传是人首蛇身，是中国医药鼻祖之一。 3. 神农氏，事迹与"农业"有关，被尊为中国农业之神。
		五帝通常指：黄帝、颛顼、帝喾、尧、舜

【真题链接】

【例1】下列选项中，被后世尊为我国农耕和医药始祖的是（　　）。（2015年上·幼儿园）
A. 神农氏　　B. 伏羲氏　　C. 燧人氏　　D. 有巢氏
【答案】A。
【解析】有巢氏，生活在距今约几十万年前的旧石器时代早期，开创了巢居文明，相传有巢氏是人类原始巢居的发明者、巢居文明的开拓者。

2. 奴隶社会

表4—5 奴隶社会概况

朝代		概况
夏		我国历史上第一个奴隶制国家，标志着我国早期国家的产生；禹去世后，其子启继承父位，从此，"世袭制"代替了"禅让制"，"家天下"局面形成
商		商朝建都于亳（今河南商丘），后盘庚迁都于殷，后人也称殷商
周	西周	武王伐纣，武王建立周朝，定都镐，又称镐京，史称西周
		烽火戏诸侯，周幽王为博宠爱一笑，点燃烽火，三戏诸侯
	东周	春秋五霸，分别指齐桓公、晋文公、秦穆公（也作秦缪公）、宋襄公和楚庄王
		退避三舍，晋公文与楚成王争夺中原霸权，展开了城濮之战。城濮之战是我国历史上最早的记载详细的战例，也是诱敌深入战术的典范（晋楚城濮之战）
		卧薪尝胆，吴王夫差俘虏越王勾践。勾践卧薪尝胆，"十年生聚，十年教训"，最终灭掉吴国（其他人物：伍子胥、范蠡）
		【提示】富商范蠡在辅佐勾践灭吴后，携美人西施离开越国，后给越国大夫文种写了一封信："狡兔死，走狗烹；飞鸟尽，良弓藏。"与此句相关的另外一个人物是西汉的韩信，韩信辅佐刘邦建立西汉以后，被吕后所杀
		战国七雄，一般指齐、楚、燕、赵、韩、魏、秦。 【提示】诸侯国灭亡的先后顺序是：韩、赵、魏、楚、燕、齐。
		围魏救赵，魏国庞涓包围赵都邯郸，赵求于齐，齐国孙膑趁魏国空虚，直捣魏都大梁。最后，魏国撤军
		纸上谈兵，指的是秦、赵之间发生的长平之战。赵国名将赵奢之子赵括替廉颇出战，只会纸上谈兵，不懂变通，最后为秦军所败
		图穷匕见，指的是荆轲刺秦王事件。荆轲有诗句"风萧萧兮易水寒，壮士一去兮不复还"

【提示】

1.历史朝代歌中讲"东周分两段，春秋与战国"。意思是说，东周分为两部分，前一部分叫春秋时期，后一部分叫战国时期。"春秋"是因鲁国编年史《春秋》而得名，相传《春秋》为孔子修订（学界有争议）。"战国"得名有两个原因，一是因为这一时期各国纷争，战乱不断，二是因西汉刘向所编注的《战国策》。

2.春秋战国时期也是诸子百家争鸣时期，主要派别及代表人物如下：

儒家：孔子（核心思想"仁""礼"）和孟子（主张"民贵君轻"，认为"人性善"），荀子是先秦最后一位儒学大师，主张人性恶，人需要后天的学习才能养成良好的品行，有《劝学》。

道家：老子和庄子，有"老庄哲学"之称。

法家：商鞅（商鞅在秦孝公时，主持变法，促使秦国革新图强，因封于卫，也称卫鞅），韩非子（荀子学生）。

墨家：墨子，主张"兼爱""非攻"。

【真题链接】

【例2】春秋五霸中，最先称霸的是（　　）。（2015年下·中学）

A.秦穆公　　　　B.晋文公　　　　C.齐桓公　　　　D.楚庄王

【答案】C。

【解析】"春秋五霸"的称霸先后顺序：齐桓公、晋文公、秦穆公（也作秦缪公）、宋襄公和楚庄王。

【例3】战国时代有七个强大的诸侯国争雄称霸，史称"战国七雄"。下列选项中，不属于"战国七雄"的是（　　）。（2016年上·中学）

A.齐国　　　　B.鲁国　　　　C.楚国　　　　D.秦国

【答案】B。

3.封建社会

（1）秦朝（公元前221年—公元前206年）

表4—6 秦朝主要史实及介绍

事件	概况
统一六国	秦始皇嬴政，建立起我国历史上第一个统一的多民族中央集权的封建国家，定都陕西咸阳 【提示】与统一有关的事件：车同轨、书同文（文指文字，统一六国文字为小篆）、统一货币和度量衡（度，指长度；量，指容量；衡，指重量）。
焚书坑儒	秦始皇接受李斯建议，加强思想控制，进行"焚书坑儒"
陈胜起义	陈胜、吴广在大泽乡起义，反对秦国暴政，是我国第一次大规模的农民起义
巨鹿之战	项羽率楚军，与秦军主力进行决战，是我国历史上著名的以少胜多的战役之一
【提示】与刘邦、项羽有关的成语或故事： 破釜沉舟、衣锦还乡、鸿门宴（项庄舞剑，意在沛公；人为刀俎，我为鱼肉）、楚河汉界（中国象棋的由来）、垓下之围、四面楚歌、霸王别姬、乌江自刎。	

【真题链接】

【例4】中国历史上第一个统一的多民族中央集权国家的都城是（　　）。（2014年上·幼儿园）
A.河南安阳　　　B.河南洛阳　　　C.陕西咸阳　　　D.陕西西安
【答案】C。

【例5】秦统一六国的过程中，最后灭亡的诸侯国是（　　）。（2014年下·幼儿园）
A.赵　　　　　　B.燕　　　　　　C.韩　　　　　　D.齐
【答案】D。
【解析】秦灭六国的顺序为韩、赵、魏、楚、燕、齐。

【例6】度量衡是中国历史上对计量的称谓，其中的衡计量的是（　　）。（2014年上·幼儿园）
A.长度　　　　　B.重量　　　　　C.容量　　　　　D.面积
【答案】B。

【例7】秦始皇派遣主持修长城的将领是（　　）。（2014年上·幼儿园）
A.白起　　　　　B.蒙恬　　　　　C.章邯　　　　　D.王翦
【答案】B。
【解析】贾谊《过秦论》：乃使蒙恬北筑长城而守藩篱，却匈奴七百余里。胡人不敢南下而牧马，士不敢弯弓而报怨。

（2）汉朝（公元前202年—公元220年）（西汉都长安，东汉都洛阳）

表4—7 汉朝主要史实及介绍

主要史实	概况
楚汉之争	指的是项羽和刘邦为争夺农民起义的成果而进行的战争
文景之治	指的是汉文帝和汉景帝时期，重视"以德化民"，社会安定，史称"文景之治"
独尊儒术	汉武帝刘彻接受董仲舒建议，"罢黜百家，独尊儒术"
丝绸之路	武帝时，张骞两次出使西域，分别是公元前138年和公元前119年，开辟了通往西域的丝绸之路

续表

主要史实	概况
战争名将	飞将李广,出自"但使龙城飞将在,不教胡马度阴山"; 霍去病,有名言"匈奴未灭,何以家为"
光武中兴	光武帝刘秀,重建汉室,恢复社会各方面发展,史称"光武中兴"

（3）三国时期（公元220年—280年）

①三大战役：曹袁官渡之战、孙曹赤壁之战、孙刘夷陵之战。

②三国鼎立，指的是魏（曹）、蜀（刘）、吴（孙）三方鼎立。

【知识链接】

常见的历史典故总结

1. 烽火戏诸侯——周幽王

2. 韦编三绝——孔子

3. 一鼓作气——曹刿

4. 围魏救赵——孙膑

5. 卧薪尝胆——勾践

6. 纸上谈兵——赵括

7. 负荆请罪——廉颇

8. 完璧归赵——蔺相如

9. 图穷匕见——荆轲

10. 悬梁刺股——苏秦

11. 焚书坑儒——秦始皇

12. 揭竿而起——陈胜、吴广（燕雀安知鸿鹄之志，出自《史记·陈涉世家》）

13. 四面楚歌、垓下之围、霸王别姬、破釜沉舟、无颜见江东父老——项羽

14. 背水一战、十面埋伏、胯下之辱——韩信

15. 鸿雁传书、苏武牧羊——苏武

16. 投笔从戎——班超

17. 指鹿为马——赵高

18. 手不释卷、士别三日、刮目相看、吴下阿蒙——吕蒙

19. 望梅止渴、老骥伏枥——曹操

20. 才高八斗——谢灵运评价曹植

21. 三顾茅庐——刘备

22. 乐不思蜀——刘禅

23. 初出茅庐；未出茅庐，便知天下三分；鞠躬尽瘁；隆中对策——诸葛亮

24. 赔了夫人又折兵——周瑜

25. 桃园三结义——刘备、关羽、张飞

26. 高山流水——俞伯牙、钟子期

27. 闻鸡起舞——祖逖
28. 力透纸背——颜真卿
29. 桃李满天下——狄仁杰
30. 黄袍加身——赵匡胤
31. 岳母刺字——岳飞

【真题链接】

【例8】下列历史故事，与秦始皇有关的是（　　）。（2016年下·中学）
A. 图穷匕见　　　　B. 指鹿为马　　　　C. 望梅止渴　　　　D. 三顾茅庐
【答案】A。

【例9】下列成语中，源于"荆轲刺秦王"的是（　　）。（2014年下·中学）
A. 四面楚歌　　　　B. 投笔从戎　　　　C. 图穷匕见　　　　D. 完璧归赵
【答案】C。

【例10】下列历史故事，与曹操有关的是（　　）。（2017年上·中学）
A. 破釜沉舟　　　　B. 望梅止渴　　　　C. 三顾茅庐　　　　D. 草木皆兵
【答案】B。
【解析】"望梅止渴"出自南朝刘义庆《世说新语·假谲》："魏武行役，失汲道，军皆渴，乃令曰：'前有大梅林，饶子，甘酸可以解渴。'士卒闻之，口皆出水，乘此得及前源。"

【例11】下列人物中，被誉为"飞将军"的我国古代名将是（　　）。（2013年上·小学）
A. 李广　　　　B. 周亚夫　　　　C. 霍去病　　　　D. 蒙恬
【答案】A。
【拓展】王昌龄《出塞》：但使龙城飞将在，不教胡马度阴山。"飞将"指的就是飞将军李广。

（4）晋（西晋和东晋）（公元266年—420年）

表4—8　晋朝主要史实

时期	史实及介绍
西晋	公元266年，司马炎（司马懿之孙）篡夺皇位，建立晋朝，定都洛阳，史称"西晋"
东晋	淝水之战，以少胜多战役。（成语：风声鹤唳、草木皆兵）

（5）南北朝时期（公元420年—589年）

表4—9　魏晋南北朝主要史实

时期	史实及介绍
南朝	东晋大将刘裕自立为帝，国号"宋"，东晋时期结束。南方先后经历了宋、齐、梁、陈四个王朝，史称"南朝"
北朝	北魏和后来的东魏、西魏、北齐、北周，统称为"北朝"

（6）隋朝（公元 581 年—618 年）

表 4—10　隋朝主要史实及介绍

史实	介绍
开皇之治	指的是隋文帝时期
科举诞生	隋文帝时开始分科考试，选拔官员。隋炀帝时正式设置进士科，按考试成绩选拔人才。科举制度正式诞生
开通大运河	隋炀帝时期，开凿了贯通南北的大运河。大运河以洛阳为中心，北至涿郡，南至余杭，是古代世界最长的运河
三省六部制	隋朝确立，唐朝完善 【提示】三省指中书省（最高行政机构）、门下省（审议机构）、尚书省（决策机构），六部指尚书省下属的吏部（掌管吏政，负责官吏的考核）、户部（掌管财政）、礼部（掌管学政，负责祭祀、典礼、文化、教育工作）、兵部（掌管军政）、刑部（掌管刑狱，负责司法工作）、工部（掌管工政，负责工程建设）

【真题链接】

【例 12】中国古代三省六部制中"户部"的职能是（　　）。（2015 年上·中学）

A．掌管吏政　　　　B．掌管财政　　　　C．掌管军政　　　　D．掌管学政

【答案】B。

（7）唐朝（公元 618 年—907 年）

表 4—11　唐朝主要史实及介绍

史实	介绍
玄武门之变	公元 626 年，李世民发动玄武门之变，唐高祖李渊被迫退位。李世民继位，史称"唐太宗"，年号贞观
贞观之治	唐太宗知人善用，厉行节约，社会稳定，政治清明，史称"贞观之治" 【提示】 1. 李世民："以铜为镜，可以正衣冠；以史为镜，可以知兴替；以人为镜，可以明得失。朕常保此三镜，以防己过。今魏徵殂逝，遂亡一镜矣！" 2. 文成公主入藏和亲嫁于松赞干布是在贞观时期，对汉藏友谊作出了贡献。
女皇武帝	武则天是我国历史上唯一的女皇帝，她的统治被称为"政启开元，治宏贞观"
开元盛世	唐玄宗（李隆基）开元年间，政治清明，国力昌盛，史称"开元盛世"
安史之乱	叛乱者是安禄山和史思明，由于发生在天宝年间，也称天宝之乱。唐从此由盛而衰，它造成了唐代藩镇割据

【真题链接】

【例 13】文成公主入藏和亲嫁于松赞干布，这一历史事件发生的朝代是（　　）。（2015 年下·幼儿园）

A．汉朝　　　　B．隋朝　　　　C．唐朝　　　　D．宋朝

【答案】C。

（8）五代十国时期（公元 907 年—960 年）

陈桥兵变：公元 960 年，后周大将赵匡胤（宋太祖），在东京（今天开封）东北部的陈桥驿发动兵变，他的部下将一件黄袍披在赵匡胤身上，拥立他为皇帝，因此称作"黄袍加身"。后，赵匡胤废去后周皇帝，建立宋朝，定都东京，史称北宋。

【真题链接】

【例14】下列成语中，源于赵匡胤陈桥兵变故事的是（　　）。（2014年上·中学）

A．黄袍加身　　　　B．祸起萧墙　　　　C．破釜沉舟　　　　D．闻鸡起舞

【答案】A。

（9）宋朝（公元960年—1276年）

表4—12　宋朝主要史实及介绍

历史事件	介绍
杯酒释兵权	宋太祖赵匡胤为加强中央集权，防止出现分裂局面，以高官厚禄为条件，解除将领兵权。因为这件事情发生在酒席上，史称"杯酒释兵权"
王安石变法	宋神宗任命王安石为参知政事，主持变法，是商鞅变法之后的又一次大规模社会革新运动
靖康之变	1127年，金统治者俘获宋徽宗和宋钦宗，北宋灭亡，史称"靖康（宋钦宗年号）之变"
郾城之战	宋金战役，岳飞被秦桧以"莫须有"的罪名，在杭州大理寺风波亭被赐死

【知识链接】

中国历史上的重要变法

1.春秋时期——管仲改革

管仲改革又称管仲变法。管仲，名夷吾，字仲，也称"管子、管夷吾、管敬仲"。管仲在齐桓公支持下，大兴改革，富国强兵，重视商业。

2.战国时期

（1）李悝变法

李悝变法指战国时期魏国的魏文侯当政时，任用李悝为相，进行变法改革。李悝在魏国的变法，是中国变法之始，在中国历史上产生了深远的影响，后来著名的商鞅变法、吴起变法等，无不受到李悝变法的影响。

（2）吴起变法

楚悼王当政时，任命吴起为令尹，对楚国政治、法律、军事等实行改革的变法运动。

（3）商鞅变法

商鞅深得秦孝公的信任，他为了使秦国富国强兵，建立统一的封建帝国，先后推行了两次以"农战"和"法治"为中心的变法活动。商鞅变法是我国历史上一场比较深刻的社会变革，有力地打击了旧的世卿世禄制和旧的生产关系，使落后的秦国一跃而为压倒六国的一等强国，并为后来秦始皇统一中国奠定了坚实的基础。

3.宋朝——王安石变法

宋神宗时期，王安石发动的旨在改变北宋建国以来积贫积弱局面的一场社会改革运动。变法自熙宁二年开始，至元丰八年宋神宗去世结束，故亦称熙宁变法、熙丰变法。

4.明朝——张居正变法

明朝万历年间，内阁首辅张居正为挽救明王朝，缓和社会矛盾，在政治、经济、国防等各方面进行的改革。

5.清朝——戊戌变法

1895年4月，清朝与日本签订《马关条约》，康有为、梁启超等在北京应试的多名举人联名上书光绪皇帝，

又称"公车上书",揭开了维新变法的序幕。

(10)元朝(公元1206年—1368年)

成吉思汗之孙忽必烈即汗位,于1271年定国号为元,次年定都大都(今北京)。

(11)明朝(公元1368年—1644年)

郑和下西洋:1405—1433年间,郑和七次出使西洋,促进了中国和亚非各国的经济、文化交流,加强了与亚非各国的友好关系。

(12)清朝(公元1636年—1912年)

表4—13 清朝主要史实及介绍

历史事件	介绍
清朝建立	1616年,建州女真部首领努尔哈赤建立后金。1636年,皇太极改国号为大清
收复台湾	郑成功于1661—1662年初,迫使荷兰殖民者投降,收复台湾
唐乾盛世	康熙帝平定三藩(云南平西王吴三桂、广东平南王尚可喜、福建靖南王耿精忠),开启清朝前期盛世的统治局面,也称"康雍乾盛世"
虎门销烟	1839年,林则徐将缴获的鸦片在虎门销毁

(二)近代部分(公元1840——1949年)

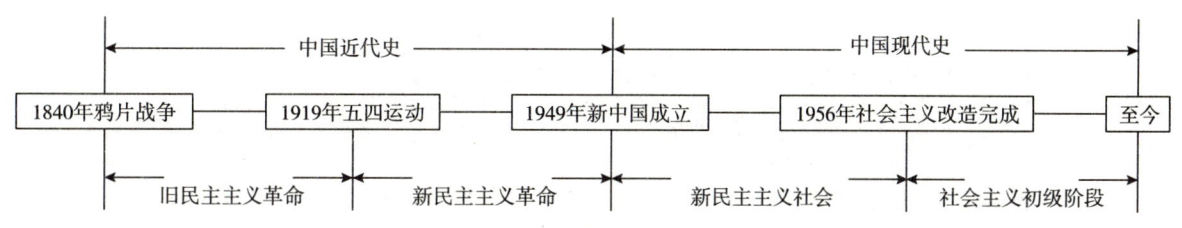

图4—1 中国近现代史分期

1.旧民主主义革命时期

(1)清政府与外国列强签订的主要不平等条约

表4—14 清政府与列强之间的主要战争及签订的不平等条约

时间	战争	签订的条约及主要内容
1840年	第一次鸦片战争(近代史开端)	中英《江宁条约》(即《南京条约》,割让香港岛给英国);中美《望厦条约》(导火索是1839年林则徐的虎门销烟)
1856年	第二次鸦片战争	《北京条约》《天津条约》
1894年	甲午战争	1895年签订《马关条约》,割让辽东半岛、台湾全岛及澎湖列岛等
1900年	八国联军侵华	1901年签订《辛丑条约》,中国完全沦为半殖民地半封建社会

【知识链接】

中华民族争取独立、抵御外侮的斗争

1. 1841年5月,广州三元里人民起义,与英国侵略者展开激烈战斗。这是我国近代史上第一次大规模的反侵略武装斗争。

2. 1884年,中法战争时期,香港工人罢工,拒修法国舰艇。

3. 1900年,义和团和部分清军与八国联军进行殊死搏斗。

4. 反侵略斗争中牺牲的爱国官兵:

1841年，广东水师提督关天培战死虎门；

1842年，江南提督陈化成在吴淞西炮台以身殉国，副都统海龄（满族）在镇江战死疆场；

第二次鸦片战争期间，1859年6月，英法联军进攻大沽炮台，提督史荣椿、乐善（蒙古族）战死；

中法战争期间，1884年台湾事务大臣刘铭传击退法舰，1885年冯子材率领清军击败法军，取得镇南关大捷；

甲午战争期间，左宝贵战死平壤，致远舰管带邓世昌、经远舰管带林永升牺牲，北洋舰统帅丁汝昌、定远舰管带刘步蟾在威海卫以身殉国。

【真题链接】

【例15】下列朝代中，"义和团"运动发生在（　　）。（2013年下·幼儿园）

A. 清代　　　　B. 元代　　　　C. 宋代　　　　D. 明代

【答案】A。

（2）早期对国家出路的初步探索

表4-15　早期对国家出路探索的主要史实及介绍

史实	介绍
民族意识觉醒	林则徐：近代中国睁眼看世界的第一人，组织翻译《地理大全》《四洲志》； 1843年，魏源在《四洲志》基础上编写了《海国图志》，提出"师夷长技以制夷"的思想； 1895年，严复在《救亡决论》一文中提出"救亡"口号，他还翻译了《天演论》，用"物竞天择""适者生存"的思想激发国民危机意识和民族意识
太平天国运动	1851年，洪秀全在广西金田村发动起义，建号太平天国。后占领南京，改南京为天京，定为都城
	前期：《天朝田亩制度》是一个以解决土地问题为中心的比较完整的社会改革方案 【提示】"凡天下田，天下人同耕"的平均思想，出自《天朝田亩制度》。
	后期：干王洪仁玕提出的《资政新篇》是一个带有资本主义色彩的改革与建设方案
洋务运动	前期提出要"自强"，发展军事工业。后期提出要"求富"，发展民用工业 【提示】四大兵工企业：沪局，也叫上海江南制造总局，由曾国藩支持、李鸿章筹建，是洋务派创办的第一个规模较大可称之为近代军事工业的兵工厂；宁局，李鸿章在南京设立的金陵机器局；闽局，左宗棠在福建创办的马尾船政局；津局，崇厚创办的天津机器局。
	代表人物：恭亲王奕䜣、李鸿章、曾国藩、左宗棠、张之洞（思想：中学为体，西学为用）等
戊戌运动	1898年，由康有为、梁启超、戊戌六君子等人参与，历时103天，史称百日维新
	结果：慈禧太后囚禁光绪帝，谭嗣同等六君子被杀害，运动失败

【真题链接】

【例16】下列近代著名历史人物中，属于洋务运动代表人物的是（　　）。（2015年下·中学）

A. 康有为　　　B. 梁启超　　　C. 张之洞　　　D. 章炳麟

【答案】C。

【解析】"洋务运动"和"戊戌运动"是易混点，学习的时候应当抓住这两个运动的性质。"洋务运动"是地主阶级为了维护自己的统治所进行的自救运动，所以代表人物都是朝廷的官员，如张之洞。而"戊戌运动"是一批知识分子倡导的运动，所以代表人物多是读书人，如康有为和梁启超。

（3）辛亥革命

表 4—16　辛亥革命基本概况

前期	1894 年，孙中山在檀香山组织革命团体"兴中会"
	1905 年，孙中山建立中国同盟会，提出"民族""民权""民生"三民主义纲领
开端	武昌起义：1911 年 10 月 10 日，起义胜利，逐步使清王朝走向灭亡
结果	孙中山就任临时大总统，1912 年清帝退位，清王朝灭亡。之后，革命果实落入袁世凯之手
意义	近代中国比较完全意义上的资产阶级民主革命

【真题链接】

【例 17】下列选项中，一举推翻清王朝统治的历史事件是（　　）。（2013 年下·幼儿园）
A.金田起义　　　　　B.戊戌变法　　　　　C.辛亥革命　　　　　D.五四运动
【答案】C。

2.新民主主义革命时期

表 4—17　新民主主义革命时期主要史实及介绍

主要史实	介绍
新文化运动	1915 年，以陈独秀创办的《新青年》（原名《青年杂志》）杂志为标志，口号是"民主"与"科学"，也称为"德先生"和"赛先生"
五四运动	时间：1919 年 5 月 4 日，以北京青年学生为主的爱国民主运动
	意义：新民主主义革命的开端，中国从旧民主主义革命到新民主主义革命的转折点 【提示】新旧不同，主要是领导阶级不同，新民主主义革命是无产阶级领导。
中共一大	1921 年 7 月在上海召开，选举陈独秀为中央局书记，标志着中国共产党正式诞生
第一次国共合作	时间：1924 年，国民党一大在广州召开，标志着第一次国共合作正式形成
	政治基础：新三民主义（联俄、联共、扶助工农）
国民革命	时间：1926—1927 年，也称北伐战争
	目的：推翻北洋军阀统治，主要是推翻吴佩孚、孙传芳、张作霖三大军阀
南昌起义	时间：1927 年 8 月 1 日（八一南昌起义）
	意义：打响了武装反抗国民党反动统治的第一枪
秋收起义	1927 年 9 月，毛泽东领导的工农革命军，在湘赣边界发起秋收起义
井冈山根据地	1927 年 10 月，毛泽东率经"三湾改编"后的秋收起义部队到达宁冈，先后在宁冈、永新、茶陵、遂川等县恢复和建立了党组织，发展武装力量，建立红色政权，实行工农武装割据，创立了党领导下的第一个农村革命根据地
红军长征	1934 年 10 月至 1936 年 10 月进行的战略撤退和转移
遵义会议	中国革命生死攸关的转折点，确立了毛泽东的领导地位
抗日战争	九一八事变：也称沈阳事变，1931 年 9 月 18 日，按此计算中国抗日一共 14 年
	西安事变：1936 年 12 月 12 日，张学良、杨虎城等逼蒋抗日。最后和平解决，标志着国共第二次合作的开始
	卢沟桥事变：1937 年 7 月 7 日，标志着中国人民全面抗战的开始
	南京大屠杀：1937 年 12 月，日军占领南京，屠杀手无寸铁的中国人民达 30 多万 【提示】为纪念在南京大屠杀中死去的中国人民，2014 年 12 月 13 日是我国首个国家公祭日。
	胜利：1945 年 8 月 15 日，日本天皇宣布无条件投降。抗战胜利纪念日为 9 月 3 日 【提示】抗战期间，国共合作，形成了以国民党为主的正面战场和以共产党为主的敌后战场。两大战场相互配合，正面战场的重大战役有李宗仁领导的台儿庄大捷，敌后战场的重大战役有彭德怀领导的百团大战。
重庆和谈	1945 年 10 月 10 日，国共双方签署《双十协定》
三大战役	1948 年 9 月至 1949 年 1 月，中国人民解放军与国民党军队进行了辽沈、淮海、平津三大战役

【真题链接】

【例18】揭开中日全面战争序幕的是（　　）。（2013年上·中学）
A.九一八事变　　　　B.淞沪会战　　　　C.七七事变　　　　D.华北事变
【答案】C。

【例19】下列选项中，又称为"沈阳事变"的是（　　）。（2015年上·中学）
A.一·二八事变　　　B.七七事变　　　　C.八一三事变　　　D.九一八事变
【答案】D。

【例20】1945年秋，国共两党重庆谈判主要成果是（　　）。（2015年下·中学）
A.签署了《双十协定》　　　　　　　　B.通过了《和平建国纲领》
C.通过了《共同纲领》　　　　　　　　D.制定了《中国土地法大纲》
【答案】A。

【例21】2014年12月13日是我国首个国家公祭日，与这一祭日直接相关的惨案发生的时间地点是（　　）。（2016年上·幼儿园）
A.1931年沈阳　　　B.1937年南京　　　C.1937年北京　　　D.1938年武汉
【答案】B。

二、世界历史部分

（一）古代史部分

表4—18　世界古代历史中的主要国家及概况

主要国家		国家概况
四大文明古国	古中国	见中国历史部分
	古埃及	世界上最早的奴隶制国家，位于尼罗河下游，有象征权力的金字塔。古埃及国王称为"法老"
	古巴比伦	"空中花园"（今已不存），被称为世界七大奇迹；《汉谟拉比法典》是人类历史上第一部比较完备的成文法典
	古印度	公元前6世纪，乔达摩·悉达多（释迦牟尼）创立了佛教；古印度人发明了0—9数字 【提示】阿拉伯数字是由古印度人发明，后由阿拉伯人传向欧洲
希波战争		希波战争指的是古波斯帝国三次入侵古希腊的战争。其中马拉松长跑就起源于第一次希波战争中的马拉松战役
亚历山大帝国		希波战争以后，波斯帝国衰落，希腊开始兴盛，但希腊内部发生了分裂。北方的马其顿王腓力二世征服了希腊，其子即是亚历山大大帝，建立了著名的亚历山大帝国
古罗马帝国		建立：公元前753年，罗马城建立。公元前30年，屋大维夺取国家最高权力，被授予"奥古斯都"称号，罗马帝国建立 法典：《十二铜表法》，古罗马第一部成文法典，是罗马法体系的渊源 分裂：公元395年，帝国分裂。东罗马以君士坦丁堡为都（东罗马帝国也称拜占庭帝国），西罗马仍以罗马为都城

续表

主要国家	国家概况
法兰克王国	查理在位时达到全盛，也称"查理曼帝国"。此后他的三个孙子将帝国三分，即后来的法（西法兰克王国）、德（东法兰克王国，也称德意志）、意（中法兰克王国） 【提示】法国诺曼底时期与英国金雀花王朝（安茹王朝），曾进行了世界上历时最长的战争，前后持续约116年，即著名的英法百年战争。战争期间，法国"圣女"贞德带领法国军队抵抗英国入侵，最后被捕，被法国人民视为民族英雄。

【真题链接】

【例22】公元395年，罗马帝国分裂为东西两部分，其中东罗马帝国地处亚非欧交界处，延续了千年之久。东罗马帝国的首都是（　　）。（2018年上·中学）

A. 罗马　　　　　B. 安条克　　　　　C. 大马士革　　　　　D. 君士坦丁堡

【答案】D。

【例23】古代社会中，对国王的称谓有很多，下列选项中，把国王尊称为"法老"的是（　　）。（2017年上·幼儿园）

A. 古希腊　　　　B. 古罗马　　　　　C. 古印度　　　　　D. 古埃及

【答案】D。

【例24】贞德是法国历史上著名的民族英雄，被后人赞颂为"圣女"。她曾率领法国军队对抗外国入侵，并多次打败侵略者。该事件发生的时期是（　　）。（2017年下·中学）

A. 普法战争期间　　　　　　　　　　B. 英法百年战争时期
C. 第一次世界大战时期　　　　　　　D. 欧洲三十年战争时期

【答案】B。

（二）近代史部分

1. 启蒙运动

表4—19　启蒙运动的主要代表人物及思想主张

代表人物	思想主张
孟德斯鸠	提出"三权分立"学说，著有《论法的精神》，认为法律应当体现理性
伏尔泰	主张天赋人权，认为人生来就是自由和平等的，法律面前人人平等
卢梭	著有《社会契约论》，提倡社会契约理论
康德	认为人应该是独立思考的主体，"人非工具"，相信主权属于人民

2. 主要历史事件及简介

表4—20　外国近代史中的主要史实及介绍

主要事件	事件简介
美国独立战争	1775年，独立战争开始。1776年《独立宣言》（杰斐逊起草）发表，美国诞生。1783年，英美签订《巴黎和约》，英国承认美国独立
第一次工业革命	也称产业革命，1785年，瓦特改良蒸汽机，标志着工业革命正式开始

续表

主要事件	事件简介
法国大革命	指的是1789年的法国资产阶级革命。序幕是1789年7月14日（法国国庆日），革命群众攻占巴士底狱（象征专制权力），同年《人权宣言》颁布。（以重要的历史事件定为国庆日）
滑铁卢事件	1815年，拿破仑率领法军与英国、普鲁士激战，法军惨败
法国二月革命	1848年，爆发"二月革命"，推翻七月王朝，建立法兰西第二共和国
共产党宣言	1848年2月在伦敦问世，标志着科学社会主义诞生
日本明治维新	日本明治天皇在19世纪60年代以后，进行的自上而下的改革
第二次工业革命	从19世纪70年代开始，以电力的广泛使用为主要标志
巴黎公社	1871年3月18日，法国革命，28日建立第一个无产阶级政府巴黎公社

【真题链接】

【例25】1848年，法国爆发的"二月革命"，推翻了"七月王朝"，重新建立了共和国，该共和国的名称是（　　）。（2016年下·中学）

A. 法兰西第二共和国　　　　B. 法兰西第三共和国

C. 法兰西第四共和国　　　　D. 法兰西第五共和国

【答案】A。

（三）现代史部分

表4—21　外国现代史中的主要史实及介绍

主要事件	事件介绍
第一次世界大战	时间：1914—1918年，双方：同盟国（德、奥、意）和协约国（英、法、俄）
俄国十月革命	列宁领导，1917年11月7日，建立人类历史上第一个社会主义国家
凡尔赛和约	1918年德国投降，一战结束，协约国胜利 1919年，协约国在巴黎召开缔结和约会议时签订 【提示】《凡尔赛和约》规定将德国在中国山东的利益转让给日本，这一事件成为五四运动的导火索。最终，五四运动胜利，中国北洋军阀政府拒绝在和约上签字。
第二次世界大战	时间：1939—1945年 重要战争：1939年，德国偷袭波兰，二战全面爆发； 1941年，日本偷袭美国珍珠港，太平洋战争爆发； 1942年，中途岛战役，二战亚洲战场的重要转折； 1943年，斯大林格勒战役，成为二战欧洲战场重要转折点； 1943年，中、美、英三国首脑在埃及开罗举行会议，通过《开罗宣言》； 1945年，德、日宣布投降，二战结束。 【提示】《开罗宣言》声明：日本窃取中国的满洲（中国东北）、台湾、澎湖列岛等领土，应当全部归还中国。
联合国建立	1945年，《联合国宪章》签订并生效，标志着联合国正式成立。安理会五大常任理事国：中国、俄国、美国、英国、法国
第三次工业革命	20世纪四五十年代，以电子计算机的发明和使用为主要标志

第四节　文学常识

【考点梳理】

一、中国文学部分

（一）古代部分

1. 神话的类型及其代表作品

表4—22　我国神话的类型及代表神话

创世神话	自然灾害神话	战争神话
主要是初民对天地开辟和人类诞生的解释，代表神话：盘古开天辟地和女娲造人	反映了原始人类遭受自然灾害的经历，代表神话：女娲炼石补天、后羿射日、鲧禹治水等	反映了初民对部族英雄的由衷赞美和惩恶扬善的愿望，代表神话：黄帝战蚩尤

2.《诗经》文学

表4—23　《诗经》文学的基本概况

概述	《诗经》是我国第一部诗歌总集，开创了中国诗歌现实主义的源头，收录了西周初年到春秋中叶的诗歌共305篇（所以也称《诗三百》），包括国风160篇、小雅74篇、大雅31篇、颂40篇。小雅中另有6篇"笙诗"，不在305之数
收集	采诗说：是关于《诗经》结集方式的一种说法，最早由汉代学者提出。持此说法的学者认为我国上古有自上而下的诗歌采集制度，采诗官到民间采诗，将之献于朝廷以使国君了解民情
	献诗说：《国语·周语上》："故天子听政，使公卿至于列士献诗，瞽献曲，史献书，师箴，瞍赋，矇诵，百工谏，庶人传语，近臣尽规，亲戚补察，瞽史教诲，耆艾修之，而后王斟酌焉。"
编订	汉代有"孔子删诗"的说法。司马迁首发此说："古者诗三千余篇，及至孔子，去其重……（成）三百五篇，孔子皆弦歌之。"
诗六义	指的是《诗经》所用的音乐"风、雅、颂"和表现手法"赋、比、兴" 【提示】"风、雅、颂"一般认为是所用音乐的不同："风"是各地不同的音乐；"雅"是正声，是王朝京畿地区的音乐；"颂"是宗庙祭祀用的舞曲。 "赋、比、兴"是《诗经》的表现手法，朱熹解释道："赋者，敷陈其事而直言之也。比者，以彼物比此物也。兴者，先言他物以引起所咏之辞也。"

3. 先秦历史散文

表4—24　先秦历史散文的主要作品及介绍

作品	介绍
《尚书》	我国最早的一部历史文集，孔子编纂并作序（汉书·艺文志），佶屈聱牙 【拓展】四书：《大学》《中庸》《论语》《孟子》；五经：《诗》《书》《礼》《易》《春秋》
《春秋》	鲁国的编年史（我国最早的一部编年史），孔子修订。以严谨的书法和微言大义（即春秋笔法），暗寓褒贬
《左传》	1. 全称《春秋左氏传》，又名《左氏春秋》《古文春秋左氏传》等，是我国第一部叙事详尽的编年史，《左传》记事详赡生动
	2.《左传》与《春秋公羊传》《春秋谷梁传》，合称"《春秋》三传"
《国语》	第一部国别史，它以记言为主，全书共21卷
《战国策》	刘向整理，33篇，记事起于战国初年，止于秦灭六国 【提示】出自《战国策》的典故与寓言：狡兔三窟、唇亡齿寒、驱群羊攻猛虎、抱薪救火、危于累卵、狐假虎威、鹬蚌相争、画蛇添足、南辕北辙、惊弓之鸟。

171

> 【真题链接】
>
> 【例1】我国第一部编年体史书是（　　）。（2013年上·中学）
> A.《史记》　　　　B.《春秋》　　　　C.《资治通鉴》　　　　D.《论语》
> 【答案】B。
>
> 【例2】下列人物中，相传曾整理《诗》《书》等古代典籍，并删修《春秋》的是（　　）。（2015年下·小学）
> A.孔子　　　　B.老子　　　　C.孟子　　　　D.荀子
> 【答案】A。
> 【解析】《诗》指的就是《诗经》，相传有"孔子删《诗》"说，《春秋》是鲁国的编年史，相传是孔子编订的。

4. 诸子百家散文

（1）三个发展阶段

表4—25　先秦诸子散文发展概况

时期	发展情况及代表作品	作品特点
春秋末至战国初	萌芽期，以《论语》《老子》和《墨子》为代表	《论语》多为简短的语录 《老子》辞约义富 《墨子》渐有论说文的基本规模
战国中期	发展期，以《孟子》和《庄子》为代表	摆脱语录体，往往长篇大论
战国后期	成熟期，以《荀子》和《韩非子》为代表	论题集中，逻辑严密，是先秦说理文的高峰

（2）主要作品

表4—26　先秦诸子散文的代表作品及介绍

作品	作者及简介
《论语》	语录体，作者是孔子（春秋时鲁国人、儒家代表）及其弟子，核心思想是"仁"
《老子》	作者老子，姓李名耳，道家代表人物，主张"清静无为""天人合一"的思想
《墨子》	作者墨子，名翟，主张"兼爱""非攻"
《孟子》	作者孟子，名轲，又称"亚圣"，主张"民贵君轻"思想，认为人性善 【提示】出自《孟子》的寓言：五十步笑百步、揠苗助长、齐人乞墦、楚人学齐语、弈秋诲弈等。
《庄子》	作者庄子，名周，《庄子》中有名篇《逍遥游》《秋水》。《庄子》在哲学、文学上都有较高价值，唐代以后，人们尊称这是《南华真经》 【提示】出自《庄子》的寓言：庄周梦蝶、庖丁解牛、螳臂当车等。
《荀子》	作者荀子是先秦最后一位儒家大师，主张人性恶，《劝学篇》出自《荀子》
《韩非子》	作者韩非子是法家代表人物，先秦诸子著作中使用寓言最多的是《韩非子》 出自《韩非子》的寓言故事：自相矛盾、滥竽充数、中饱私囊、进退维谷、舍近求远、恶贯满盈、一鸣惊人、有的放矢、唯才是举、唇亡齿寒、螳螂捕蝉、买椟还珠、老马识途等。

【真题链接】

【例3】 通常认为《庄子》为战国中期庄子及其后学所著,在哲学、文学上都有较高价值,唐代以后,人们尊称这是（　　）。（2017年上·幼儿园）

A.《南华真经》　　　　B.《无量寿经》　　　　C.《道德经》　　　　D.《华严经》

【答案】 A。

【解析】《庄子》又名《南华经》,是道家经文,是战国中期庄子及其后学所著,到了汉代以后,便尊称为《南华经》,且封庄子为南华真人。其书与《老子》《周易》合称"三玄"。《无量寿经》和《华严经》均为佛教经典,《道德经》又称《道德真经》《老子》《五千言》《老子五千文》,是道家哲学思想的重要来源。《道德经》分上篇《德经》、下篇《道经》。

【例4】 先秦诸子的著作,经常采用寓言来阐明道理。下列寓言故事,出自《庄子》的是（　　）。（2017下·小学）

A.庖丁解牛　　　　B.愚公移山　　　　C.自相矛盾　　　　D.揠苗助长

【答案】 A。

【解析】"愚公移山"出自《列子》,"自相矛盾"出自《韩非子》,"揠苗助长"出自《孟子》。

【知识链接】

中国古代教育思想

（1）孔子的教育思想

孔子是中国古代伟大的教育家和思想家,是儒家学派的创始者。孔子的教育思想在记载他言论的《论语》中有充分的反映。

孔子认为人的先天本性相差不大,个性的差异主要是后天形成的（"性相近也,习相远也"）,所以他很注重后天的教育工作,主张"有教无类",希望把人培养成"贤人"和"君子"。孔子的学说以"仁"为核心和最高道德标准,并且把"仁"的思想归结到服从周礼（"克己复礼为仁"）,主张"非礼勿视,非礼勿听,非礼勿言,非礼勿动",强调忠孝和仁爱。

孔子继承了西周六艺教育的传统,教学纲领是"博学于文,约之以礼",基本科目是《诗》《书》《礼》《乐》《易》《春秋》。孔子的教学思想和教学方法是承认先天差异,但更强调"学而知之",重视因材施教。因材施教的基本方法是启发诱导。孔子说："不愤不启,不悱不发。"孔子很强调学习与思考相结合,他说："学而不思则罔,思而不学则殆。"同时,他还很强调学习与行动相结合,要求学以致用,把知识运用到政治生活和道德实践中去。

（2）《学记》

《学记》不仅是中国古代,也是世界上最早的一篇专门论述教育、教学问题的论著。《学记》写作于战国末期。

《学记》提出,"化民成俗,其必由学""建国君民,教学为先",揭示了教育的重要性以及教育与政治的关系。要求"时教必有正业,退息必有居学",即主张课内与课外相结合,藏息相辅,劳逸结合。

"故学然后知不足,教然后知困。知不足,然后能自反也;知困,然后能自强也。故曰:'教学相长也。'"强调了教学相长。"君子之教,喻也""道而弗牵,强而弗抑,开而弗达",体现了教学的启发性原则。主张教学要遵循学生心理发展特点,"学不躐等""不陵节而施""杂施而不孙,则坏乱而不修"体现了教学的循序渐进原则。

(3)墨子的教育思想

墨子是墨家学派的创始人,是继孔子之后我国古代又一伟大的思想家,他所创立的墨家学派与儒家学派并称"显学"。墨子以"兼爱"和"非攻"为主,同时注重文史知识的掌握和逻辑思维能力的培养,还注重实用技术和传习。对于获取知识的途径,墨子认为,主要有"亲知""闻知"和"说知"三种途径,前两种都不够全面和可靠,所以必须重视"说知",依靠推理的方法来追求理性知识。

(4)孟子的教育思想

孟子持"性善论",认为教育是扩充"善性"的过程,教育的目的在于"明人伦"。孟子又提出了一种理想的"大丈夫"人格,即"富贵不能淫、贫贱不能移、威武不能屈"。

(5)荀子的教育思想

荀子提出了"性恶论",认为教育的作用是"化性起伪",意思是通过教育和学习来改变自己的本性,使人具有适应社会的道德品质。

(6)老庄学派的教育思想

道家在教育思想方面影响较大的是老庄学派,代表人物为老子和庄子。道家主张"绝学""愚民"。道家主张回归自然、"复归"人的自然本性,一切任其自然,便是最好的教育。

【真题链接】

【例5】下列成语中,不是出自《论语》的是(   )。(2016年上·中学)

A.升堂入室   B.教学相长   C.诲人不倦   D.有教无类

【答案】B。

【解析】"教学相长"出自《礼记·学记》:"学然后知不足,教然后知困。知不足,然后能自反也;知困,然后能自强也。故曰:教学相长也。"

5.屈原和《楚辞》

(1)屈原,名平,战国时楚国大夫,是我国第一位浪漫主义诗人,开创了"楚辞"这一文学样式,屈原的作品有:《离骚》、《天问》、《九歌》(11篇)、《九章》(9篇)、《招魂》。

表4—27 屈原主要作品及介绍

作品	简介
《离骚》	表达作者"美政"的理想(政治抒情诗),诗中多用"香草美人"的比兴手法,充满了浪漫主义色彩
《天问》	屈原作品中最为奇特的诗,共有370余句,1500多字,是仅次于《离骚》的长诗。作者在诗中一口气提出了170多个问题,体现了诗人的见识广博、思想深刻以及勇于怀疑和批判的精神
《九歌》	包括:《东皇太一》《云中君》《湘君》《湘夫人》《大司命》《少司命》《东君》《河伯》《山鬼》《国殇》《礼魂》,一共11篇
《九章》	包括:《惜诵》《涉江》《哀郢》《抽思》《怀沙》《思美人》《惜往日》《橘颂》《悲回风》,一共9篇
《招魂》	一般被认为是屈原替楚怀王"招魂"的作品

（2）楚辞，依"兮"而咏，多使用楚地的风物和方言，除屈原外，楚辞作家还有宋玉，代表作品《九辩》。

【真题链接】

【例6】下列关于《离骚》的表述，不正确的是（　　）。（2015上·小学）
A.战国时诗人屈原的代表作　　　　B.我国最长的爱情诗
C.运用了"香草美人"的比兴手法　　D.具有积极的浪漫主义精神
【答案】B。
【解析】《离骚》是政治抒情诗。

6.秦汉文学

（1）散文部分

表4—28　秦汉散文主要作家及作品

作家	代表作品及简介
吕不韦	《吕氏春秋》，吕不韦组织门客集体编撰，成书秦统一中国前，杂家作品，近300则寓言
李斯	《谏逐客书》，首先铺叙客卿助秦事实，其次陈述始皇重物轻人，最后陈述纳逐利害
贾谊	《论积贮疏》《过秦论》（提出秦灭亡的原因是：仁义不施）
晁错	《论贵粟疏》《上书言兵事》
董仲舒	为群儒首，今文经术贡献甚大。《春秋繁露》《天人三策》，推衍天人相感，阴阳灾异思想
刘向	《战国策》《战国策叙录》《说苑》《新序》
司马迁	1.《报任安书》是一封书信，说明了自己著史原因："究天人之际，通古今之变，成一家之言。" 2.《史记》是我国第一部纪传体通史，分本纪、表、书、世家、列传。本纪，记历代帝王兴衰，全书纲领。《史记》被鲁迅称为"史家之绝唱，无韵之离骚"
班固	《汉书》是我国第一部断代史，记事年代起自高祖元年（前206），止于王莽地皇四年（23）（主要是西汉）。体例继承《史记》，改"书"为"志"，又取消"世家"并入"传"

（2）诗歌部分

表4—29　汉代诗歌基本概况

诗歌	介绍
五言诗	张衡的《同声歌》、秦嘉的《赠妇诗》三首、郦炎的《见志诗》
《古诗十九首》	最早载于《文选》，作者是中下层失意的知识分子，基本是游子思妇之辞。主要抒发的是离情别绪、人生的失意和无常之感
乐府诗	1.西汉的乐官有太乐令、乐府令，雅乐由太乐令掌管，民间俗乐由乐府令掌管 2.汉代乐府机关的职能是采集民间歌诗、负责演唱、组织文人创作等 3.据现存史料，较早给汉乐府分类的是东汉末年的蔡邕 4.宋代郭茂倩编有《乐府诗集》

（3）汉赋部分

表4—30　汉赋作家代表及作品介绍

作家	代表作品
贾谊	《吊屈原赋》《鵩鸟赋》《旱云赋》
司马相如	《子虚赋》与《上林赋》实为一赋，也称《天子游猎赋》
	《长门赋》，写的是陈皇后陈阿娇（典故：金屋藏娇，指的是陈阿娇）
班固	《两都赋》（魏晋时左思有《三都赋》，因为太过畅销，一时洛阳纸贵）

7.魏晋南北朝文学

（1）主要作家及代表作品

表4—31　魏晋南北朝文学作家代表及作品介绍

作家	简介及代表作品
曹操	1.字孟德，三国时魏国著名政治家、文学家、军事家 2.代表作品：《蒿里行》《观沧海》《短歌行》《龟虽寿》《步出夏门行》 3.鲁迅称曹操为"改造文章的祖师"
曹植	1.字子建，曹操次子，才气较高，谢灵运评价曹植"才高八斗" 2.代表作品：《白马篇》《赠白马王彪》《洛神赋》《七步诗》
曹丕	1.曹操次子，七言诗贡献最大 2.代表作品：《燕歌行》；文论作品《典论·论文》是中国最早的文学理论与批评著作
建安七子	1.指的是孔融、陈琳、王粲、徐干、阮瑀、应玚、刘桢 2.王粲成就最高，有七子之冠之称，代表作品是《登楼赋》 【提示】建安文学的代表作家由三部分构成，一个是"三曹"，一个是女诗人"蔡琰"，一个是"建安七子"，所以"建安七子"中没有姓"曹"和姓"蔡"的。
蔡琰	1.女诗人，字文姬，蔡邕之女 2.代表作品有五言《悲愤诗》
竹林七贤	1.指嵇康、阮籍、山涛、向秀、刘伶、王戎及阮咸七人 2.阮籍代表作品《咏怀》，比较出名
左思	代表作品：诗歌《咏史》，赋作《三都赋》（成语"洛阳纸贵"，指的就是《三都赋》）
陶渊明	1.东晋诗人，名潜，号五柳先生，曾做彭泽县令，但洁身自好，不为五斗米折腰，终弃官归隐，开创了中国文学史上的田园诗派（即我国第一位田园诗人） 2.代表作品：《归园田居》《读山海经》《饮酒》《五柳先生传》《桃花源记》《归去来兮辞》《闲情赋》
大小谢	指的是大谢"谢灵运"和小谢"谢朓"。谢灵运，是山水诗的开创者
刘勰	南朝著名文学理论家，著有中国文学史上第一部文学理论专著《文心雕龙》，共计50篇
钟嵘	南朝著名文学批评家，著有中国文学史上第一部文学批评专著《诗品》
范晔	南朝著名文学家、史学家，著有史学专著《后汉书》（后汉，指东汉） 【提示】"志士不饮盗泉之水、廉者不受嗟来之食"均出自《后汉书》，名篇《乐羊子妻》选入中小学教材。

（2）其他代表作家及作品

①南北朝乐府民歌有《西洲曲》《木兰诗》《敕勒川》等，其中南朝《西洲曲》、北朝《木兰诗》合称"南北朝诗歌双璧"（《孔雀东南飞》与《木兰诗》合称"汉乐府双璧"）。

②南北朝小说作品：志人小说的代表作品是刘义庆的《世说新语》（"望梅止渴""一往情深""口若悬河"均出自《世说新语》），志怪小说的代表作品是干宝的《搜神记》。

③魏晋南北朝时期的著名作家还有：诸葛亮（作品：《出师表》《诫子书》）、李密（作品：《陈情表》）、王羲之（作品：《兰亭集序》）、陈寿（西晋史学家，代表作《三国志》）等。

8.隋唐五代文学

（1）隋代文学

隋代时间比较短暂，文学史上的代表作家有卢思道（代表作《从军行》）和薛道衡（代表作《昔昔盐》，是一首闺怨题材的诗）。

（2）初唐诗人

表4—32　初唐主要诗人代表及作品介绍

诗人	简介及代表作品
王勃	1. 代表作品：抒情诗《送杜少府之任蜀州》、序文《滕王阁序》（名句：落霞与孤鹜齐飞，秋水共长天一色） 2. 初唐四杰，也称"王杨卢骆"，指的是王勃、杨炯、卢照邻、骆宾王
杨炯	《从军行》（名句：宁为百夫长，胜作一书生）
卢照邻	《长安古意》（名句：得成比目何辞死，愿作鸳鸯不羡仙）
骆宾王	《咏鹅》《在狱咏蝉》
陈子昂	代表作品：《感遇》（38首）、《登幽州台歌》（诗句：前不见古人，后不见来者。念天地之悠悠，独怆然而涕下）
张若虚	1. 代表作品：《春江花月夜》，被认为是"孤篇压全唐"之作，被闻一多称为"诗中的诗，顶峰上的顶峰"。（名句：人生代代无穷已，江月年年望相似） 2. 吴中四士，指的是张若虚、贺知章（七绝《咏柳》）、张旭（唐代草书书法家）、包融
刘希夷	代表作品：《代悲白头翁》（名句：年年岁岁花相似，岁岁年年人不同）

（3）盛唐诗人

表4—33　盛唐主要诗人代表及作品介绍

诗人	简介及代表作品
王维	1. 唐代诗人、画家，苏东坡称其"诗中有画，画中有诗"。 2. 代表作品：《山居秋暝》《九月九日忆山东兄弟》《鸟鸣涧》《竹里馆》《使至塞上》（名句：大漠孤烟直、长河落日圆）、《送元二使安西》（名句：劝君更进一杯酒，西出阳关无故人） 【拓展】著名古曲《阳关曲》，就是依据王维《送元二使安西》改编而成。
孟浩然	代表作品：《临洞庭湖赠张丞相》（名句：气蒸云梦泽，波撼岳阳城）、《过故人庄》、《春晓》
王昌龄	擅长七绝，多写边塞生活，有"七绝圣手"之称，代表作《出塞二首》被誉为"七绝压卷之作"
崔颢	代表作品：《黄鹤楼》，被称为"唐人七律之首"
高适	1. 高适与岑参，合称"高岑"，是唐代边塞诗人的代表 2. 代表作品：《燕歌行》（名句：君不见沙场征战苦，至今犹忆李将军）
岑参	代表作品：《白雪歌送武判官归京》《逢入京使》（名句：马上相逢无纸笔，凭君传语报平安）
李白	1. 著名的浪漫主义诗人，字太白，号青莲居士，被后人称为"诗仙"，与杜甫合称"李杜" 2. 代表作品：《静夜思》《将进酒》《梦游天姥吟留别》《蜀道难》《望庐山瀑布》
杜甫	1. 著名的现实主义诗人，字子美，他的诗被称为"诗史"，杜甫律诗成就很高，有"诗圣"之称 2. 代表作品：三吏（《石壕吏》《新安吏》《潼关吏》）、三别（《新婚别》《无家别》《垂老别》）、《登高》《春望》《茅屋为秋风所破歌》《春夜喜雨》

（4）中唐、晚唐作家诗人

表4—34　中、晚唐时期主要作家代表及作品介绍

作家	简介及代表作品
白居易	代表作品：《秦中吟》《琵琶行》《暮江吟》《钱塘湖春行》《与元九书》《长恨歌》（以唐玄宗李隆基与杨玉环的爱情为背景，名句：在天愿作比翼鸟，在地愿为连理枝）
韩愈	唐宋八大家之首，有《师说》《进学解》《杂说》，与柳宗元一起倡导古文运动 【提示】唐宋八大家：唐代有韩愈、柳宗元；宋代有苏轼、苏洵、苏辙、王安石、曾巩、欧阳修。
孟郊	唐代著名的"苦吟"诗人，代表作品《游子吟》
李贺	1. 字长吉，诗体被称为"长吉体"，因诗中意象多鬼魂，有"诗鬼"之称 2. 代表作品：《李凭箜篌引》《雁门太守行》《金铜仙人辞汉歌》
刘禹锡	代表作品：《陋室铭》《西塞山怀古》《乌衣巷》（名句：旧时王谢堂前燕，飞入寻常百姓家）、《酬乐天扬州初逢席上见赠》（名句：沉舟侧畔千帆过，病树前头万木春）
柳宗元	1. 又称"柳河东""柳柳州"，与韩愈并称"韩柳" 2. 代表作品：《永州八记》《捕蛇者说》《江雪》《黔之驴》

续表

作家	简介及代表作品
李商隐	1. 字义山，"无题诗"是李商隐首创 2. 代表作品：《无题·相见时难别亦难》《锦瑟》《夜雨寄北》《贾生》《登乐游原》
杜牧	1. 咏史诗出名，作品有"二十八字史论"之称，与李商隐合称"小李杜" 2. 代表作品：《泊秦淮》《过华清宫》《阿房宫赋》（阿房宫被誉为"天下第一宫"，在陕西咸阳）
姚合	1. 曾为武功县主簿，所以他的诗也被称为"武功体" 2. 代表作品：五律组诗《武功县中作》三十首
贾岛	1. 贾岛与孟郊的诗风合称"郊寒岛瘦" 2. 代表作品：《寻隐者不遇》（诗句：松下问童子，言师采药去。只在此山中，云深不知处）
温庭筠	1. 博学多才，也称温八叉，花间词派代表，与韦庄并称"温韦"、与李商隐并称"温李" 2. 代表作品：《梦江南·梳洗罢》
韦庄	晚唐词人，所著长诗《秦妇吟》与《孔雀东南飞》《木兰诗》并称"乐府三绝"
李煜	南唐后主，代表作品：《虞美人·春花秋月何时了》

【真题链接】

【例7】在我国文学史上，被称为"诗仙""诗圣""诗鬼"的唐代诗人分别是（　　）。（2013年下·中学）

A. 杜甫、李白、贾岛　　　　　　　　B. 李白、杜甫、李贺

C. 李白、杜甫、白居易　　　　　　　D. 杜甫、李白、李商隐

【答案】B。

【例8】下列诗歌中，不属于白居易作品的是（　　）。（2015年下·中学）

A.《琵琶行》　　　B.《长恨歌》　　　C.《卖炭翁》　　　D.《石壕吏》

【答案】D。

【解析】《石壕吏》是杜甫的作品。

【例9】名句"落霞与孤鹜齐飞，秋水共长天一色"出自《滕王阁序》，其作者是（　　）。（2016年下·中学）

A. 王勃　　　　B. 范仲淹　　　　C. 苏轼　　　　D. 陶渊明

【答案】A。

【例10】下列关于韩愈、柳宗元的表述，不正确的是（　　）。（2016年上·幼儿园）

A. 韩、柳都是唐代文学家　　　　　　B. 他们都倡导了著名的"古文运动"

C. 他们力倡内容充实，形式严整的散文　D. 他们都是"唐宋八大家"的重要成员

【答案】C。

【解析】古文运动是指唐代中期以及宋朝提倡古文、反对骈文为特点的文体改革运动。"古文"这一概念由韩愈最先提出，他把六朝以来讲求声律及辞藻、排偶的骈文视为俗下文字，认为自己的散文继承了两汉文章的传统。C项的形式严整，指的就是骈文形式上的严整，这正是韩愈所反对的，所以不正确，选C。

【真题链接】

【例11】 下列这首唐代诗歌"松下问童子,言师采药去。只在此山中,云深不知处"的作者是(   )。（2016年上·幼儿园）

A. 白居易　　　B. 贾岛　　　C. 欧阳修　　　D. 袁枚

【答案】B。

【例12】 下列人物中,既是诗人也是画家的是(   )。（2015年下·幼儿园）

A. 李白　　　B. 王维　　　C. 白居易　　　D. 李商隐

【答案】B。

9. 宋代文学

表4—35　宋代文学代表作家及作品介绍

代表作家	简介及代表作品
三苏	苏洵:北宋散文家,代表作《六国论》 苏轼:北宋豪放派词人代表,号东坡 苏辙:与父（苏洵）、兄（苏轼）合称三苏
晏殊	其子晏几道,也是北宋著名词人,代表作:《浣溪沙·一向年光有限身》《浣溪沙·一曲新词酒一杯》《破阵子·燕子来时新社》等
欧阳修	1. 北宋文学家,著有《欧阳文忠公文集》 2. 代表作品:《醉翁亭记》《蝶恋花》《五代史伶官传序》
司马光	1. 北宋政治家、史学家 2. 代表作品:著有我国最大的一部编年体通史《资治通鉴》,与《史记》合称"史学双璧"
王安石	1. 北宋政治家,主持改革,史称"王安石变法" 2. 文学上有代表作《伤仲永》《游褒禅山记》《桂枝香·金陵怀古》
李清照	1. 南宋女词人,我国第一位女词人,号易安居士 2. 代表作品:《一剪梅·红藕香残玉簟秋》《如梦令·昨夜雨疏风骤》《如梦令·常记溪亭日暮》《声声慢·寻寻觅觅》《临江仙·庭院深深深几许》
秦观	1. 字少游,与黄庭坚、晁补之、张耒一起出自苏轼门下,即苏门四学士。少游词多儿女心,被称为"古之伤心人" 2. 代表作品:《鹊桥仙·纤云弄巧》（名句:两情若是久长时,又岂在朝朝暮暮）
陆游	1. 字务观,号放翁,南宋爱国诗人 2. 代表作品:《游山西村》《临安春雨初霁》《示儿》（名句:王师北定中原日,家祭无忘告乃翁）等
辛弃疾	1. 号稼轩,字幼安,与苏轼并称"苏辛" 2. 代表作《破阵子·醉里挑灯看剑》《青玉案·元夕》《永遇乐·京口北固亭怀古》,著有《稼轩长短句》

【真题链接】

【例13】 下列选项中,不属于词集的是(   )。（2016年上·小学）

A. 东坡乐府　　　B. 稼轩长短句

C. 白氏长庆集　　　D. 白石道人歌曲

【答案】C。

10.辽金元文学

表4—36 辽金元时期代表作家及作品介绍

作家	简介及代表作品
元好问	金末文学家,代表作品:词《摸鱼儿》(名句:问世间情为何物,直教人生死相许)
董解元	代表作品:《西厢记诸宫调》,文学史上有两个西厢,董西厢指的是董解元,王西厢指的是王实甫
关汉卿	1.元杂剧奠基人,代表作品:《窦娥冤》(悲剧)、《救风尘》《望江亭》《单刀会》 2.元曲四大家指的是:关汉卿、白朴、郑光祖、马致远
白朴	代表作品:《唐明皇秋夜梧桐雨》(内容表现的是唐明皇与杨贵妃的故事)、《裴少俊墙头马上》《董秀英花月东墙记》
郑光祖	元杂剧作家,代表作品:《倩女离魂》《老君堂》
马致远	代表作品:散曲《天净沙·秋思》(有秋思之祖之称);杂剧《汉宫秋》(讲的是昭君出塞的故事)
王实甫	元代著名戏曲作家,代表作品:《西厢记》(即王西厢)
张可久	代表作品:《卖花声·怀古》(名句:伤心秦汉,生民涂炭,读书人一声长叹)
张养浩	代表作品:《山坡羊·潼关怀古》(名句:兴,百姓苦;亡,百姓苦)

11.明代文学

(1)主要合称作品及介绍

表4—37 明代主要文学作品及介绍

作品		作品及简介
四大奇书	三国演义	1.地位:我国章回小说的开山之作,也是我国古代成就最高的长篇历史小说,共120回 2.思想倾向:尊刘抑曹 3.主要人物形象:曹操——奸绝;关羽——义绝;诸葛亮——智绝 4.作者,一般认为是罗贯中
	水浒传	1.背景:反映的是明末农民起义 2.思想主题:突出"官逼民反" 3.作者,一般认为是施耐庵
	西游记	1.地位:我国明代神魔小说的代表,标志着中国神魔小说的最高成就 2.思想与构思:全书受明代心学思想影响较深,孙悟空象征"心猿",大闹天宫喻"放心",被压五行山下喻"定心",取经修成正果喻"修心" 3.作者,一般认为是吴承恩
	金瓶梅	1.地位:我国历史上第一部文人创作的白话长篇世情小说 2.作者,一般认为是兰陵笑笑生
三言		指的是冯梦龙创作的白话短篇小说集,也称"古今小说",分别是《喻世明言》《警世通言》《醒世恒言》
二拍		1.指的是凌濛初创作的白话小说集,分别是《初刻拍案惊奇》《二刻拍案惊奇》 2."二拍"是我国历史上最早的由个人创作的白话小说专集
临川四梦		1.指的是明代传奇作家汤显祖创作的四部传奇,分别是《牡丹亭》(又名《还魂记》,代表汤显祖传奇创作的最高成就)、《南柯记》《邯郸记》《紫钗记》 2.汤显祖是临川人(今属江西),因而得名,四部传奇

(2)其他重要作家及作品

①三袁:指的是明代三位文学家,分别是袁宗道、袁宏道、袁中道,他们都是湖北公安人,也是公安派的代表作家。

②归有光:明代散文家,代表作《项脊轩志》。

③夏完淳:明末清初少年作家,抗清将领,有代表作《别云间》,牺牲时仅17岁。

【真题链接】

【例14】下列不属于明朝章回体小说的是（　　）。（2016下·幼儿园）

A.《水浒传》　　　　B.《西游记》　　　　C.《金瓶梅》　　　　D.《红楼梦》

【答案】D。

12.清代文学

表4—38　清代文学代表作家及作品介绍

作家	简介及代表作品
赵翼	代表诗作：《论诗》（名句：江南代有才人出，各领风骚数百年）
蒲松龄	字留仙，别号柳泉居士，著有我国文言短篇小说的巅峰之作《聊斋志异》
吴敬梓	著有清代讽刺小说的典范《儒林外史》，《范进中举》即出其中
曹雪芹	作品《红楼梦》是中国古典小说史上的巅峰之作，也叫《石头记》
李渔	清代娱乐派戏剧的代表作家，其作品讲求游戏娱乐功能和形式技巧
洪昇	1.清代戏剧的最高成就是洪昇的《长生殿》和孔尚任的《桃花扇》（合称"南洪北孔"） 2.《长生殿》主要讲述李隆基和杨玉环的爱情故事
孔尚任	代表作品：《桃花扇》，以侯方域和李香君的爱情故事为线索，反映南明王朝的腐朽，主旨是"借离合之情，写兴亡之感"
王国维	代表作品：《人间词话》，提出著名的境界说 主要论断：（1）人生三境界 第一境界：独上高楼，望尽天涯路——出自晏殊的《蝶恋花》（一作《鹊踏枝》） 第二境界：衣带渐宽终不悔，为伊消得人憔悴——出自柳永的《蝶恋花》 第三境界：蓦然回首，那人却在灯火阑珊处——出自辛弃疾的《青玉案》 （2）艺术创作的境界：词以境界为最上。有境界，则自成高格调，自有名句

（二）近现代部分

表4—39　中国近现代文学代表作家及作品介绍

作家	简介及代表作品
鲁迅	1.简介：浙江绍兴人，原名周树人，我国著名的文学家、思想家、革命家。1918年发表中国第一篇白话小说《狂人日记》 2.作品：小说集《呐喊》（名篇：《孔乙己》《狂人日记》《阿Q正传》《药》）、《彷徨》（名篇：《祝福》（人物：祥林嫂）、《伤逝》（人物：史涓生））、《故事新编》。此外，还有散文集《朝花夕拾》，散文诗集《野草》，杂文集《南腔北调集》《三闲集》《二心集》《准风月谈》《花边文学》等。（注意作品、题材、作品人物）
郭沫若	中国新诗奠基人，代表作有诗歌《女神》，历史剧有《屈原》《蔡文姬》《卓文君》
茅盾	1.简介：原名沈德鸿，字雁冰，中国现代著名作家 2.代表作品：长篇小说《子夜》（人物：吴荪甫）、《蚀》三部曲（《幻灭》《动摇》《追求》）；短篇小说有"农村三部曲"（《春蚕》《秋收》《残冬》）、《林家铺子》；散文有《白杨礼赞》
巴金	1.现代著名作家，有"二十世纪中国文学的良心""人民作家"称号 2.代表作品："爱情三部曲"（《雾》《雨》《电》）、"激流三部曲"（《家》《春》《秋》）、散文集《随想录》
老舍	1.原名舒庆春，我国现代著名的文学家、语言学家，有"人民艺术家"称号，开创了"京味小说"（他的小说作品富含浓郁的京味） 2.代表作品：长篇小说《骆驼祥子》《四世同堂》，剧本《龙须沟》《茶馆》
曹禺	1.简介：原名万家宝，中国现代杰出的戏剧家，有"中国的莎士比亚"之称 2.代表作有《雷雨》《日出》《北京人》
冰心	1.简介：原名谢婉莹，现代女作家，著名儿童文学家 2.代表作品：散文《小橘灯》《寄小读者》，小说《斯人独憔悴》，诗集《繁星》《春水》
朱自清	1.现代著名散文家，爱国主义民主战士 2.代表作品：《背影》《匆匆》《春》《荷塘月色》

续表

作家	简介及代表作品
沈从文	代表作品：《边城》，散文《湘行散记》
钱锺书	现代著名作家、学者，代表作品：《围城》《人·兽·鬼》《写在人生边上》《管锥编》
叶圣陶	1. 简介：原名叶绍钧，著名儿童文学家、教育家 2. 有童话集《稻草人》等
徐志摩	"新月诗派"代表诗人，代表作品：《再别康桥》《雪花的快乐》
闻一多	"新月诗派"代表诗人，代表作品：《红烛》《死水》
林语堂	代表作品：《京华烟云》《啼笑皆非》
艾青	代表作品：《大堰河——我的保姆》《黎明的通知》
臧克家	代表作品：《烙印》《有的人》
戴望舒	代表作品：《雨巷》，也被称为"雨巷诗人"
舒婷	"朦胧诗派"代表诗人，代表作品有《致橡树》
赵树理	我国著名小说家，山药蛋派创始人，代表作品：《小二黑结婚》《李有才板话》《三里湾》
孙犁	现代著名作家，代表作品：《荷花淀》《白洋淀纪事》
杨朔	著名散文家，代表作品：《茶花赋》《荔枝蜜》
田汉	代表作品：《名优之死》（人物：小凤仙）、《关汉卿》《义勇军进行曲》
张恨水	代表作品：《啼笑因缘》《金粉世家》
柳青	代表作品：《创业史》《铜墙铁壁》
刘心武	代表作品：《钟鼓楼》（第二届茅盾文学奖作品）
路遥	代表作品：《人生》、《平凡的世界》（第三届茅盾文学奖作品）
陈忠实	代表作品：《白鹿原》（第四届茅盾文学奖作品）
贾平凹	代表作品：《废都》、《秦腔》（第七届茅盾文学奖作品）
莫言	寻根文学作家，诺贝尔文学奖获得者，代表作品：《红高粱》《蛙》《丰乳肥臀》
王蒙	代表作品：《组织部来了个年轻人》《青春万岁》

【真题链接】

【例15】 下列选项中，不属于鲁迅作品人物形象的是（　　）。（2014年上·中学）

A. 鸣凤　　　　B. 涓生　　　　C. 祥林嫂　　　　D. 孔乙己

【答案】A

【解析】"鸣凤"是巴金作品《家》中的人物形象。

【例16】 下列作品中，不属于老舍创作的是（　　）。（2014年下·中学）

A.《茶馆》　　B.《龙须沟》　　C.《骆驼祥子》　　D.《林家铺子》

【答案】D

【解析】《林家铺子》是茅盾的作品。

【真题链接】

【例17】鲁迅的第一篇白话文小说是（　　）。（2015年下·幼儿园）

A.《祝福》　　　　B.《阿Q正传》　　　　C.《故乡》　　　　D.《狂人日记》

【答案】D。

【例18】因创作了话剧《龙须沟》，作家老舍被北京市人民政府授予的荣誉称号是（　　）。（2016年下·小学）

A.人民艺术家　　　B.语言艺术家　　　C.幽默大师　　　D.戏剧大师

【答案】A。

【解析】"语言艺术家"是针对老舍作品中的语言特色进行评价的，"人民艺术家"是官方授予的称号，要注意两者之间的区别。

【例19】下列选项中，作家与作品对应不正确的是（　　）。（2018年上·小学）

A.曹禺——话剧《原野》　　　　B.鲁迅——散文诗集《野草》

C.沈从文——小说《边城》　　　D.闻一多——新诗集《女神》

【答案】D。

【解析】《女神》的作者是郭沫若。

二、外国文学部分

（一）古代部分

1.古希腊神话，主要包括神的故事和英雄传说（英雄一般是人和神的结合产物）。古希腊神话形成了以宙斯为中心的奥林匹斯神系，共有12位主神，分别是：

宙斯——众神之主

赫拉——天后

波塞冬——海神

哈台斯——冥王

得墨忒耳——农神

阿波罗——太阳神

阿瑞斯——战神

雅典娜——智慧女神

阿尔忒弥斯——月亮神、狩猎女神

阿佛洛狄忒——美神、爱神

赫淮斯托斯——铁匠神

赫尔墨斯——神使

2.《荷马史诗》包括《伊利亚特》（又译《伊利昂纪》）和《奥德赛》（又译《奥德修纪》）两部史诗，是欧洲文学史上流传下来的有文字记载的最早的文学作品。

3. 古希腊戏剧

表4—40 古希腊戏剧代表作家及作品介绍

种类	作家	简介及代表作品
悲剧	埃斯库罗斯	1. 被誉为"古希腊悲剧之父"，与索福克勒斯、欧里庇得斯并称"三大悲剧诗人" 2. 代表作品：《乞援人》《波斯人》《俄瑞斯忒亚》（是流传至今唯一一部完整的古希腊三联剧，包括《阿伽门农》《奠酒人》《报仇神》）、《普罗米修斯》（包括《被缚的普罗米修斯》《解放了的普罗米修斯》《带火的普罗米修斯》，也是一部三联剧，只有第一部流传了下来，马克思赞誉他是"哲学日历中最高尚的圣者和殉道者"）
悲剧	索福克勒斯	被誉为"戏剧艺术的荷马"，代表作品：《安提戈涅》《俄狄浦斯王》（莎士比亚称其为"十全十美的悲剧"，是希腊悲剧的典范。）
悲剧	欧里庇得斯	1. 被誉为"舞台上的哲学家"，代表作品：《美狄亚》《特洛亚妇女》 2. 欧里庇得斯，在戏剧创作中注重心理描写，被誉为"心理戏剧鼻祖"
喜剧	阿里斯托芬	古希腊杰出的喜剧诗人，被誉为"喜剧之父"，代表作品：《阿卡奈人》《鸟》
喜剧	米南德	新喜剧主要代表作家，代表作品：《恨世者》《萨摩斯女子》

4. 古代其他文学作品

表4—41 外国古代文学其他作家代表及作品介绍

时期	作家	简介及代表作品
古希腊	赫西俄德	《工作与时日》（也叫《田功农时》）、《神谱》（阐述宇宙起源和神的谱系的作品）
古希腊	萨福	古希腊著名女诗人，柏拉图称她为"第十位文艺女神"
古希腊	伊索	《伊索寓言》，包括《农夫和蛇》《狼和小羊》《龟兔赛跑》等
古希腊	希罗多德	作品多历史著作，被称为"历史之父"，代表作品：《希腊波斯战争》
古希腊	柏拉图	文艺理论作品：《理想国》《会饮篇》《斐德若篇》，创立"理念论"
古希腊	亚里士多德	文艺理论作品：《诗学》，提出"模仿说""净化说"
古罗马	普劳图斯	《孪生兄弟》《一坛黄金》
古罗马	泰伦斯	《婆母》《两兄弟》
古罗马	维吉尔	《牧歌》《农事诗》《埃涅阿斯纪》（也称"倒序的《荷马史诗》"）
古罗马	贺拉斯	《诗艺》，指出"寓教于乐"的理论
古罗马	奥维德	爱情诗《爱经》、神话诗《变形记》
古罗马	阿普列尤斯	《金驴记》（又译《变形记》）
其他		早期基督教文学作品：《新约全书》《旧约全书》

（二）中古部分

表4—42 外国中古文学概况

题材		简介及代表作品
教会文学		又称"僧侣文学"，代表作品：朗格兰《农夫彼尔斯的幻想》
骑士文学	古代系统	《亚历山大传奇》《特洛伊传奇》《埃涅阿斯传奇》
骑士文学	不列颠系统	《特里斯丹和依瑟》
骑士文学	拜占庭系统	《奥卡森和尼柯莱特》

184

续表

题材	简介及代表作品
英雄史诗	盎格鲁·撒克逊人的《贝奥武甫》（流传至今最完整的一部早期英雄史诗） 日耳曼的《希尔德布兰特之歌》 芬兰的《卡列瓦拉》（又名《英雄国》） 西班牙的《熙德之歌》 俄罗斯的《伊戈尔远征记》 法国的《罗兰之歌》（主题是爱国主义）
谣曲	英国的"罗宾汉谣曲"
市民文学	最高成就是寓言讽刺叙事诗，代表作品：《列那狐传奇》
长诗	但丁《神曲》，全诗分为《地狱》《炼狱》《天堂》

（三）文艺复兴时期的文学

表4—43　文艺复兴时期文学概况

国别	主要代表人物及代表作品
意大利	彼特拉克：被誉为"人文主义之父"，代表作品：抒情诗集《歌集》，以十四行诗的形式为主
意大利	薄伽丘：创作了欧洲文学史上第一部现实主义作品《十日谈》
法国	拉伯雷：代表作品《巨人传》，塑造了以格朗古杰、卡冈都亚、庞大固埃为代表的巨人形象，成为法国长篇小说的开端，也被称为人文主义的"巨人"
西班牙	流浪汉小说：无名氏的《小癞子》（又名《托梅斯河上的小拉撒路》）
西班牙	洛佩·德·维加：西班牙戏剧的奠基者，被誉为"西班牙戏剧之父"，代表作品：历史剧《羊泉村》
西班牙	塞万提斯：西班牙人文主义的杰出作家，代表作品：《堂吉诃德》，西班牙古典艺术的高峰
英国	乔叟：代表作品《坎特伯雷故事集》
英国	托马斯·莫尔：《乌托邦》，对话体幻想小说（欧洲空想社会主义的最初重要著作）
英国	马洛：被看作是莎士比亚的先驱，代表作品：《浮士德博士的悲剧》
英国	莎士比亚：欧洲文艺复兴时期的巨人，世界戏剧史上的泰斗，代表作品： 历史剧：《亨利四世》《亨利五世》《理查二世》 四大悲剧：《哈姆雷特》《奥赛罗》《麦克白》《李尔王》 四大喜剧：《仲夏夜之梦》《威尼斯商人》《第十二夜》《皆大欢喜》

【真题链接】

【例20】莎士比亚的喜剧大都以爱情、友谊、婚姻为主题，歌颂进步、美好的人文主义新风，充满着乐观、明朗的基调。下列作品中，属于莎士比亚喜剧的是（　　）。（2017年下·小学）

A.《奥赛罗》　　　　B.《雅典的泰门》　　　　C.《麦克白》　　　　D.《威尼斯商人》

【答案】D。

（四）17世纪的文学

表4—44　外国17世纪文学代表作家及作品

国家	代表作家和作品
英国	约翰·弥尔顿：诗人，代表作品：长诗《失乐园》（取材于《旧约·创世纪》）、《复乐园》（取材于《圣经·新约全书》）和诗剧《力士参孙》（取材于《旧约·士师记》），恩格斯称其为"第一个为弑君辩护的人"
英国	约翰·班杨：讽刺小说《天路历程》

续表

国家	代表作家和作品
法国	高乃依：法国古典主义悲剧的创始人，代表作品：《熙德》（古典主义的第一部典范作品，也是古典主义戏剧的奠基作）、《贺拉斯》
	拉辛：《安德洛玛克》《费德尔》
	拉封丹：寓言诗人，代表作品：《寓言诗》
	布瓦洛：法国古典主义理论的集大成者，被称为"法国古典主义的立法者"，代表作：《诗的艺术》
	莫里哀：法国古典主义喜剧的杰出代表，莫里哀是他的艺名，原名让·巴蒂斯特·波克兰代表作品：《伪君子》（人物：答丢失）、《无病呻吟》、《吝啬鬼》（人物：阿巴贡）
西班牙	卡尔德隆：《人生如梦》

（五）18 世纪的文学

表 4—45　外国 18 世纪文学代表作家及作品

国家	代表作家及作品
英国	笛福：英国现代小说的先驱，英国现实主义小说的奠基人，代表作品：《鲁滨逊漂流记》
	理查逊：书信体小说《帕美勒，或美德有报》，被誉为"第一部英国现代小说"
	菲尔丁：《莎美勒·安德鲁斯夫人生平的辩护》《弃儿汤姆·琼斯的故事》
	斯威夫特：《格列佛游记》，开创英国文学的讽刺传统
法国	伏尔泰：法国启蒙运动的领袖，他启迪了以狄德罗为首的"百科全书派"和卢梭【提示】启蒙四大家分别是：伏尔泰、卢梭、孟德斯鸠、狄德罗代表作品：悲剧：《俄狄浦斯王》《凯撒之死》《穆罕默德》《中国孤儿》哲理小说：《老实人》《天真汉》
	卢梭：法国启蒙文学成就最高，主张"社会契约"论，有书信体小说《新爱洛伊丝》、教育小说《爱弥儿》、自传体小说《忏悔录》
	孟德斯鸠：代表作品：《论法的精神》《波斯人信札》
	狄德罗：代表作品：《百科全书》《拉摩的侄儿》
德国	莱辛：主张创作"市民悲剧"，代表作品：《爱米丽亚·伽洛提》《智者纳坦》
	席勒：代表作品：《强盗》《阴谋与爱情》
	歌德：歌德是德国历史上最伟大的诗人，歌德之于德国有如莎士比亚之于英国，他的《浮士德》是德国人"世俗的圣经"，德国古典时期也称作"歌德时期"。代表作品：《普罗米修斯》《少年维特之烦恼》

（六）19 世纪的文学

表 4—46　外国 19 世纪文学代表作家及作品

国家	主要作家及作品
德国	海涅：《论浪漫派》《西里西亚纺织工人之歌》（被恩格斯称为"宣传社会主义"的政治诗）、《德国——一个冬天的童话》《青春的苦恼》《抒情插曲》《还乡集》《北海集》
	格林兄弟：《灰姑娘》《白雪公主》《小红帽》《青蛙王子》《大拇指》《玫瑰公主》
英国	华兹华斯：与柯勒律治、骚塞一起，成为英国"湖畔派"的三大诗人，他是"湖畔派"中成就最高的诗人，被授予"桂冠诗人"称号
	拜伦：19 世纪英国和欧洲浪漫主义文学的代表作家代表作品：《普罗米修斯》《青铜时代》《懒散的时刻》《东方叙事诗》《唐璜》
	雪莱：文学史上把雪莱、济慈和拜伦一起称为"撒旦派"或"恶魔派"代表作品：《伊斯兰起义》、诗剧《解放了的普罗米修斯》、诗歌《西风颂》《致云雀》
	济慈，代表作品：《伊莎贝拉》《圣阿格尼斯节前夕》《夜莺颂》《希腊古瓮颂》《秋颂》

续表

国家	主要作家及作品
英国	司各特：欧洲历史小说的创始人，代表作品：《清教徒》《艾凡赫》
	简·奥斯汀：《傲慢与偏见》《爱玛》
	狄更斯：《雾都孤儿》《双城记》《大卫·科波菲尔》《匹克威克外传》《艰难时世》
	勃朗特三姐妹　夏洛蒂·勃朗特：《简·爱》 艾米莉·勃朗特：《呼啸山庄》 安妮·勃朗特：《艾格尼丝·格雷》
法国	雨果：法国浪漫主义文学的旗手人物 代表作品：剧作《克伦威尔》、历史小说《巴黎圣母院》（浪漫主义作品）、小说《悲惨世界》（现实主义作品）、《海上劳工》《笑面人》《九三年》、叙事诗集《历代传说》（人们公认的世界文学中优美的抒情叙事诗作之一）
	夏多布里昂：法国浪漫主义先驱之一，代表作品：《基督教真谛》
	大仲马：法国浪漫主义作家，代表作品：剧本《亨利三世和他的宫廷生活》，小说《三个火枪手》《基督山伯爵》《黑郁金香》
	小仲马：大仲马之子，代表作品：《茶花女》
	司汤达：法国批判现实主义文学奠基人，代表作品：《红与黑》《巴马修道院》
	波德莱尔：法国象征主义诗人，代表作品：《恶之花》
	巴尔扎克：法国批判现实主义文学的伟大代表 代表作品：《人间喜剧》，被称为法国社会的"百科全书"
	福楼拜：法国批判现实主义作家，代表作品：《情感教育》《包法利夫人》
	莫泊桑：批判现实主义作家，被誉为"短篇小说之王" 代表作品：《项链》《羊脂球》《我的叔叔于勒》《漂亮朋友》
	都德：《最后一课》
俄国	茹科夫斯基：俄国文学史上第一位抒情诗人，代表作品：《俄国军营的歌手》
	普希金：俄国批判现实主义文学的奠基人，俄国积极浪漫主义的主要代表，被誉为"俄国文学之父""俄国文学之始祖""伟大的俄国人民诗人" 代表作品：短篇小说《驿站人》、诗体小说《叶甫盖尼奥涅金》（俄国文学史上第一个"多余人"形象）、长篇历史小说《上尉的女儿》、叙事长诗《青铜骑士》
	果戈里：俄国批判现实主义文学奠基人，其讽刺艺术风格被称为"含泪的笑" 代表作品：《死魂灵》《钦差大臣》《外套》《狂人日记》
	屠格涅夫：《罗亭》《父与子》《前夜》《贵族之家》《猎人笔记》
	陀思妥耶夫斯基：《罪与罚》《穷人》
	莱蒙托夫：《当代英雄》
	列夫·托尔斯泰：《安娜·卡列尼娜》《战争与和平》《复活》
	契诃夫：《变色龙》《装在套子里的人》《海鸥》
美国	欧文：美国文学之父，代表作品《见闻札记》《睡谷的传说》
	斯托夫人：《汤姆叔叔的小屋》
	惠特曼：美国杰出的诗人，代表作品：《草叶集》
	马克·吐温：《竞选州长》《哈克贝利·费恩历险记》《汤姆索亚历险记》《百万英磅》
	欧·亨利：《警察与赞美诗》《带家具出租的房间》《麦琪的礼物》《最后一片藤叶》《爱的牺牲》
	米歇尔：《飘》
	梭罗：《瓦尔登湖》
挪威	易卜生：剧作家，被认为是现代现实主义戏剧的创始人，代表作品：《玩偶之家》

（七）20世纪的文学

表4—47 外国20世纪文学代表作家及作品

国家	主要作家及代表作品
法国	罗曼·罗兰：《约翰·克利斯朵夫》，开创长篇小说的新题材，被誉为"20世纪最伟大的小说"
	塞缪尔·贝克特：《马洛伊》三部曲、《等待戈多》
印度	泰戈尔：《吉檀迦利》《飞鸟集》
奥地利	卡夫卡：长篇小说《城堡》《审判》《美国》，短篇小说《变形记》《判决》《饥饿的艺术家》
	茨威格：《一个陌生女人的来信》《象棋的故事》
德国	雷马克：《西线无战事》
英国	艾略特：《荒原》
	劳伦斯：《儿子与情人》《虹》
	毛姆：《月亮和六便士》《人生的枷锁》
美国	海明威：《老人与海》《丧钟为谁而鸣》《太阳照常升起》《永别了，武器》《乞力马扎罗的雪》
	约瑟夫·海勒：《第二十二条军规》《出了毛病》
哥伦比亚	马尔克斯：《百年孤独》
苏联	高尔基：自传体三部曲《母亲》《在人间》《我的大学》，散文诗《海燕之歌》
	肖洛霍夫：《静静的顿河》《一个人的遭遇》、《新垦地》（又译作《被开垦的处女地》）
	奥斯特洛夫斯基：《钢铁是怎样炼成的》
	法捷耶夫：《青年近卫军》

三、中外主要儿童文学作品

（一）中国部分

1. 叶圣陶——《稻草人》《小小的船》

2. 严文井——《小溪流的歌》《向日葵和石头》《四季的风》《丁丁的一次奇怪旅行》

3. 金波——《我们去看海》

4. 张天翼——《大林与小林》

5. 陈伯吹——《一只想飞的猫》

6. 金近——《小猫钓鱼》

7. 曹文轩——2016年获获"国际安徒生奖"，代表作品《草房子》

（二）外国部分

1. 古希腊——伊索——《伊索寓言》，其中包括：《农夫和蛇》《狼和小羊》《狐狸和葡萄》《龟兔赛跑》《乌鸦和狐狸》

2. 德国——格林——《格林童话》，其中包括：《灰姑娘》《睡美人》《白雪公主》《青蛙王子》《小红帽》《聪明的牧童》等

3. 丹麦——安徒生——《安徒生童话》，其中包括：《丑小鸭》《皇帝的新装》《豌豆上的公主》《卖火柴的小女孩》《海的女儿》等

4. 美国——马克·吐温——《汤姆·索亚历险记》以及姊妹篇《哈克贝利费恩历险记》

5. 意大利——科洛迪——《木偶奇遇记》
6. 美国——弗兰克·鲍姆——被称为"美国儿童文学之父",代表作品《绿野仙踪》
7. 法国——安托万·圣埃克絮佩里——《小王子》

> 【真题链接】
>
> 【例21】一位作家在创作和翻译儿童作品方面卓有成就,编过儿童文学杂志,有一项儿童文学奖就以其命名,这位作家是（　　）。（2018年下·幼儿园）
> A.严文井　　　　B.陈伯吹　　　　C.张天翼　　　　D.叶圣陶
> 【答案】B。
> 【解析】陈伯吹是我国著名的儿童文学作家、翻译家、出版家、教育家。他把毕生精力奉献给儿童文学事业,对中国儿童文学事业作出了杰出的贡献。他的儿童文学创作、翻译和理论研究是中国儿童文学的宝贵遗产,著有童话集《一只想飞的猫》,评论集《儿童文学简论》等。1981年创立陈伯吹儿童文学园丁奖,鼓励国内作家参与儿童文学创作,1988年此奖改名为"陈伯吹儿童文学奖"。

第五节　艺术文化素养

【考点梳理】

一、绘画

（一）中国著名画家及代表作品

表4—48　中国著名画家及代表作品

画家	简介及代表作品
顾恺之	有"画绝、文绝和痴绝"之称，他精于人像、佛像、禽兽、山水等。顾恺之与曹不兴、陆探微、张僧繇合称"六朝四大家"，与南朝陆探微、张僧繇并称"画界三杰" 代表作品：《女史箴图》《洛神赋图》《列女仁智图》《斫琴图》。在绘画理论方面，顾恺之提出了"传神写照""以形写神""迁想妙得"等观点
阎立本	唐代杰出画家，代表作品：《步辇图》、《历代帝王像》（又名《列帝图》《十三帝图》《古列帝图卷》《古帝王图》）等
吴道子	唐代著名画家，画史尊称"画圣"，同时也是中国山水画的祖师。代表作品：《八十七神仙卷》《天王送子图》
周昉	中唐时期继吴道子之后而起的重要人物画家。他创造了著名的佛教形象"水月观音"，他的佛教画曾成为长期流行的标准，有"周家样"之称 代表作品：《簪花仕女图》《挥扇仕女图》
王维	唐代著名诗人、画家，北宋文学家苏轼曾说："味摩诘之诗，诗中有画；观摩诘之画，画中有诗。"著有绘画理论著作《山水论》《山水诀》
李公麟	字伯时，号龙眠居士，北宋著名文人画家。以画著名，凡人物、释道、鞍马、山水、花鸟，无所不精，时推为"宋画中第一人" 代表作品：《五马图》《维摩诘图》
张择端	北宋画家，字正道，居住于东京（今河南开封），有传世名作《清明上河图》，收藏于故宫博物院。另有《西湖争标图》藏于天津博物馆，署名张择端，系委托之作
元四家	说法不一，一般有两说，第一种说法指"赵孟頫、吴镇、黄公望、王蒙"四人，第二种说法指"黄公望、王蒙、倪瓒、吴镇" 赵孟頫，浙江吴兴（今浙江湖州）人。南宋末至元初著名书法家、画家、诗人，宋太祖赵匡胤十一世孙、秦王赵德芳嫡派子孙。其书风遒媚、秀逸，结体严整、笔法圆熟，创"赵体"书，与欧阳询、颜真卿、柳公权并称"楷书四大家" 黄公望，本名陆坚，字子久，号一峰，江浙行省常熟县人，元代画家。擅画山水，传世名作《富春山居图》，是中国十大传世名画之一。顺治年间，因遭火焚，此画分为两段，前半段为《剩山图》（藏于浙江省博物馆），后半段为《无用师卷》（藏于台北"故宫博物院"） 【拓展】中国十大传世名画 东晋·顾恺之——《洛神赋图》　　　　唐代·阎立本——《步辇图》 唐代·张萱、周昉——《唐宫仕女图》　唐代·韩滉——《五牛图》 五代·顾闳中——《韩熙载夜宴图》　　北宋·王希孟——《千里江山图》 北宋·张择端——《清明上河图》　　　元代·黄公望——《富春山居图》 明代·仇英——《汉宫春晓图》　　　　清代·郎世宁——《百骏图》
沈周	明代绘画大师，吴门画派的创始人，长洲（今江苏苏州）人。与文徵明、唐寅（唐伯虎）、仇英并称"明四家"。传世作品有《庐山高图》《秋林话旧图》《沧州趣图》 【提示】明四家，又称吴门四家，是指四位著名的明代画家：沈周、文徵明、唐寅（唐伯虎）和仇英。这一名称，是相对于"元四家"而来。由于他们均为南直隶苏州府人，活跃于今苏州（别称"吴门"）地区，所以又称为"吴门四杰"或"天门四杰"。
唐寅	字伯虎，后改字子畏，号六如居士、桃花庵主、鲁国唐生、逃禅仙吏等，南直隶苏州府吴县人，明代著名画家、书法家、诗人 绘画上与沈周、文徵明、仇英并称"吴门四家"，又称"明四家"。诗文上，与祝允明、文徵明、徐祯卿并称"吴中四才子" 代表作品：《事茗图》《王蜀宫妓图》《骑驴思归图》

续表

画家	简介及代表作品
朱耷	号八大山人，明太祖朱元璋后代，江西南昌人，明末清初画家，中国画一代宗师 代表作品：《荷石山禽图》
郑板桥	原名郑燮，字克柔，号板桥，人称板桥先生。清代书画家，以卖画为生，为"扬州八怪"之一 【提示】"扬州八怪"，也叫"扬州画派"，是清康熙中期至乾隆末年活跃于扬州地区的一批风格相近的书画家总称。成员构成说法不一，一般指：金农、郑燮、黄慎、李鱓、李方膺、汪士慎、罗聘、高翔。
齐白石	湖南湘潭人，中国近代著名画家，原名纯芝，字渭青，号兰亭。后改名璜，字濒生，号白石、白石山翁、老萍、饿叟、借山吟馆主者、寄萍堂上老人、三百石印富翁。擅画花鸟、虫鱼、山水、人物等。代表作品：《蛙声十里》《虾》《牡丹》《牵牛花》《蟹》等
张大千	四川内江人，中国泼墨画家、书法家，被西方艺坛赞为"东方之笔" 代表作品：《振衣千仞冈》《来人吴中三隐》《石涛山水》《梅清山水》等
徐悲鸿	江苏宜兴人，原名徐寿康，中国现代画家、美术教育家 代表作品：《奔马图》《群马》《八骏图》《愚公移山图》等
傅抱石	江西南昌人，原名长生、瑞麟，号抱石斋主人。中国现代画家，"新山水画"代表画家 代表作品：《潇潇暮雨》

【真题链接】

【例1】一半藏于浙江省博物馆，另一半藏于台北"故宫博物院"的名画是（　　）。（2015年下·中学）

A.《清明上河图》　　　　　　　　B.《富春山居图》

C.《六君子图轴》　　　　　　　　D.《韩熙载夜宴图》

【答案】B。

【例2】下列画家中，以画马著称的是（　　）。（2013年下·中学）

A.齐白石　　　B.徐悲鸿　　　C.黄宾虹　　　D.吴冠中

【答案】B。

（二）外国著名画家及代表作品

表4—49　外国著名画家及代表作品

画家		简介及代表作品
文艺复兴美术三杰	达·芬奇	意大利文艺复兴时期最天才的艺术家，现代学者称他为"文艺复兴时期最完美的代表" 代表作品：《蒙娜丽莎》《岩间圣母》《最后的晚餐》
	米开朗琪罗	文艺复兴时期雕塑艺术最高峰的代表，意大利伟大的绘画家、雕塑家、建筑师和诗人，与拉斐尔和达·芬奇并称为"文艺复兴后三杰" 代表作品：《创世纪》《最后的审判》《大卫》《摩西》 【提示】但丁、彼特拉克、薄伽丘是文艺复兴的先驱者，被称为"文艺复兴三颗巨星"，也称为"文坛三杰"（文艺复兴前三杰）。
	拉斐尔	意大利著名画家，"文艺复兴后三杰"中最年轻的一位，古典主义的典范，代表了文艺复兴时期艺术家从事理想美的事业所能达到的巅峰 代表作品：油画《西斯廷圣母》《大公爵的圣母》、壁画《雅典学派》
17—18世纪	鲁本斯	17世纪佛兰德斯画家巴洛克绘画艺术的代表，早期巴洛克艺术杰出代表，西班牙哈布斯堡王朝外交使节 代表作品：《上十字架》《下十字架》《家庭肖像》《抢劫吕西普斯的女儿》
	伦勃朗	17世纪荷兰伟大的画家之一，擅长肖像画、风景画、风俗画、宗教画、历史画等领域 代表作品：《杜普教授的解剖课》《自画像》《夜巡》

续表

画家			简介及代表作品
19世纪	新古典主义	大卫	全名雅克·路易·大卫，法国著名画家，新古典主义画派的奠基人 代表作品：《荷加斯兄弟之誓》《马拉之死》《处决自己的儿子布鲁特斯》
		安格尔	大卫的学生，法国新古典主义画家、美学理论家和教育家，全名让·奥古斯特·多米尼克·安格尔 代表作品：《泉》《土耳其浴室》《阿伽门农的使者》
	写实主义	米勒	全名让·弗朗索瓦·米勒，法国巴比松派画家，是法国近代绘画史上最受人民爱戴的画家 代表作品：《播种者》《牧羊少女》《拾穗者》《晚钟》《嫁接树木的农夫》《沐浴的放鹅少女》
		库尔贝	全名居斯塔夫·库尔贝，法国画家，写实主义美术的代表 代表作品：《石工》《筛麦妇》《画室》
	浪漫主义	籍里柯	法国著名画家，浪漫主义画派的先驱者 代表作品：《梅杜萨之筏》被称为浪漫主义宣言，其他有《赛马》《轻骑兵军官》《奴隶市场》和石版画《伟大的英国》
		德拉克罗瓦	法国著名画家，浪漫主义画派的典型代表，也有学者称其艺术成就达到了"浪漫主义绘画的顶峰"。同时，他对以后的印象主义画派有较大的影响 代表作品：《自由引导人民》《希奥岛的屠杀》《萨达纳巴尔之死》
	印象派	马奈	全名爱德华·马奈，法国印象派先驱 代表作品：《草地上的午餐》
		莫奈	法国画家，印象主义画派奠基人，被誉为"印象派领导者" 代表作品：《日出·印象》《睡莲》《鲁昂大教堂》《韦特伊附近的罂粟花田》
		梵高	荷兰后印象派画家，梵高、高更和塞尚，被誉为"印象派三大巨匠" 代表作品：《星月夜》、自画像系列、向日葵系列等
		塞尚	法国后期印象三大巨匠之一，后期印象派的主将，被推崇为"新艺术之父"，西方现代画家称他为"现代艺术之父""造型之父"或"现代绘画之父"。他认为"自然不是表面，而是有它的深度""色彩丰富，画面自然充实" 代表作品：《坐在红扶手椅里的塞尚夫人》《静物苹果篮子》
		高更	法国后印象派画家、雕塑家。英国作家毛姆曾以高更的经历为蓝本写过一部著名的小说《月亮和六便士》 代表作品：《拿水果的妇女》《我们从何处来？我们是什么？我们往何处去？》
现代艺术		毕加索	西班牙画家、雕塑家，法国共产党党员，西方现代派绘画的主要代表，立体主义创始人 代表作品：《亚威农少女》《格尔尼卡》《卡恩弗勒像》《瓶子、玻璃杯和小提琴》《梦》

【真题链接】

【例3】下列作品不是达·芬奇的是（　　）。（2013年上·中学）

A.《向日葵》　　　B.《最后的晚餐》　　　C.《蒙娜丽莎》　　　D.《岩间圣母》

【答案】A。

二、雕塑

（一）中国雕塑

1. 中国古代雕塑分类（见图4-2）
2. 中国历代著名雕塑作品介绍

（1）秦始皇兵马俑

1974年兵马俑被发现，它是古代陵墓雕塑的一个类别。兵马俑即制成兵马（战车、战马、士兵）

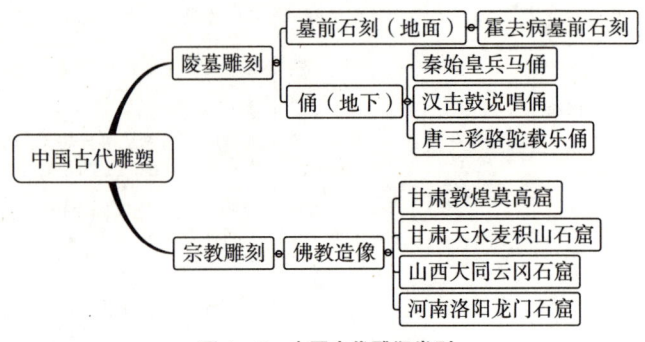

图4-2　中国古代雕塑类别

形状的殉葬品。1987年，被联合国教科文组织批准列入《世界遗产名录》，有"世界第八大奇迹""世界十大古墓稀世珍宝之一"之美誉，是中国古代辉煌文明的一张金字名片。

（2）汉击鼓说唱俑

出土于四川成都天回山，现藏于中国国家博物馆。击鼓说唱俑以写实主义的手法刻画出一位正在进行说唱表演的艺人形象，反映出东汉时期塑造艺术的高度成就。

（3）霍去病墓前石刻

霍去病墓石刻是一组纪念碑性质的大型石刻群，存于陕西兴平县道常村西北，包括马踏匈奴、卧马、跃马、卧虎、卧象、石蛙、石鱼二、野人、野兽食羊、卧牛、人与熊、野猪、卧蟾等14件，另有题铭刻石两件。

（4）唐三彩骆驼载乐俑

唐三彩，全名唐代三彩釉陶器，是盛行于唐代的一种低温釉陶器，以黄、绿、白三色为主，人们习惯称之为"唐三彩"，但颜色并非只有三种，唐三彩是中国古代陶瓷烧制工艺的珍品。

三彩骆驼载乐俑于1959年出土于陕西省西安中堡村唐墓，现收藏于陕西历史博物馆。它表现的是流行于开元、天宝时期的"胡部新声"即胡汉文化融合后的新舞乐。釉色鲜明亮丽，协调自然，是唐三彩中的极品。

（5）中国四大石窟

莫高窟，俗称千佛洞，位于河西走廊西端的甘肃敦煌。它是世界上现存规模最大、内容最丰富的佛教艺术宝地。1987年，莫高窟被列为世界文化遗产。

莫高窟与山西大同云冈石窟（雕刻艺术的宝库）、河南洛阳龙门石窟（中国石刻艺术的最高峰）、甘肃天水麦积山石窟（被称为"东方雕塑馆"）并称为中国四大石窟。

（二）外国雕塑

（1）波留克列特斯《荷矛的战士》

创作者波留克列特斯（也译作波利克利托斯）与米隆、菲狄亚斯齐名，是希腊3位著名雕塑大师之一。这位荷矛的战士，身长与头的比例是7∶1。作者认为只有这个比例才是最美的，才符合社会的审美观。

（2）米隆《掷铁饼者》

《掷铁饼者》是希腊雕刻家米隆的青铜雕塑，作品取材于希腊现实生活中的体育竞技活动，刻画的是一名强健的男子在掷铁饼过程中具有表现力的瞬间。

（3）菲狄亚斯《命运三女神》

《命运三女神》是菲狄亚斯主持制作的大理石雕塑，现收藏于伦敦大英博物馆。《命运三女神》是古希腊建筑物帕特农神庙东山墙上群雕《雅典娜诞生》中的一组雕像，现存3个无头无臂的女神，名字分别叫作阿特洛波斯、克罗托和拉刻西斯。

（4）普拉克西特列斯《抱幼童酒神的赫尔墨斯》

收藏于奥林匹亚考古博物馆，也译作《赫尔墨斯与小酒神》，他把赫尔墨斯与小酒神的关系表现得很亲密。人物的身体具有女性化倾向，人体的头、躯体、下肢形成三个自然的转折，形成"S"形。

（5）列西普斯《刮汗污的运动员》

作者列西普斯是希腊古典时期雕塑的最后一位代表。刮汗污的运动员雕像，身躯和四肢要比《荷矛的战士》更修长，身长与头的比例是8∶1。

（6）《萨莫色雷斯的胜利女神》

又名《沙摩特拉的胜利女神》《萨莫色雷斯尼开像》（尼开，即希腊神话中的胜利女神，在罗马神话中称维多利亚）。现藏法国巴黎卢浮宫，作者已无从考证，是希腊化时期留存下来的著名杰作的原作。这尊雕像虽然头部已经残缺，但从她仅仅披着一袭"薄纱"的胴体可以看出她那轻盈婀娜的风姿。她是为纪念一次古代希腊海战中沙摩特拉岛的征服者德米特里大败埃及王托勒密的舰队而制作的刚柔结合的艺术品。

（7）阿历山德罗斯《米洛斯的维纳斯》

《米洛斯的维纳斯》（又称《米洛斯的阿芙洛蒂忒》《断臂的维纳斯》），是古希腊雕刻家阿历山德罗斯创作的大理石雕塑，现收藏于法国卢浮宫博物馆。

维纳斯是罗马神话中的爱与美女神，也是象征丰饶多产的女神。雕塑头部与身躯均完整，但左臂从肩下已失，右膀只剩下半截上臂。雕像的上半身为裸体，下半身围着宽松的裹裙，左腿微微提起，重心落在右腿上，头部和上身略向右侧，而面部则转向左前方，全身形成自然的"S"形曲线。19世纪法国雕塑家罗丹称其为"古代的神品"。

（8）阿格桑德罗斯《拉奥孔》

《拉奥孔》又名《拉奥孔和他的儿子们》，是古希腊雕塑家阿格桑德罗斯和他的儿子波利佐罗斯和阿典诺多罗斯三人集体创作的一组大理石群雕，该群雕高约184厘米，现收藏于罗马梵蒂冈美术馆。

该雕塑内容取材于希腊神话中特洛伊之战的故事，因拉奥孔告诫特洛伊人勿将木马拖入特洛伊，而遭到希腊保护神派出的巨蛇咬死，群像传达出的人与神之间的悲剧性冲突，使它富有了超越时空的永恒价值。

意大利雕塑家米开朗琪罗称赞这一作品"真是不可思议"，德国诗人歌德曾说："它高度的悲剧性激发了人们的想象力，是匀称与变化、静止与动态、对比与层次的典范。"

（9）《自杀的高卢人》

《自杀的高卢人》表现的是被打败的高卢人首领，为了不受屈辱，勇敢而坚定地杀死爱妻之后自杀。这是一座震撼人心的悲剧性雕像。群雕采用各种对比的手法塑造形象，立与垂下、生与死、动与静、形体的仰与俯、正与侧转，构成了一座三度空间四面观赏的组合雕塑形式，成为后来广场雕塑像的范本。

（10）《奥古斯都全身像》

现藏于罗马梵蒂冈博物馆，雕像塑造的是罗马帝国缔造者奥古斯都的形象。雕像中奥古斯都身材魁梧，右手指向前方，似乎正在向部下训话，左手则握着象征权力的节杖。他的右脚边有一个小爱神丘比特的形象，表明他不仅是一个伟大的统帅，同时也是一位仁爱之君。从艺术风格上来看，这是一件模仿古希腊的作品，美术史上称为"奥古斯都古典主义"。

（11）米开朗琪罗《大卫》

《大卫》是意大利雕塑大师米开朗琪罗创作的大理石雕塑，现收藏于意大利佛罗伦萨美术学院。雕像展现的是一个年轻有力的裸体男子形象，体态健美、神情坚定、肌肉饱满、有生命力，从而成为西方美术史上值得夸耀的男性裸体雕像之一。

（12）罗丹《思想者》《青铜时代》《巴尔扎克像》

《思想者》是法国雕塑大师罗丹创作的雕塑，现藏于巴黎博物馆。1880年制作的石膏模型，藏于巴黎罗丹美术馆。《思想者》塑造了一个强有力的劳动男子沉浸在极度痛苦中的姿态。这件作品将深刻的精神内涵与完整的人物塑造融于一体，体现了罗丹雕塑艺术的基本特征。

《青铜时代》是罗丹的成名之作，藏于法国卢森堡国立博物馆，真实地塑造了一个匀称而完美的青年男性人体，手法写实，以"青铜时代"为题，象征"人类的最初觉醒"和"摆脱蒙昧"的深刻含义。

《巴尔扎克像》，塑造的是法国19世纪文坛巨星巴尔扎克。罗丹对他非常敬慕，1891年法国文学家协会委托罗丹雕塑了这一尊巴尔扎克像。

三、建筑和工程

（一）中国部分

1. 中国著名的古城墙

（1）西安城墙：又称西安明城墙，中国现存规模最大的、保存最为完整的明代城墙，是明洪武年间在唐长安城的基础上修建。明清时屡经修葺、增建，至今保存完好。

（2）明南京城墙：现存的南京城（原称应天府）城池建于元至正至明洪武年间。原建的宫城、皇城及外城郭已不复存在，现仅存都城城垣。

2. 中国著名古长城建筑

（1）秦长城：我国历史上第一次大规模地修筑长城是在秦代。秦始皇统一中国后，为巩固北部边防，令大将蒙恬率大军开始大规模修筑长城，形成了我国历史上的第一条万里长城。中国长城有"世界八大奇迹之一""世界中古七大奇迹"之称。

【拓展】孟姜女哭长城，一般指的是秦始皇下令修建秦长城时的故事。孟姜女哭长城与牛郎织女（一说天仙配）、白蛇传、梁山伯与祝英台被称为"中国民间四大爱情故事"。

（2）汉长城：我国第二次大规模地修筑长城是在汉代，全长1万多公里，是我国历史上最长的长城。

（3）明长城：明朝是兴修长城的第三个高峰时期。从明代自开国皇帝朱元璋登基起，一直到最后一位皇帝崇祯，在明朝统治的270多年的时间里，一直没有停止过对长城的修筑和巩固，时间之长，工程之大，质量之高，是历代王朝所无法比拟的。明长城的八达岭段被称作"玉关天堑"，为明代居庸关八景之一。

3. 中国著名的古城

中国十大古城一般指阆中古城、平遥古城（世界文化遗产）、丽江古城（世界文化遗产）、徽州古城、大理古城、凤凰古城、镇远古城、大同古城、建水古城、商丘古城。此外，比较出名的古城有荆州古城、襄阳古城、广府古城、兴城古城、寿县古城、台州古城、长汀古城等。

4. 中国现存的皇宫

（1）北京故宫：旧称紫禁城，是世界上现存规模最大、保存最完整、最为辉煌壮丽的宫殿建筑群，代表了中国古代建筑艺术的最高水平。

（2）沈阳故宫：始建于后金，是我国现存的仅次于北京故宫的较完整的宫殿建筑。

5. 中国古代的坛庙建筑

（1）太庙：旧时是皇帝祭祀祖宗的地方。

（2）社稷坛：旧时是皇帝祭祀土地神和谷神的地方。古代以"社稷"指代江山、国家，所以祭祀社稷坛，既祈求风调雨顺，五谷丰登，也表示帝王的江山万代。

（3）天坛：位于北京，坛域北为圆形，南为方形，以象征"天圆地方"。

（4）孔庙：也称文庙，是祭祀我国古代著名的思想家、教育家、儒家学派的创始人孔子的地方。孔庙位于今天山东曲阜，原是孔子旧居。1994年，有曲阜"三孔"之称的孔庙、孔府、孔林被列入《世界文化遗产名录》。

（5）武庙：指的是解州关帝庙，山西解州是关羽的故乡，因此解州关帝庙为武庙之祖。

6. 中国现存的著名陵墓

我国现存的著名陵墓主要是秦始皇陵、汉茂陵、唐乾陵、北宋陵、南京明孝陵、明十三陵、清东陵、清西陵。

7. 中国现存的名楼

"江南三大名楼"一般指的是湖南岳阳楼、湖北武汉黄鹤楼、江西南昌滕王阁。

8. 中国著名的水利工程

（1）京杭大运河：北起北京，南至浙江杭州，沟通海河、黄河、淮河、长江、钱塘江五大水系，是我国古代南北交通的大动脉，也是世界上开凿最早、规模最大、里程最长的人工运河。

（2）都江堰水利工程：都江堰位于四川岷江中游。战国秦昭王时由蜀郡太守李冰父子主持修建，是我国目前现存最古老的大型水利工程。

（3）灵渠：位于广西桂林，是我国古代著名的水利工程之一。它是秦始皇为统一岭南，命史禄修建而成。因漓江上游为零水，故称为"零渠"，唐代后改称为"灵渠"。

（4）郑国渠：位于西安东北泾、洛二水之间，是战国时韩国水工郑国在秦国设计修建的一项大型水利灌溉工程。

9. 中国著名的桥梁

（1）安济桥（赵州桥）：位于河北赵县城南，赵县古称"赵州"故而又名"赵州桥"，当地俗称"大石桥"。由著名匠师李春设计建造，距今已有1400多年的历史，是当今世界上现存第二早（还有一座小商桥）、保存最完整的古代单孔敞肩石拱桥。

（2）安平桥：位于福建省福州市，是中古时期中国乃至世界上最长的梁式石桥。

（3）苏州宝带桥：位于苏州吴县境内，因桥形状若玉带而得名。

（4）卢沟桥：位于北京市西南永定河上。始建于金代，是我国北方现存最长的一座古桥，也是北京现存最为古老的一座联拱石桥。桥墩呈船形，桥身两侧石雕护栏有140根柱，共雕刻或伏或卧的石狮485个，神态各异，栩栩如生。

10. 中国著名的古塔

我国现存的著名古塔有山西应县木塔（中国现存最高、最古老的木塔）、山西五台县佛光寺祖师塔、西安大雁塔、杭州雷锋塔、云南大理崇圣寺三塔。

【知识链接】

各地民居特色建筑

徽州皖南民居："天井"——西递、宏村、棠樾、胡氏宗祠

陕西民居：窑洞——陕西党家村

江南民居：周庄、同里、西塘、乌镇、南浔

福建：圆形土楼

山西民居：王家大院、乔家大院、平遥古城

北京民居：四合院、胡同

上海民居：弄堂

青藏高原：碉房

内蒙古：蒙古包

云南：傣族竹楼、苗族吊脚楼

新疆：阿依旺

（二）外国部分

1. 外国主要建筑风格艺术

（1）希腊式建筑：主要特点是和谐、完美、崇高，古希腊神庙建筑多为这一类。

（2）古罗马式建筑：古罗马人继承古希腊建筑成就，在建筑形制、技术和艺术方面广泛创新的一种建筑风格。古罗马建筑在公元1—3世纪为极盛时期，达到西方古代建筑的高峰。

（3）拜占庭式建筑：拜占庭建筑是在继承古罗马建筑文化的基础上发展起来的，它又汲取了波斯、两河流域、叙利亚等东方文化，形成了自己的建筑风格。拜占庭建筑以东正教教堂为主，不少也采用巴西利卡式平面。

（4）罗马式建筑：罗马式建筑是欧洲基督教流行地区的一种建筑风格。特征是线条简单、明快，造型厚重、敦实，其中部分建筑具有封建城堡的特征，是教会威力的化身，1063年的意大利比萨教堂为重要代表。

（5）哥特式建筑：哥特式建筑起源于法国，主要见于天主教堂。

（6）文艺复兴式建筑：文艺复兴式建筑是15—19世纪流行于欧洲的建筑风格，有时也包括巴洛克建筑和古典主义建筑。起源于意大利佛罗伦萨，在理论上以文艺复兴思潮为基础；在造型上排斥象征神权至上的哥特式建筑风格，提倡复兴古罗马时期的建筑形式，特别是古典柱式比例、半圆形拱券、以穹隆为中心的建筑形体等。

（7）巴洛克式建筑：巴洛克建筑是17—18世纪在意大利文艺复兴式建筑基础上发展起来的一种建筑和装饰风格。主要用于教堂和宫殿建筑。其特点是外形自由，造型柔和，运用曲线曲面，追求动态，喜好华丽的装饰和雕刻。

（8）洛可可式建筑：在巴洛克式的基础上发展出来的，一种纤巧玲珑的建筑和装饰风格。洛可可来自法语词，原指用石块和贝壳装饰庭园，后引申为洛可可式布置或装饰，是18世纪流行于欧洲特别是法国的一种高雅昂贵的装饰风格，常用于室内设计、绘画、建筑和雕塑。

2. 外国著名的建筑

（1）意大利——比萨斜塔（罗马式建筑）、古罗马斗兽场、米兰大教堂（哥特式建筑）

（2）梵蒂冈——罗马圣彼得大教堂（巴洛克风格）

（3）法国——巴黎圣母院（哥特风格）、凡尔赛宫（洛可可风格）

（4）埃及——金字塔、狮身人面像、拉美西斯神庙（阿布辛贝神庙）

（5）印度——泰姬陵

（6）德国——新天鹅城堡（迪士尼的原型）、科隆大教堂

（7）希腊——雅典卫城、帕提农神庙

（8）美国——白宫、金门大桥、自由女神

（9）柬埔寨——吴哥窟

（10）泰国——大王宫

（11）英国——大本钟

（12）澳大利亚——悉尼歌剧院

（13）俄罗斯——瓦西里大教堂、莫斯科红场

（14）土耳其——伊斯坦布尔清真寺（圣索菲亚大教堂）

四、音乐

（一）中国音乐

1. 中国著名音乐家

（1）伯牙：古代传说人物，生于春秋战国时代，相传琴曲《水仙操》《高山流水》是他的作品。

（2）师旷：春秋时代晋国音乐家，相传《阳春》《白雪》《玄默》是他的作品。

（3）李延年：西汉音乐家，生年不详。汉武帝宠妃李夫人的哥哥。他的代表作《佳人曲》对五言诗的开端有重要的影响。

（4）嵇康：三国魏著名文学家、哲学家、音乐家，以所弹《广陵散》知名。

（5）李龟年：唐代宫廷乐师，作《渭州曲》。

（6）董庭兰：唐代古琴家，以善弹《胡笳十八拍》的两种传谱著称。

（7）姜夔：南宋著名词人、音乐家，有《律吕新书》等音乐著作。

（8）朱权：明代戏曲理论家、剧作家和古琴家。论著有《神奇秘谱》《太和正音谱》等数十种。

（9）王玉峰：清末民间盲艺人，以"三弦弹戏"模仿谭鑫培、龚云甫等京剧名演员唱腔知名。

（10）华彦钧：现代民间音乐家，人称"瞎子阿炳"。所作《听松》《二泉映月》《寒春风曲》等二胡曲最为出名。

（11）聂耳：我国无产阶级革命音乐奠基者，1933年加入中国共产党。作有歌曲《义勇军进行曲》《开路先锋》《大路歌》《前进歌》《铁蹄下的歌女》等三十余首及歌剧《扬子江暴风雨》。

（12）冼星海：现代作曲家、人民音乐家。作品有《黄河大合唱》《生产》等，歌曲有《到敌人后方去》《在太行山上》等，交响曲《民族解放》《神圣之战》和交响组曲《满江红》等。

（13）张曙：现代作曲家，作品有《保卫国土》《洪波曲》等二百余首。

（14）麦新：现代作曲家，作品《大刀进行曲》《游击队歌》，在群众中广泛流传。

（15）贺绿汀：当代著名音乐家、教育家，作品有《牧童短笛》《摇篮曲》《游击队之歌》等。

【真题链接】

【例4】下列选项中，由冼星海作曲的歌曲是（　　）。（2013年下·中学）

A.《天路》　　　B.《义勇军进行曲》　　C.《黄河大合唱》　　D.《我的祖国》

【答案】C。

【解析】《天路》由印青作曲，《义勇军进行曲》由聂耳作曲，《我的祖国》由刘炽作曲。

【真题链接】

【例5】《游击队之歌》的作者是（　　）。（2013年上·中学）
A. 朱永宁　　　　B. 夏之秋　　　　C. 贺绿汀　　　　D. 林耀基
【答案】 C。

2. 中国乐器

（1）吹奏乐器

包括：笙、芦笙、笛子、管子、巴乌、唢呐、箫、埙、葫芦丝。

（2）弹拨乐器

包括：箜篌、阮、古琴、古筝、琵琶、柳琴、秦琴、月琴、扬琴。

（3）拉奏乐器

包括：艾捷克、马头琴、二胡、中胡、高胡、四胡、京胡、板胡、擂琴三弦。

（4）打击乐器

包括：编钟、云锣、磬、鼓、锣、钹、木鱼。

3. 中国十大名曲

《高山流水》《梅花三弄》《夕阳箫鼓》《汉宫秋月》《阳春白雪》《渔樵问答》《胡笳十八拍》《广陵散》《平沙落雁》《十面埋伏》

（二）外国部分

1. 外国著名的音乐家

（1）巴赫：德国作曲家，西方现代音乐之父，代表作品：《b小调弥撒曲》《马太·受难曲》《序曲》。

（2）海顿：奥地利作曲家，"交响乐之父"，德国国歌的作曲者。海顿同莫扎特和贝多芬三人为维也纳古典乐派的杰出代表。代表作品：《伦敦交响曲》、清唱剧《创世纪》和《四季》、交响曲《告别》《惊愕》《时钟》。

（3）莫扎特：奥地利作曲家，维也纳古典乐派代表人物之一，有"音乐神童"之称，首创独奏协奏曲形式。代表作品：《费加罗的婚礼》《魔笛》《唐璜》。

（4）贝多芬：德国最伟大的作曲家，维也纳古典乐派代表人物之一，双耳失聪。代表作品：第三（《英雄》）、第五（《命运》）、第六（《田园》）、第九（《合唱》）等交响曲，《热情》《悲怆》《暴风雨》等钢琴奏鸣曲，舞剧《普罗米修斯》《致爱丽丝》等钢琴小品。

（5）舒伯特：奥地利作曲家，有"歌曲之王"的称号，代表作品：《魔王》《野玫瑰》等。

（6）小约翰·施特劳斯：奥地利作曲家，有"圆舞曲之王"的美称。代表作品：《蓝色多瑙河》和《维也纳森林的故事》。

（7）老约翰·施特劳斯：奥地利作曲家，被誉为"圆舞曲之父"，代表作品：《拉德斯基进行曲》。

（8）格林卡：俄国伟大作曲家，俄罗斯古典音乐奠基者，所作歌剧《伊凡·苏萨宁》、管弦乐曲《卡玛林斯卡雅》等，奠定了俄罗斯交响音乐的基础。

（9）柴可夫斯基：俄国最伟大的作曲家，所作有交响曲《悲怆》、幻想序曲《罗密欧与朱丽叶》，歌剧《叶甫盖尼·奥涅金》，舞剧《天鹅湖》《睡美人》《胡桃夹子》等。

（10）李斯特：匈牙利杰出作曲家、钢琴家，主要作品有《但丁神曲》《浮士德》《匈牙利狂想曲》等。

（11）肖邦：波兰作曲家、钢琴家，创作几乎全为钢琴曲。代表作品：《革命练习曲》《小狗圆舞曲》。

（12）斯美塔那：捷克杰出作曲家，作品有《被出卖的新嫁娘》《我的祖国》等。

（13）威尔第：意大利作曲家，名作有《茶花女》《奥赛罗》《法尔斯塔夫》等。

（14）柏辽兹：法国浪漫派杰出作曲家、指挥家、音乐评论家，作品有交响乐曲《罗密欧与朱丽叶》《哈罗尔德在意大利》《浮士德的沉沦》等。

（15）狄盖特：国际无产阶级革命歌曲《国际歌》作者，作品还有《前进，工人阶级！》《巴黎公社》《武装暴动者》《俄国革命的胜利》等歌曲。

2.外国乐器

（1）木管乐器

包括：长笛、短笛、双簧管（英国管）、单簧管、大管（萨克管）。

（2）铜管乐器

包括：圆号、小号、短号、长号、次中音号、小低音号、大号。

（3）打击乐器

包括：定音鼓、大鼓、小军鼓、钹、架子鼓、三角铁、沙槌、钟琴、木琴、排钟。

（4）弓弦乐器

包括：小提琴、中提琴、大提琴、低音提琴。

（5）弹弦乐器

包括：竖琴、吉他、电吉他、曼陀林等。

（6）键盘乐器

包括：钢琴、风琴、手风琴、电子琴。

五、中国戏曲

（一）文化知识

中国戏曲主要由民间歌舞、说唱和滑稽戏三种不同艺术形式综合而成。它起源于原始歌舞，是一种历史悠久的综合舞台艺术样式。中国的戏曲与希腊悲剧和喜剧、印度梵剧并称为世界三大古老的戏剧文化。

1.角色类型

生、旦、净、丑各个行当都有各自的形象内涵和一套不同的程式和规制；每个行当具有鲜明的造型表现力和形式美。下面对主要行当作个简要的介绍。

生是戏曲表演行当的主要类型之一，扮演男性人物。根据所扮演人物年龄、身份的不同，又划分为老生、小生、武生。老生，因多挂髯口（胡须）又名须生，扮演中年或老年男子。小生，与老生相对应，扮演青年男性，不戴胡须。武生，扮演擅长武艺的青壮年男子。

旦是女角色之统称。昆山腔成熟期，形成正旦、小旦、贴旦、老旦四个分支。近代戏曲根据所扮演人物年龄、性格、身份的不同，大致划分为正旦（青衣）、花旦、武旦、老旦、彩旦等专行。正旦主要扮演娴静庄重的青年、中年妇女。因常穿青素褶子，故又名"青衣"。花旦多扮演性格明快或活泼放荡的青年女性。武旦扮演擅长武艺的女性。老旦扮演老年妇女。彩旦又叫"丑旦""丑婆子"，扮演滑稽或奸刁的女性人物。

净，俗称花脸，扮演性格、气质、相貌上有特异之点的男性角色，或粗犷豪迈，或刚烈耿直，或阴险毒辣，或鲁莽诚朴。净行根据角色性格、身份的不同，划分为若干专行。大花脸，也叫正净、大面，扮演剧中地位较高、举止稳重的人物，多为朝廷重臣。二花脸，又称副净、架子花脸、二面，大都扮演勇猛豪爽的正面人物。武二花，也叫摔打花脸、武净。油花脸，俗称毛净，以形象奇特笨重为其特点，有时用喷火、耍牙等特技，如鬼魂形象钟馗。

丑，喜剧角色，又叫小花脸。扮演人物种类繁多，有的心地善良，有的奸诈刁恶，悭吝卑鄙。按身份、性格和技术特点，大致可分为文丑和武丑两大支系。文丑，除武夫外各种丑角均由文丑扮演。武丑，俗称开口跳，扮演机警幽默、武艺高超的人物。

2. 脸谱颜色分类

红脸：表示忠勇耿直，有血性的勇烈人物。如关羽、赵匡胤等。

粉红脸：表示年迈气衰，德高望重的忠勇老将。如廉颇、袁绍等。

紫脸：表示刚毅威武、稳重沉着的人物。如常遇春、樊哙等。

黄脸：表示武将骁勇善战、残暴。如典韦、宇文成都等。

蓝脸：表示刚直勇猛、桀骜不驯的人物。如窦尔墩、夏侯惇等。

绿脸：表示侠骨义肠、性格暴躁的人物。如程咬金、青面虎等。

黑脸：表示忠耿正直、铁面无私，或粗率莽撞的人物。如包拯、张飞、夏侯渊等。

白脸：又分水白脸和油白脸。水白脸表示阴险奸诈、善用心计。如曹操、赵高、严嵩等。白脸多用于反面人物。

瓦灰色脸：表示老年枭雄。如金派《连环套》之窦尔墩。

金银脸：一般用于神、佛、鬼怪，象征虚幻之感。如二郎神、金翅鸟等。

（二）常见剧种

1. 昆曲：2001年被联合国教科文组织列入第一批"人类口述和非物质遗产代表作"名单，有"戏曲之母"之称。

2. 京剧：在北京形成的戏曲剧种之一，有国粹之称，2010年列入"人类非物质文化遗产代表作名录"。

3. 豫剧：我国最大的地方剧种，它是在河南梆子的基础上，不断进行继承、改革和创新发展起来的。新中国成立后因河南简称"豫"，所以称豫剧。今天在安徽北部地区称梆剧，山东、江苏的部分地区仍称梆子戏。

4. 越剧：中国五大戏曲剧种之一（五大剧种分别是：京剧、豫剧、越剧、黄梅戏、评剧），中国第二大剧种，多以"才子佳人"为主题。2006年，列入第一批国家级非物质文化遗产名录。

5. 黄梅戏：旧称黄梅调或采茶戏，中国五大剧种之一，代表作《天仙配》，2006年列入第一批国家级非物质文化遗产名录。

6. 粤剧：原称大戏或广东大戏，源自南戏，是汉族地方戏曲。2005年列入国家级非物质文化遗产名录，2009年被联合国教科文组织列入"人类非物质文化遗产名录"。

7. 评剧：我国北方的一个戏曲剧种，代表作品有《秦香莲》《杨三姐告状》《花为媒》等。

8. 折子戏：折子戏是相对于整本戏而言，它属于整本戏的一部分，属于其中的一个精彩的片断，但却是整本戏的中心或灵魂。如《牡丹亭》中的《惊梦》，《西厢记》中的《拷红》，《玉堂春》中的《苏三起解》，《白蛇传》中的《断桥》。

六、电影

（一）著名电影奖项

中国大陆：金鸡奖、百花奖

中国香港：金像奖

中国台湾：金马奖

美国：奥斯卡奖、金球奖

法国：戛纳电影节金棕榈奖（1993年，陈凯歌《霸王别姬》获此奖项）

德国：柏林电影节金熊奖

意大利：威尼斯电影节金狮奖，世界上第一个国际电影节

【提示】世界四大电影奖，即欧洲三大国际电影节（戛纳国际电影节、威尼斯国际电影节、柏林国际电影节）和美国奥斯卡金像奖。

（二）中国著名电影

1. 最早的国产电影——《定军山》

1905年由谭鑫培拍摄，片长只有30分钟，取材于《三国演义》定军山之战，形式为戏曲，但并没有保存下来。

2. 现存最早的国产电影——《劳工之爱情》

这部电影是明星电影公司1922年1月18日发行的一部爱情、喜剧片。虽然没有声音，画面是黑白的，人物表演痕迹也重，但故事的情节和呈现都生动有趣。

3. 中国第一部有声电影——《歌女红牡丹》

片长180分钟，女主演是著名的电影皇后——胡蝶（中国第一位影后），1931年3月在上海新光大戏院公映。

4. 中国第一部彩色电影——《生死恨》

《生死恨》是一部京剧艺术片，由华艺影片公司于1948年摄制。该片导演为费穆，主演为京剧大师——梅兰芳先生，于1949年3月公映。

5. 中国第一部动画长片——《铁扇公主》

《铁扇公主》取材于《西游记》，全片制作历时一年半，1941年底在上海上映时引起轰动，后又在香港和东南亚及日本上映。这部电影也是亚洲第一部、世界第四部（前三部分别为《白雪公主》（1937）、《小人国》（1939）、《木偶奇遇记》（1940），均为美国出品）动画长片。

6. 第一部获得国际大奖的影片——《渔光曲》

《渔光曲》1934年在国内上映，1935年2月在莫斯科举行的国际电影节上获得"荣誉奖"，成为我国第一部在国际上获奖的影片。

7. 新中国第一部电影——《桥》

1949年上映的《桥》可以说是最早的红色电影。摄制方为东北电影制片厂，也就是今天的长春电影制片厂。在中外历史上众多以"桥"为名的影片中，还有南斯拉夫1969年的《桥》。

8. 中国第一位影后——胡蝶

9. 中国第一部译制片——《普通一兵》

1945年由东北电影制片厂译制的苏联电影。

10. 第一部在国际上获奖的中国美术片——《神笔》

木偶片《神笔》获第八届国际儿童影片节儿童娱乐片一等奖。

11. 第一部在国际电影节上获最高奖的故事片——《红高粱》

1988年，张艺谋执导，巩俐和姜文主演的电影《红高粱》，获第38届西柏林国际电影节最高奖——金熊奖。

12. 第一位担任A类国际电影节主席的华人导演——王家卫

王家卫，2006年担任戛纳电影节评委会主席。

七、其他

（一）青铜器

1. 商代青铜器主要有：龙虎纹铜尊、四羊方尊和后母戊鼎（也叫"司母戊鼎"）。

2. 西周青铜器主要有：西周大盂鼎、何尊（何尊铭文首次出现"中国"二字）。

3. 春秋战国青铜器主要有：河南新郑春秋莲鹤方壶、战国采桑宴乐攻战纹铜壶。

4. 秦汉青铜器主要有：秦始皇陵铜车马（出土于陕西西安）、长信宫灯、东汉马踏飞燕（甘肃出土，又名铜奔马）。

（二）陶瓷器

1. 陶器，主要有人面鱼纹彩陶盆、三鱼纹彩陶盆。

2. 瓷器

（1）唐代"南青北白唐三彩"："南青"指越窑的青瓷，"北白"指邢窑的白瓷，"唐三彩"指洛阳出土的彩陶俑。

（2）宋代"五大名窑"：汝窑、官窑、哥窑、钧窑、定窑。

（3）青花瓷：江西景德镇瓷器，景德镇在明代成为全国制瓷中心。

（三）玉器

1. 红山玉龙：内蒙古红山文化遗址出土的大型"C"形玉龙，有"中华第一龙"之称。

2. 春秋战国：传世神玉和氏璧。

3. 汉代：金缕玉衣。

（四）纺织品

1. 素纱襌衣：西汉马王堆汉墓。

2. 中国四大名绣：蜀绣、苏绣、湘绣、粤绣。

【闯关训练】

1. 下列戏剧中，节选自折子戏"苏三起解"的是（　　）。
   A.《牡丹亭》　　　　B.《望江亭》　　　　C.《窦娥冤》　　　　D.《玉堂春》

2. 下列音乐家中，创作了钢琴曲《致爱丽丝》的是（　　）。
   A.肖邦　　　　　　B.贝多芬　　　　　　C.舒伯特　　　　　　D.李斯特

3. 巴赫是17世纪杰出的音乐家，他的国籍是（　　）。
   A.法国　　　　　　B.德国　　　　　　　C.英国　　　　　　　D.俄国

4. 下列选项中，对民族乐器箫的归类，正确的一项是（　　）。
   A.打击乐器　　　　B.拉弦乐器　　　　　C.吹奏乐器　　　　　D.弹拨乐器

5. 16世纪法国作家拉伯雷的一部小说，两个月内销量超过了《圣经》九年的销量，这一伟大杰作是（　　）。
   A.《神曲》　　　　B.《唐吉诃德》　　　　C.《十日谈》　　　　D.《巨人传》

6. 下列选项中，未列入我国刺绣工艺中"四大名绣"的是（　　）。
   A.苏绣　　　　　　B.湘绣　　　　　　　C.京绣　　　　　　　D.蜀绣

7. 下列古典名曲与王维的送别诗有关的是（　　）。
   A.《阳关三叠》　　B.《高山流水》　　　C.《梅花三弄》　　　D.《平沙落雁》

8. 下列选项中，不符合古代"无为"观念的是（　　）。
   A.无所作为　　　　B.随地之性　　　　　C.顺天之时　　　　　D.因人之心

9. 先秦思想家中，主张施仁政王道的是（　　）。
   A.管子　　　　　　B.孟子　　　　　　　C.荀子　　　　　　　D.墨子

10. 中国研制成功的第一台亿次巨型计算机是（　　）。
    A.银河-I　　　　　B.银河-II　　　　　　C.巨浪-I　　　　　　D.巨浪-II

【参考答案及解析】

1.【答案】D。

2.【答案】B。

3.【答案】B。

4.【答案】C。

5.【答案】D。

6.【答案】C。

7.【答案】A。解析：《阳关三叠》又名《阳关曲》《渭城曲》，是根据唐代诗人王维的七言绝句《送元二使安西》谱写的一首著名的艺术歌曲。

8.【答案】A。

9.【答案】B。

10.【答案】A。

第五章　教师基本能力

本章考情分析

本章主要对教师的基本能力进行考查，包括阅读能力、写作能力、信息处理能力和逻辑推理能力。考试题型一般为单项选择 4 个题目，计 8 分；阅读理解题目（即材料分析题 32）1 个，计 14 分；作文题目 1 个，计 50 分，本章共计考试分值为 72 分。

第一节　信息处理能力

【考点梳理】

一、Word 的应用

（一）Word 窗口构成

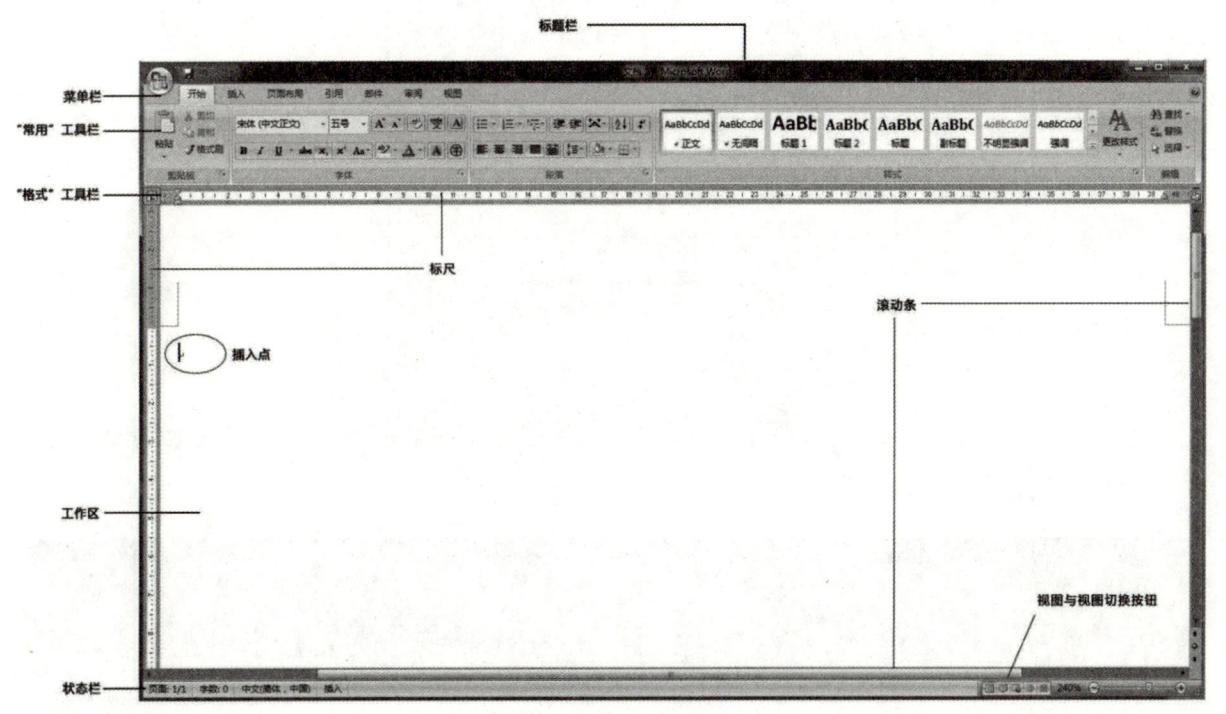

图 5—1　"Word" 窗口

（1）标题栏：双击打开 Word 后，在最上端我们可以看到"标题栏"，这里显示当前文档的名字。

（2）菜单栏：位于标题栏下方，菜单栏内包含各种功能可以点击选择。

（3）工具栏：菜单栏下方是"工具栏"，它里面包含各种常用工具，制作为各种按钮便于我们直接操作使用。

（4）滚动条：在界面的右侧和下端分别有一条，我们可以拖动滚动条查看页面内没有显示的地方。

（5）状态栏：在界面的最底端，这里显示文章的一些基本信息，例如页数、字数等。

（6）工作区：而 Word 中我们进行编辑和处理文字的地方，类似于我们常见的白纸，这是工作区。

（二）菜单功能展示

1."开始"菜单

图 5—2 "开始"菜单

（1）格式刷：单击一次，可使用一次；双击一次，可以重复进行格式复制。

（2）段落设置功能：先选中要进行设置的文字，然后单击鼠标右键，选择"段落"，功能展示如下：

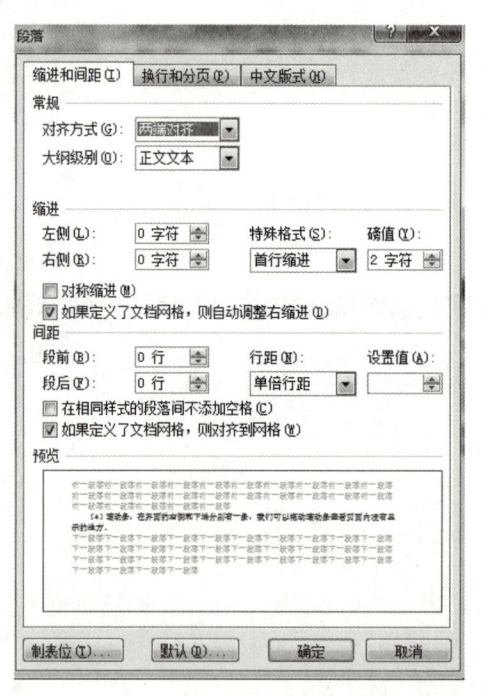

图 5—3 "段落设置"窗口

2."插入"菜单

图 5—4 "插入"菜单

【提示】图片与文字的关系

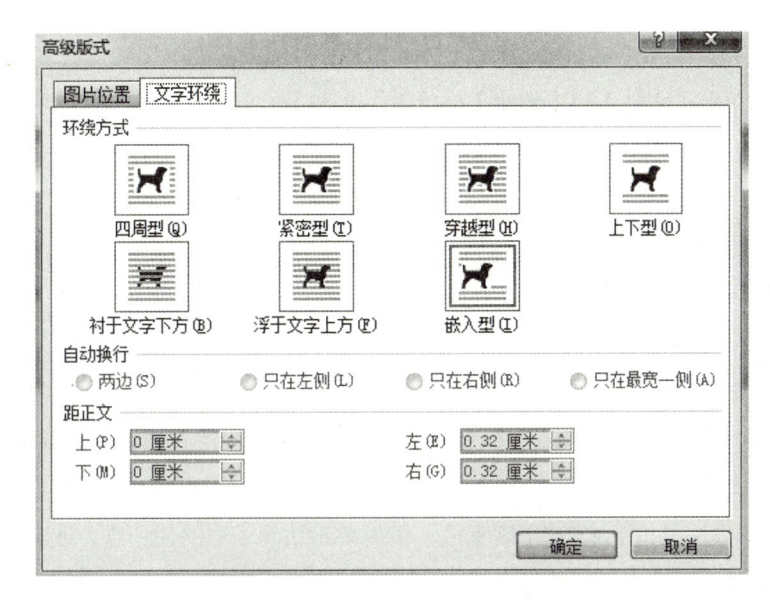

图 5—5 "图片位置与文字环绕"窗口

3. "页面布局"菜单

图 5—6 "页面布局"菜单

4. "引用"菜单

图 5—7 "引用"菜单

5. "审阅"菜单

图 5—8 "审阅"菜单

6. "视图"菜单

图 5—9 "视图"菜单

（三）Word 菜单栏基本操作

1. 建立新文档：单击【文件】→【新建】→【空白文档】

2. 打开文档：单击【文件】→【打开】→通过对话框选择文件

3. 选取文本

（1）选取任意数量的文本

在要选定文本的开始位置按下鼠标左键不放并拖动鼠标直到要选取的文本全部反白显示后，松开鼠标左键。

（2）选取一整段文本

直接连续三次单击该段文本中任一点，或者在选取栏上双击该段所在的位置，或者采取方法（1）。

（3）选取一整句文本

选取一整句文本的方法是按下【Ctrl】键不放，然后单击该句子中的任一点，或者采取方法（1）。

（4）选取整篇文本

选取整篇文本可用下述方法之一：

①按下【Ctrl】+【A】组合键。

②采取方法（1）。

4. 移动和复制文本

（1）移动文本

方法①：选定文本→把鼠标指针指向要移动的文本→按住鼠标左键，等到拖动光标出现后，拖动到新位置→松开鼠标左键。

方法②：选中文本→单击【编辑】→【剪切】→把光标移到要放置该文本的位置并单击【编辑】→【粘贴】。

（2）复制文本

方法①：选取文本→把鼠标指针指向所选定的内容→按住【Ctrl】键→按住鼠标左键移动到新位置→松开鼠标左键。

方法②：单击【编辑】→【复制】和【粘贴】。

5. 查找和替换

（1）查找文本

单击【编辑】→【查找】命令，出现"查找和替换"对话框，在该对话框中可以进行常规的查找。

（2）替换文本

单击【编辑】→【替换】命令，出现"查找和替换"对话框，选择"替换"标签项。

6. 删除文本

（1）使用【Backspace】键来删除光标左侧的文本。

（2）使用【Del】键来删除光标右侧的文本。

7. 设置页边距

单击【文件】→【页面设置】，出现"页面设置"对话框→单击"页边距"对各项进行设置。

二、Excel 的应用

（一）Excel 窗口展示

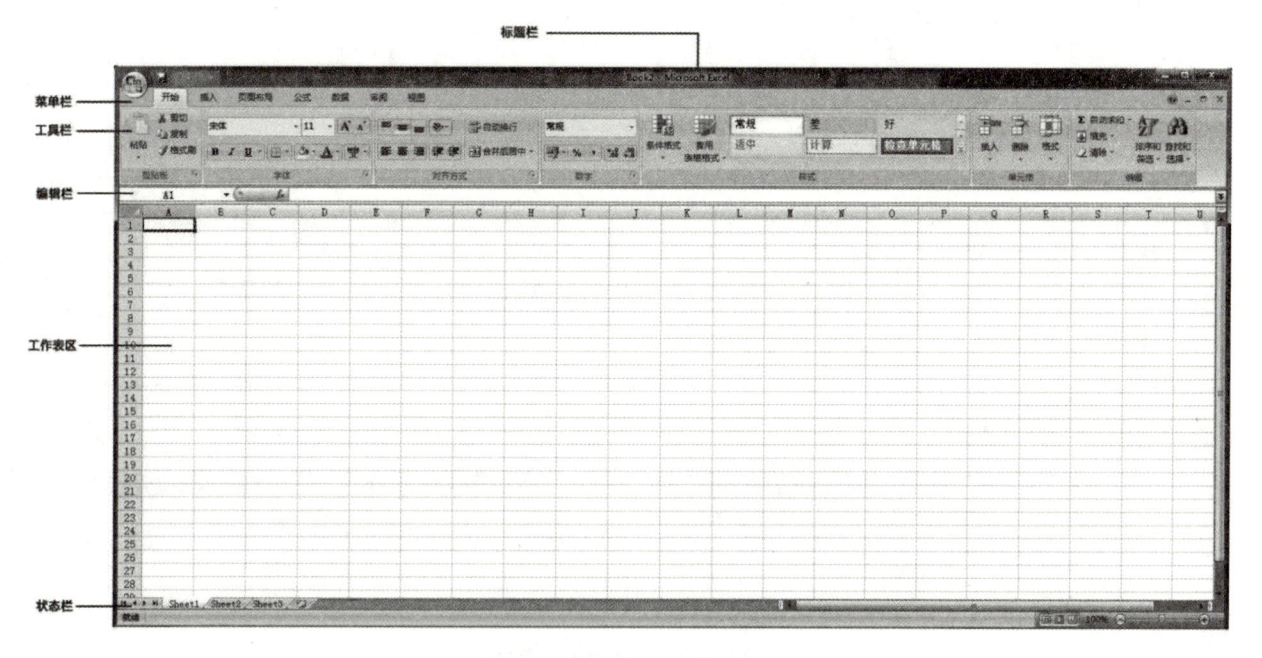

图 5—10 "Excel" 窗口

（二）Excel 窗口展示

1. "开始"菜单栏

图 5—11 "开始"菜单

2. "插入"菜单栏

图 5—12 "插入"菜单

3. "页面布局"菜单栏

图 5—13 "页面布局"菜单

4. "公式"菜单栏

图5—14 "公式"菜单

【真题链接】

【例1】点击Excel中的 fx 按钮,可在单元格中插入的是( )。(2016年上·小学)
A. 文字　　　　　　B. 数字　　　　　　C. 函数　　　　　　D. 公式
【答案】C。

5. "数据"菜单栏

图5—15 "数据"菜单

6. "视图"菜单栏

图5—16 "视图"菜单

三、Powerpoint 的应用

(一)主要功能菜单展示

1. "开始"菜单栏

图5—17 "开始"菜单

【真题链接】

【例2】演示文稿PowerPoint的基本组成单位是幻灯片,下列工具栏按钮可以插入新幻灯片的是( )。(2016年上·中学)

A. 　　　　B. 　　　　C. 　　　　D.

【答案】B。
【解析】A项是"打开",B项是"新建幻灯片",C项是插入"表格",D项是"保存"。

210

2. "插入"菜单栏

图 5—18 "插入"菜单

【真题链接】

【例3】在空白幻灯片中,不可以直接插入的是(　　)。(2016年上·幼儿园)

A.艺术字　　　　B.剪贴画　　　　C.文字　　　　D.图表

【答案】C。

【例4】在空白幻灯片中,不可以直接插入的是(　　)。(2015年上·小学)

A.艺术字　　　　B.声音　　　　C.字符　　　　D.文本框

【答案】C。

3. "设计"菜单栏

图 5—19 "设计"菜单

4. "动画"菜单栏

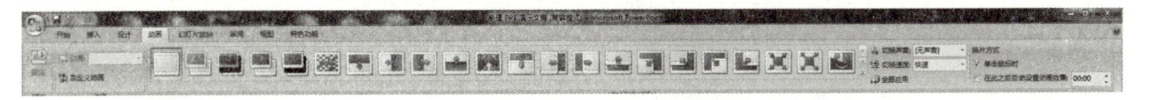

图 5—20 "动画"菜单

【真题链接】

【例5】下列 PowerPoint 功能选项中,可将幻灯片放映的换页效果切换为"垂直百叶窗"的是(　　)。(2014年下·幼儿园)

A.自定义动画　　　B.动画方案　　　C.幻灯片切换　　　D.动作设置

【答案】C。

5. "幻灯片放映"菜单栏

图 5—21 "幻灯片放映"菜单

6. "视图"菜单栏

图 5—22 "视图"菜单

第二节　逻辑信息推理能力

【考点梳理】

一、概念

（一）内涵与外延

概念是反映事物对象属性和范围的思维形式，内涵和外延是概念的两个基本逻辑特征。

内涵是概念所反映的事物的本质特征，如"商品"的本质是"用于交换的劳动产品"。外延，是具有反映事物本质属性特征的事物总和，如市面上用于出售的商品。

外延和内涵在范围上是相反的关系，内涵越具体、特征越多，外延的范围就越小。

（二）概念之间的关系

（1）全同：两个概念外延完全相同。例如：珠穆朗玛峰和世界最高峰；中国的首都和北京。

（2）全异：两个概念外延完全不同。例如：人和狗；奇数和偶数；水和火。

（3）交叉：两个概念外延有部分重合，部分不重合。例如：数学家和教育家；演员和歌手。

（4）包含：一个概念的外延包含着另一个概念的外延。例如：文具和铅笔；水果和苹果。

（5）包含于：一个概念的外延包含于另一个概念的外延。例如：蔬菜和植物；铅笔和笔。

全同关系　　真包含于关系　　真包含关系　　交叉关系　　全异关系

图5—23　"概念之间关系"图

【真题链接】

【例1】下列选项中，与"红茶"和"绿茶"的逻辑关系相同的一组是（　　）。（2018年下·小学）
A.咖啡——四啡　　B.陈醋——奶茶　　C.白酒——黄酒　　D.重水——雨水。
【答案】C。

【例2】下列选项中，与"书法家——画家"逻辑关系相同的是（　　）。（2015年下·幼儿园）
A.童星——明星　　B.党员——教师　　C.军人——军官　　D.幼儿——青年
【答案】B。

【例3】下列选项中，与"青岛——珠海"逻辑关系相同的是（　　）。（2015年上·幼儿园）
A.新疆——边疆　　B.大象——老鼠　　C.植物——水仙　　D.西瓜——水果
【答案】B。

213

【真题链接】

【例4】下列选项中，与"砚台——端砚"逻辑关系相同的是（　　　）。（2015年上·幼儿园）
A.北京——故宫　　　B.文具——钢笔　　　C.苹果——水果　　　D.拉萨——西藏
【答案】B。

二、命题

命题，又叫作判断，是对事物有所肯定或有所否定的思维形式。一般把判断某一件事情的表示判断的句子叫作命题。

（一）命题种类与关系

1. 命题的种类

（1）原命题：一个命题的本身称之为原命题，如：子于是日哭，则不歌。

（2）逆命题：将原命题的条件和结论颠倒的新命题，如：子不歌，则子于是日哭。

（3）否命题：将原命题的条件和结论全否定的新命题，但不改变条件和结论的顺序，如：子于是日不哭，则歌。

（4）逆否命题：将原命题的条件和结论颠倒，然后再将条件和结论全否定的新命题，如：子歌，则子于是日不哭。

2. 命题之间的真假关系

原命题	逆命题	否命题	逆否命题
真	真	真	真
真	假	假	真
假	真	真	假
假	假	假	假

示例：以命题"若下雨，则地面就会湿"为例

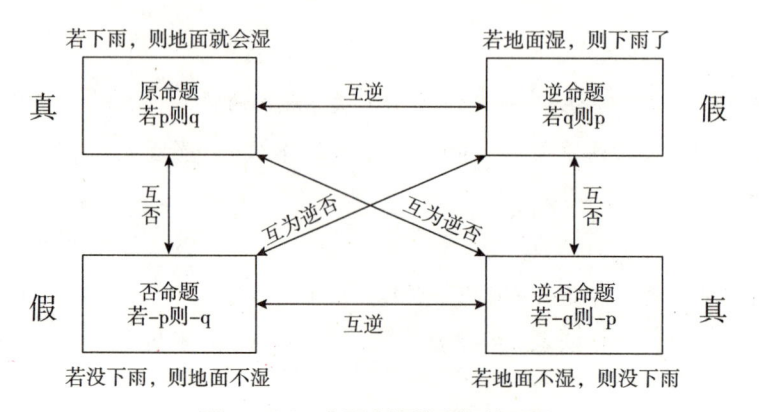

图 5—24　命题之间的真假关系图

（二）命题形式

1. 联言命题

联言命题，是反映事物的若干种情况或者性质同时存在的命题，由逻辑联结词"且"连接。其支命题如果用p、q表示，逻辑形式可以写成：p且q，符号为：p∧q。

命题p∧q的真假的判定：当两个命题p和q都是真命题时，形成的新命题p且q就是真命题。如果两个命题p和q其中有一个是假命题，形成的新命题p且q就是假命题。

2. 选言命题

选言命题，是反映事物的若干种情况或性质至少有一种存在的命题，由逻辑联结词"或"连接支命题而成。用p、q表示其支命题时，逻辑形式可以写成：p或q，符号为：p∨q。

命题p∨q的真假的判定：当两个命题p和q其中有一个是真命题时，形成的新命题p或q就是真命题。当两个命题p和q都是假命题时，形成的新命题p或q就是假命题。

3. 假言命题

假言命题，又称条件命题，一般表述形式为"如果A，则B"。

4. 负命题

负命题是由否定一个命题而得到的命题，它是通过把"并非"这类否定词置于一个命题之前或之后而形成的，其标准形式是"并非P"，"并不是P"。

对于一个命题p，如果仅将它的结论否定，就得到一个新命题，记作¬p，读作"非p"。

【真题链接】

【例5】下列选项中，与"李宁和刘翔是运动员"的判断类型相同的一项是（   ）。（2013年下·小学）
A.陈也和白岩松是主持人　　　　B.陈颖和娄纯是同学
C.魏来和万青是夫妻　　　　　　D.李园和苏燕是同乡
【答案】A。

【例6】下列选项中，与"曹操和曹植是父子"的判断类型相同的一项是（   ）。（2013年上·幼儿园）
A.崔健和田震是歌手　　　　　　B.王霞和李静是团员
C.徐超和周楠是战友　　　　　　D.樊铃和李捷是医生
【答案】C。

【例7】下列选项中，与"王静和李跃是军人"的判断类型不同的是（   ）。（2013年上·中学）
A.舒婷和海子是诗人　　　　　　B.张继科和王皓是冠军
C.王山和李强是战友　　　　　　D.腾格尔和韩红是歌手
【答案】C。

【例8】下列选项中，对"这种商品并非既物美又价廉"的理解，正确的一项是（   ）。（2013年上·幼儿园）
A.这种商品物美，或者这种商品价廉　　　B.这种商品物不美，或者这种商品价不廉
C.这种商品物不美，但这种商品价廉　　　D.这种商品物美，而且这种商品价廉
【答案】B。

【真题链接】

【例9】 下列句子中,对"并非'清者自清,浊者自浊'"理解正确的是( )。(2013年上·中学)

A.或者清者没自清,或者浊者没自浊
B.不但清者没自清,而且浊者没自浊
C.虽然清者已自清,但浊者没能自浊
D.尽管清者没自清,但浊者已经自浊

【答案】 A。

三、推理

(一)数字推理

1. 等差数列相关知识

(1)等差数列是指从第二项起,每一项与它的前一项的差等于同一个常数的一种数列。

例如:1,3,5,7,9……每一项减去前面一项的差均为2。

(2)二级等差数列:也叫差等差数列,即每一项减去前面一项所形成的差,又形成了一个等差数列。

例如:3,7,12,18,25……就是二级等差数列,每一项减去前一项的差为4,5,6,7,这些差又形成了等差为1的数列。

(3)三级等差数列:一个数列相邻的项两两做差,得到新数列,相邻的项再两两做差,然后得到一个等差数列,则其为三级等差数列。

2. 等比数列相关知识

等比数列是指从第二项起,每一项与它的前一项的比值等于同一个常数的一种数列。

例如:1,2,4,8,16,32……每一项除以前面一项,所得比值恒为2。

和等差数列类似,等比数列也有二级等比数列和三级等比数列。

3. 和、差、积数列相关知识

和数列,指的是从第三项开始,每一项等于前两项之和;或者从第四项开始,每一项等于前三项之和,这样形成的数列就是和数列。

例如:1,2,3,5,8,13,21……从第三项开始,每一项等于前两项之和:3=1+2;5=2+3;8=3+5;13=5+8;21=8+13。

考试中,一般会对和数列进行变换,即从第三项开始,每一项等于前两项之和再加一个数字;或从第三项开始,每一项等于前两项之和再减一个数字。

类似的考试形式,还有差数列,即从第三项开始,每一项等于前两项之差;积数列,即从第三项开始,每一项等于前两项之积。

【真题链接】

【例10】 下列选项中,填入数列"1,6,5,9,12,( )"空缺处的数字,正确的是( )。(2016年上·小学)

A.13　　　　　　B.15　　　　　　C.17　　　　　　D.19

【答案】 D。

【解析】 每相邻两项之和减去2等于第三项,即1+6-2=5;6+5-2=9;5+9-2=12;9+12-2=19。

【真题链接】

【例11】 下列选项中，填入数列"1,3,7,13,23,（　　）,（　　）,107"空缺处的数字，正确的是（　　）。（2015年下·小学）

A.28,57　　　　　　B.29,61　　　　　　C.37,59　　　　　　D.39,65

【答案】D。

【解析】每相邻两项之和加上3等于第三项，即1+3+3=7；3+7+3=13；7+13+3=23；13+23+3=39；23+39+3=65。

【例12】 下列选项中，填入数列"2,4,10,42,（　　）,17726"空缺处的数字，正确的是（　　）。（2017年上·小学）

A.122　　　　　　B.222　　　　　　C.322　　　　　　D.422

【答案】D。

【解析】每相邻两项之积加上2等于第三项，即2×4+2=10；4×10+2=42；10×42+2=422。

（二）图形推理

1.数量类

从图形的数量入手，图形的数量之间一般会呈现一定的规律。数量类图形推理，要重点关注"点、线、角、面"的数量。

2.位置类

从图形的位置，或图形与图形之间的位置入手，观察并发现一定的规律。位置变化的类型分为平移、旋转、翻转。

3.样式类

样式类图形的特点：图形组成的元素部分相似。在解决样式类图形推理题时，一定要注意解题顺序——先进行样式遍历，再进行加减同异。

在考试中，一般都是将数量、位置和样式进行综合考查，在解题的时候，要从这三方面入手，每发现一种规律，就从选项中排除符合条件的，直到综合规律全部确定，选入正确选项。

【真题链接】

【例13】 按照图形给出的特点，下列选项中，填入空白处恰当的是（　　）。（2018年上·幼儿园）

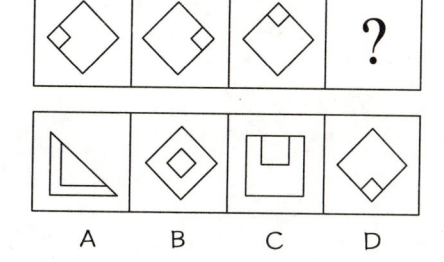

【答案】D。

【解析】图形特点是：大图形与小图形，有两边重合。

【真题链接】

【例14】下列图形组合的变化呈现出一定的规律性。下列选项中，最适合填在问号处的是（　　）。（2017年下·中学）

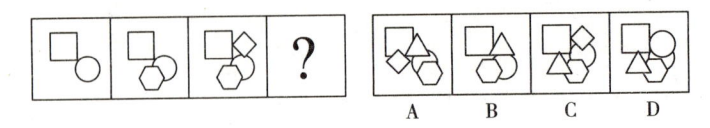

【答案】C。

【例15】下列选项中，与例图的四个图形有一致性规律的是（　　）。（2014年下·小学）

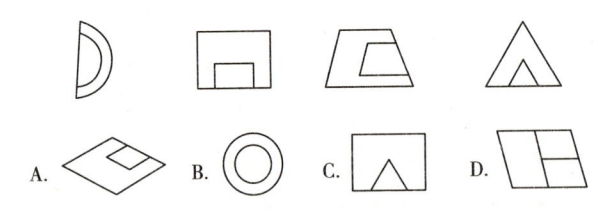

【答案】A。

【解析】内外图形一样，并且外部与内部有一条线相连。

【例16】将选项中的图形填入下面空格中，最符合格子中另三个图形的一致性规律的是（　　）。（2017年下·小学）

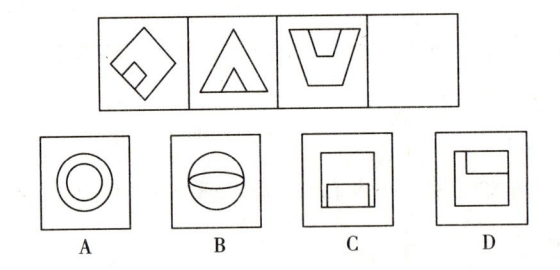

【答案】C。

第三节 阅读能力

【考点梳理】

一、答题思路

阅读理解题，主要考查教师的阅读理解和基本语言组织能力，对阅读理解题目的处理，一般按照以下步骤进行：

首先，泛读全文，了解文章主题思想、文章结构及每一段落的基本大意。在阅读时，将全文主题句和每段核心句进行标注。

其次，阅读问题，精读文章。在第一步泛读的基础上，这一步骤要求考生带着问题，有目的和针对性地精读文章。

再次，罗列信息，组织语言。在阅读过程中，考生要围绕着题目要求的内容，尽可能多地罗列信息，一定要分条列出。做题时，可以题目中的关键句或关键词为中心，由近及远，逐一列出与题目相关的信息点。

最后，分条作答，完成题目。作答时，一定要分条作答。可以用"首先、其次、再次、最后"等词语组织语言，也可以用"第一、第二、第三、第四"等词语进行作答。

二、基本要求

1. 要尽可能地用文章中提供的句子，稍加改动进行作答，既不可以原封不动地抄写原句，也不可以完全抛开文章自行组织答案。
2. 语言组织要简洁、扼要，突出重点，避免冗余。
3. 分条作答，字迹清楚，卷面整洁。

三、真题例释

【例1】（2017年上·中学）

从最根本的意义上来说，<u>文学是一项寻求认同的事业</u>——作者通过写作来寻求理解，寻觅知音，而读者则通过阅读（有时还需借助于文学研究和批评），来发现作者并与他们建立认同。在文学写作过程中，一个作家采取怎样的叙事姿态，使用怎样的技巧和语言方案，在很大程度上取决于他（她）对自己读者的想象与设定。在当今时代，很多作家都习惯了为现实的读者写作。作家通过区分不同的读者类型，针对特定的阅读对象，使用相应的语言和叙事策略，为他们提供读物，从而获得读者和市场的认同。但实际上，真正意义上的文学写作，不仅考虑现实的读者，同时也在向未来和可能的读者寻求认同。

比如说，在文学出版、印刷、传播很不发达的古代社会中，作家们的作品在当世的传播受到极大的限制。很多的文学作品往往是在作者身后通过"抄本"而得以流传。对古代的作者而言，他们的写作大多没有任何商业报酬，也很少现实的读者。正因为如此，他们只有对未来的读者加以想象，才能获得写作的基本动力。所谓的"文章千古事"，说的就是这个意思。而在现代社会中，很多作家的写作也向未来敞开。当时不为人知，在后世却成为一代经典的作品，即便是在近现代文学史上也比比皆是。所以说，文学本身就具有某种"待访"的性质：作家有点像在茫茫大海上建立岛屿的人，而读者则像是航海者和旅行者。作家之所以在孤寂中建立岛屿，当然是希望有一天能与他们的读者相遇。

对于另一些作家来说,他们的目光也会投向过去。他们试图与那些早已不在人世的文学先辈们进行对话。从某种意义上说,他们是在与先驱者所确立的文学标准对话。当然,他们也是在跟自己内心的目标进行对话。每一个优秀的作家,心中都有一个隐秘而清晰的目标。读者和社会的认同、商业上的成功是一回事,而能否接近和达到这个目标,则是另一回事。就中国文学而言,李白、杜甫、苏轼、曹雪芹等人确立了古典文学的标准,而鲁迅先生则代表了近现代以来中国文学和思想的新高度。也可以说,我们实际上面对着两个伟大的传统。我们置身于这两个传统之中,受到它们的护佑,分享它们的文学资源,向它们表达敬意,同时也在与它们进行对话,并尝试着作出新的文学变革。因此,任何有价值的写作,都是对传统的某种回应,即便是对传统的质疑和挑战(正像鲁迅先生所做过的那样),也是一种重要的回应。

所以,严格地来说,文学写作中对读者的想象,既是一种向现实和未来读者寻求认同的过程,同时也是对传统的再确认过程。我认为,这种具备了过去、现实和未来开放性视野的创作,才称得上是一种开放的写作。

问题:

(1)画线句"文学是一项寻求认同的事业"中"认同"的含义是什么?请简要概括。(4分)

(2)如何理解文末所言的"开放的写作"?请结合文本,简要分析。(10分)

【思路分析】

首先,阅读全文,了解文章结构。通过阅读,不难发现,第一段总领全文,提出文学是寻求认同的事业。第一段的结尾,提出了写文章既要面对现实读者,也要面对未来和可能的读者,由此引出第二、三段。第一段的末尾句,实际上是作者提出的寻求认同的方法和路径。把第二段和第三段的方法和路径掌握以后,自然就可以实现认同。第二段,讲的是古代作家在没有现实读者的情况下,对未来的读者加以想象。第三段,讲的是现在的作家也要向古代先驱们致敬,进行对话。最后一段,总结全文,提出作者自己的观点,即文学是一种开放的写作。

【题目解析】

第一问,抓住核心词"认同",然后将文章中与"认同"有关的信息全部罗列出来。通过阅读不难罗列出以下关键信息:(1)作者通过写作来寻求理解,寻觅知音;(2)而读者则通过阅读来发现作者并与他们建立认同;(3)在当今时代,很多作家都习惯了为现实的读者写作,为他们提供读物,从而获得读者和市场的认同。然后,将这三条信息进行重组,即为第一题答案。

第二问,文末"我认为"其实就是本题的答案,但是第二问的分值较高,所以需要对第二问展开论述即可。即作者要面对过去(与传统回应)、面对现实(为现实读者提供读物,获得市场和读者认同)、面对未来(对可能的读者进行想象和设定)。

【参考答案】

(1)文中"认同"主要包括下列几个方面:

①作者通过写作,寻觅知音。

②读者通过阅读,与作者建立认同。

③作者通过为现实读者提供读物,获得市场认同。

④作者还应当面对未来和可能的读者。

（2）"开放的写作"是指：

①作者要面向过去，即对传统进行回应。作者要向文学先驱们致敬，学习他们建立起来的标准，还可以进行创新。

②作者要面向现实，通过不同的叙事策略、语言技巧等，为不同的读者提供有针对性的读物，获得读者和市场的认同。

③作者要面向未来，对可能的读者进行想象和设定。这样做，即使一时可能为人不知，但也可能成为后世经典。

总之，文学是一种开放的写作，作者既要面向现实的读者和市场，也要面对传统和未来。

【例2】（2017年上·幼儿园）

提到人工智能的发展历程，在它的起源阶段，有三位名人和一个关键地点，还有两次寒流，是大家应该知道的。

第一位名人大家耳熟能详，那就是大名鼎鼎的"计算机科学之父"和"人工智能之父"——阿兰·图灵（Alan Mathison Turing）。他对人工智能的贡献集中体现于两篇论文：一篇是1936年发表的《论数字计算在决断难题中的应用》，在文中他对"可计算性"下了一个严格的数学定义，并提出著名的"图灵机"设想，从数理逻辑上为人工智能用上"机械大脑"开了理论先河；而另一篇论文对人工智能的影响更为直接，其名字就是《机器能思考吗》。在这篇论文中，图灵提出了一种判定机器是否具有智能的试验方法，即著名的图灵测试：如果一台机器能够与人类展开对话而不能被辨别出其机器身份，那么这台机器就是智能的。"中文房间实验"正是图灵测试的一个变种。可以说，图灵是第一个严肃地探讨人工智能标准的人物，被称作"人工智能之父"当之无愧。

第二位名人是一位神童，18岁即取得数理逻辑博士学位，这就是"控制论之父"维纳（Norbert Wiener）。1940年，维纳开始考虑计算机如何能像大脑一样工作，发现了二者的相似性。维纳认为计算机是一个进行信息处理和信息转换的系统，只要这个系统能得到数据，就应该能做几乎任何事情。他从控制论出发，特别强调反馈的作用，认为所有的智能活动都是反馈机制的结果，而反馈机制是可以用机器模拟的。维纳的理论抓住了人工智能核心——反馈，因此可以被视为人工智能"行为主义学派"的奠基人，其对人工神经网络的研究也影响深远。

第三位名人经常与图灵抢"人工智能之父"的帽子，第一次提出了"人工智能（Artificial Intelligence）"这一名词。他就是LISP语言发明者，真正的"人工智能之父"约翰·麦卡锡（John McCarthy）。在1955年，约翰·麦卡锡与另一位人工智能先驱马文·明斯基以及"信息论"创始人克劳德·香农一道作为发起人，邀请各路志同道合的专家学者在达特茅斯学院共同讨论人工智能。会上，正是约翰·麦卡锡说服大家使用人工智能（Artificial Intelligence）这一术语，参会人员也热烈讨论了自动计算机、自然语言处理和神经网络等经典人工智能命题。

而一个关键地点，便是上述会议的举行地达特茅斯学院。达特茅斯会议正式确立了AI这一术语，并且开始从学术角度对AI展开了严肃而精专的研究。在那之后不久，最早的一批人工智能学者和技术开始涌现。达特茅斯会议被广泛认为是人工智能诞生的标志，从此人工智能走上了快速发展的道路。

从诞生之日至今天，人工智能一方面被视作一颗冉冉升起的新星，受人追捧而蓬勃发展，另一方面也备受批评，且遭受过两次严重挫折，史称"两次人工智能寒冬"。

其中，1956年至1974年是人工智能发展的第一个黄金时期。在这期间，"通用解题机"（GPS）被制造出来，而约翰·麦卡锡发明了重要的LISP人工智能语音，这种语音直至今天仍有许多程序员在使用。人工智能程序在问题求解、语言处理方面取得了一些进展，而美国ARPA（即后来的DARPA，国防高等研究计划局）每年也为人工智能研究提供至少300万美元的经费。然而，民众和当局似乎对人工智能期待过高，当研究成果不尽如人意的时候，人们开始丧失对人工智能的兴趣。另外，当时作为神经网络先进成果的感知器受到强烈批评，人工智能的研究遭遇瓶颈。从1974年开始，人工智能遭遇第一次寒冬，投资者和政府对AI研究的资金投入骤减。

直到1980年，人工智能中专家系统的商用价值被广泛接受，企业订单增多，人工智能研究才开始复苏。这主要归功于符号逻辑学派的发展，神经网络的突破性进展则是80年代末的事情。然而这种复兴未能持续太久，从1987年开始Apple和IBM生产的个人电脑性能不断提升。这些计算机没有用到AI技术但性能上却超过了价格昂贵的LISP机。人工智能硬件的市场急剧萎缩，科研经费随之又被削减，AI经历了第二次寒冬。

而从上世纪90年代中期开始，随着AI技术尤其是神经网络技术的逐步发展，以及人们对AI开始抱有客观理性的认知，人工智能技术开始进入平稳发展时期。1997年5月11日，IBM的计算机系统"深蓝"战胜了国际象棋世界冠军卡斯帕罗夫，又一次在公众领域引发了现象级的AI话题讨论。

2006年，Hinton在神经网络的深度学习领域取得突破，人类又一次看到机器赶超人类的希望。这次标志性的技术进步，在最近三年引爆了一场商业革命。谷歌、微软、百度等互联网巨头，还有众多的初创科技公司，纷纷加入人工智能产品的战场，掀起又一轮的智能化狂潮，而且随着技术的日趋成熟和大众的广泛接受，这一次狂潮也许会架起一座现代文明与未来文明的桥梁。

虽然莫衷一是，但大家仍在热切期待，人工智能即将掀起人类社会发展的新高度。

问题：

（1）人工智能发展的三个阶段，分别有怎样的重要进步？请根据文本，简要概括。（4分）

（2）人们应该如何理性地看待人工智能的发展？（10分）

【思路分析】

从文章的第一段，我们就可以了解到这一篇文章的主要内容，所以阅读的时候抓住三个人、一个地点、两次寒流就可以了。

【题目解析】

第一题问的是"三个阶段"，这是一个时间发展概念，而这一篇文章基本就是按照时间顺序进行叙述的，所以只需要把文章按照前后顺序，分成三个阶段即可。第一个阶段，主要是创立理论，即和三个名人有关。第二个阶段，是创立理论以后，人工智能由黄金时期转入到了两次寒流。第三个阶段，人工智能走出寒流，进入平稳发展。

第二题问的是"理性看待"，既然是理性看待，那就不能只是一个方面，要多个方面，一般从两个方面叙述比较好。人工智能给我们的生活带来了便利，这是不用质疑的，这是好的方面。但任何事物的过度发展，都会造成困境，所以从两个方面叙述，就解决了第二个问题。

【参考答案】

（1）人工智能的发展经历了三个阶段：

第一阶段，起源阶段，由三位名人提出了不同的理论和概念。即阿兰·图灵为人工智能开了理论先河，维纳抓住了人工智能的核心——反馈，麦卡锡发明了"人工智能"这一术语。

第二阶段，经历挫折，人工智能一方面被视作一颗冉冉升起的新星，受人追捧而蓬勃发展，另一方面也备受批评，且遭受过两次严重挫折，史称"两次人工智能寒冬"。

第三阶段，平稳发展，20世纪90年代以来，AI进入平稳发展期，直到今天引发了商业革命。

（2）人工智能的发展应当理性看待：

①人工智能随着技术的发展，得到了大众的广泛接受，引爆了商业革命。互联网巨头和科技公司，正掀起又一轮的智能化狂潮，而且随着技术的日趋成熟和大众的广泛接受，这一次狂潮也许会架起一座现代文明与未来文明的桥梁。

②人工智能时代，有它的界限，我们在运用人工智能给我们的生活带来便利，给商业和技术带来革命的同时，也应当对人工智能的发展进行科学监管，避免危机的发生。

【例3】（2017年上·幼儿园）

当今世界已然进入网络化的大数据时代。网络技术、通信技术、移动设备技术的高度发达及其与人的高度融合，产生了爆炸式增长和高度复杂化的数据集合。这些规模超乎想象的，无法"在可容忍的时间内"用当下IT技术和软硬件工具对其进行感知、获取、管理、处理和服务的大数据，具有体量浩大、模式繁多、生成快速、价值巨大但密度很低的特点。这种全面、多元的大数据隐含着巨大的政治、经济、社会价值，已引起各行各业的高度重视。近年来，大数据正在成为国家和政府层面的发展战略，大数据不仅是一种海量的数据状态及其相应的数据处理技术，更是一种思维方式，一项重要的基础设施，一个影响整个国家和社会运行的基础性社会制度。在社会政治创新实践领域，大数据的全数据分析功能正在为政治创新、政策创新、实践创新提供更为充分的技术支持。

大数据将为人类的生活创造前所未有的可量化的思维视角，通过大数据及其背后的相关性联系，人们完全能够据此作出正确的决定。《纽约时报》在2012年2月的一篇专栏中指出，"大数据"时代已经降临，在商业、经济及其他领域中，决策将日益基于数据和分析而作出，而非基于经验和直觉。尤其是"物联网"的兴起，人们与感应器、显示屏等数据收集设备的日常交流不可避免，以至于有人预言，感应器和物联网连接也将"沉默的"设备转变为强大的预测和猜测设备，它们收集的数据可以与来自其他设备和数据库的数据整合在一起，从而创造出新的信息成果，这些成果的价值可能远远高于那些生成基础设备的价值。按照马克思的观点，<u>在创造大数据的历史过程中，每个人既是历史的"剧中人"，又是"剧作者"</u>；"人创造环境，同样环境也创造人"。在创造网络大数据的同时，人们也被网络大数据所改造。

大数据正在因其独特的社会价值而触发了社会道德治理的技术化创新潮流。尽管大数据存在着隐私安全、数据获取、数据准确性、数据利用与监管等问题，在目前社会治理实践领域，大数据不仅是人们治理社会的技术路径，还是人们治理改造的可能对象，尚存在理论纷争和现实困境，但是大数据正在毋庸置疑地影响着人们的认知视野，并将进而改变人们的生活、工作和思维方式。网络社会的大数据化对社会治理创新提出了更高的要求，并在科学化、程序化、专业化、系统化等方面提供了更具技术性的支持。社会道德治理创新是一个观念变革、政策选择、政策实施与检测的完整体系,其中大数据承担了数据挖掘、政策支撑、技术实施等功能。大数据管理及其应用的现状表明,通过掌握和利用大数据资源,可以有效地实现社会治理主体的多元化、治理过程的透明化、治理行为的数据化。重视大数据资源发掘和技术应用,以大数据实现社会道德治理的现代化,是"推动国家治理体系和治理能力现代化"的有效途径和时代要求。

问题:

(1)请简要概括文章画线句"在创造大数据的历史过程中,每一个人既是历史的'剧中人',又是'剧作者'"表达的意思。(4分)

(2)在促进社会治理上,文章认为大数据有怎样的意义?请结合文本,简要分析。(10分)

【思路分析】

通读文章可以得知,第一段具有背景意义,说明大数据的特征与广泛使用,是总述第二、三段,分别从大数据与人们的生活、社会治理两个方面,具体讲大数据的作用和意义。

【题目解析】

第一问,讲的是大数据和人们生活之间的关系,在原文中第二段进行理解和概括即可。

第二问,讲的是大数据和社会治理之间的关系,从第三段寻找有关信息,分条概括并作答即可。

【参考答案】

(1)"在创造大数据的历史过程中,每一个人既是历史的'剧中人',又是'剧作者'"意思是说,我们每一个人是数据的创造者,但同时也是受数据的影响者。

(2)在促进社会治理上,大数据有重要的意义。

①大数据触发了社会道德治理的技术化创新潮流。大数据自身存在着某些问题,所以对其治理提出了要求。

②大数据对社会治理创新提出了更高的要求,并提供了技术性支持。

③以大数据实现社会道德治理的现代化,是"推动国家治理体系和治理能力现代化"的有效途径和时代要求。只有重视和发掘大数据技术,才能更有效地实现社会道德治理现代化,这是必须要做的,也是一种有效途径。

【例4】(2016年上·幼儿园)

一个真正的文学批评家,应该坚守自己独立的批评品格,远离世俗的主流风尚,对文学进行精神与灵魂的审视,而不是庸常的絮语。然而,中国当下文学的主流批评恰恰存在着一定的灵魂缺失与精神萎缩。文学批评渐渐被市场与媒体所左右,总是在大而无当的赞歌与恣肆恶意的攻击之间进退维谷,作家和读者很难听到真正的批评的声音。大多数文学批评家将自己的批评视角与笔墨投向了文学的热闹喧嚣之地,而对一些处于边缘地位因种种缘故未能进入主流文坛的作家作品,却少有注意。事实上,在一些边缘作家的作品里,我们往往能够读到异于所谓主流的特别内容。譬如王小波,他在世的时候,并没有多少批评家的目光注意到他,关于其作品的译介自然也是其身后的事情了。而王小波的出现无疑显示了文学的另一种可能,他的作品在精神上和鲁迅式的焦灼与反抗,可谓有着异曲同工之妙:对人间猥琐的嘲弄,对现实生活的焦虑,对芸芸众生的哀怜,以及回到生活的深处与内心的深处,"将人的狂放、朗然之气弥散在作品中","在嘲弄社会的同时，也冷视了自我"。显然，王小波之死唤醒了一种新的文学批评的诞生，即充满学术良知、生存尊严与批评真理的文学批评。不过，这种文学批评并非当前文坛的大多数，恰恰相反，它只在少数批评家那里存在着，热闹的文坛依然那么热闹，热闹过后，一片虚无。文学批评的光芒，倘若日益被甚嚣尘上的商业化炒作完全掩盖，文学批评的末路或许也就为期不远了，我们的文学批评必须对此有所警觉。

问题：

（1）材料最后一句：我们的文学批评对此有所警觉的"此"指代的内容是什么。（4分）

（2）结合文本请简要分析当下文学批评存在的弊端。（10分）

【参考答案】

（1）文末所说的"此"，指的是文学批评的光芒被商业化的炒作完全掩盖。

（2）当下文学批评存在的弊端：

①主流批评灵魂缺失与精神萎缩。

②文学批评为市场和媒体左右，作家和读者很难听到真正的批评的声音。

③文学批评家将视角和笔墨投向热闹喧嚣之地，缺少对处于边缘地位文学的注意。

④文学批评缺少充满学术良知、生存尊严和批评真理的批评，文学批评的光芒被商业化的炒作完全掩盖。

【例5】（2016年下·幼儿园）

记得是在读小学三年级的时候，有一天，我在母亲的书架上找到一本装帧精致的小书，翻开来，便不由地沉了下去。一小段一小段的文字不带韵脚，却诗意盈盈。字里行间似有一种不可测的魔力。用书中的语言来形容，恰"好像那傍晚的宽宏大量的和平，覆盖着日间的骚乱一样"。当时是什么日子？岁月刚入七十年代，外面正闹文化大革命呢。我遇上了这么一个题目：《新月集》，以及这么一个外国名字：泰戈尔。八年后我进京读书，随身行囊中就有这本美丽的小书。大学毕业时，我将行李打包邮寄回家，其中一件不慎遗失，心爱的小书却恰巧在那个纸箱中。后来，我试着翻阅过其他版本，却再难寻到那怦然心动的感觉，我这才咀嚼回忆起另一个名字——郑振铎，并深深地怀念着。

几十年过去，直到不久前我终于又欣喜地发现了一本郑译《泰戈尔诗选》。重新捧读之下，曾经令十岁孩童着迷的文字让如今已知天命的我仍然沉醉不已。合上书本，我忍不住细细叩问自己，这份历久弥新的美丽究竟从何而来？

《新月集》虽然号称儿歌（children poem），但它并不是一部写给儿童读的诗歌集，而是用了孩子的口吻叙述儿童心理、儿童生活的最好的诗歌集，其中不乏隽永的智慧和很深的哲理。这情形与法国作家圣·埃克絮佩里（Saint-Exupéry）的名著《小王子》有几分相似。《新月集》译成于民国十二年，也就是一九二三年，那是白话文未臻成熟的年代。或许这份稚拙正好契合了儿童语气的秀嫩天真。郑振铎先生在"译者自序"中说：我的译文自己很不满意，但似乎还很忠实，且不至于看不懂。这句话让我伤心。据说在郑先生之前确有位王独清君的译文使人不懂。看来早期的白话文翻译曾在"忠实"和"易懂"之间苦苦挣扎过。

郑振铎先生翻译所依据蓝本是英文版，其实那已经是翻译本了。泰戈尔的诗篇多用孟加拉语写成，其风格深受古印度宗教哲学影响，又创造性地融入了孟加拉乡间民歌之旋律。尽管如此，在翻译过程中，郑先生对这部诗集的英文本始终恪守"忠实"信条。这一点，从文中多处做定语的"的"字便可看出。"天空里突然升起了一个男孩子的尖锐的歌声，他穿过看不见的黑暗，留下他歌声的痕迹跨过黄昏的静谧"（"家庭")。从译文我们几乎可以不费力地还原出英文来。换了我或大多数今人,恐怕会轻易采用"他的歌声碾过黄昏的静谧"这样熟稔的译法。然而如此一来,读者们便不再能体会到原文中"track"一词的存在了。(He traversed the dark unseen, leaving the track of his song across the hush of the evening.)

从根本上讲,"译"与"诱""媒"的意义一脉相通。翻译家如同媒人,挑逗起人们的好奇心,引诱他们对原作无限向往。而一旦能够欣赏货真价实的原作以后,一般人常常会薄情地抛弃翻译家辛勤制造的代用品(参看《林纾的翻译》——钱钟书)。不过我以为郑振铎先生的译文却属于另外一种境界,它纯净得犹如清新空气,人们透过它得以通畅无碍地欣赏原文,却几乎忘记了这个媒介本身的存在。或许这才是真正的翻译家该有的角色——尽量隐匿在原作者的身影里。毕竟与天马行空式的自由发挥翻译比较起来,忠实原文要艰难得多;而既忠实又优雅则是戴着脚镣的舞蹈了。大约这正是郑译永葆青春活力的秘诀所在。

问题:

(1)郑振铎翻译的《新月集》"忠实"的特点体现在哪里?请简要概括。(4分)

(2)文章认为翻译外文作品,一般有几种意境?请结合文本,简要分析。(10分)

【参考答案】

(1)翻译的"忠实"是指:人们透过它可以不费力地还原出原文,通畅无碍地欣赏原文。

(2)文章认为翻译外文作品,一般要做到两种意境:

第一,忠实。人们可以通过译文,不费力地还原出原文或通畅无碍地欣赏原文;

第二,优雅。尽量隐藏原作者的身影,让读者忘却翻译者这个媒介本身的存在。

【例6】(2016年上·小学)

书籍,可以是生活中的太阳,也可以是生活中的月亮。这样一想,我们就很容易分清两类读书人。

将书籍当作太阳的人,大都在白天读书;他们希望,有了书的照耀,生存道路上的艰难可以像冰一样加速融化,前进的障碍、陷阱可以一一跃过或者躲开。有书的帮助,他们看见自己想看的,得到自己想要的;明白自己还想看什么,还想要什么。他们歌颂太阳,只是因为太阳给他们光明;他们喜欢书籍,只是因为书籍帮他们走路。太阳不是闲来无事挂在天上玩的,白天读书的人也不大会读闲书,读无用的书。他们只要阳光,只要书中的有用的东西,不如此,就感到自己年华虚度,"白了少年头,空悲切"。

将书籍当作月亮的人,喜欢在晚上读书。日落西山,热气渐消;月上柳梢,银光乍泻;亮起一盏灯,与窗外月光辉映;随手从满架琳琅中抽出一本有趣的书,闲读。夜深人静,步出书房,庭中望月,心凉如水,体转如虫鸣。他们知道自己是无用之人,但不计较;他们清楚自己在读无用之书,但还是觉得有趣。他们为轻松而读书,借此摆脱生活的沉重。以书下酒,邀月同饮,个中乐趣不图与人分享,只求书不是盗版,酒不是伪劣,月不是假冒。至于白天的事,万事随缘,由它去吧!

白天读书的人,志在将梦想变为现实;晚上读书的人,意在将追梦变成守望。阳光下读书,梦在书外;月光下读书,梦在书中。

问题:

(1)请结合本文,谈谈"梦在书外"和"梦在书中"的含义。(4分)

(2)"将书籍当作太阳的人""将书籍当作月亮的人"这两类读书人,你更认同哪一类?请简要说明。(10分)

【参考答案】

（1）"梦在书外"指的是白天读书的人，将书当作太阳的人，他们不大读闲书，多读有用之书，志在将梦想变为现实。

"梦在书中"指的是夜晚读书的人，他们为轻松而读书，借此摆脱生活的沉重，意在将追梦变成守望。

（2）任选一个角度，言之有理即可。

【例7】（2016年下·小学）

一个人的目光发自他的内心世界。目光的颜色表征了一个人的信仰与观点，而它与自然光的偏离程度则衡量着他的阅世是否成熟。目光的视野大小反映了一个人的胸怀。目光的温度流露出一个人的情感。目光的光压显示了一个人的勇气、决心与意志。一束怯懦的目光，光压几乎接近于零。目光的高低常与一个人地位的尊卑相联系。目光的深浅则透着一个人的睿智、聪慧与文化修养。而目光的真伪完全是一个人是否诚实的标志。

目光还反映出一个人的综合气质，如他的人格品位、机智程度、灵气天分、城府心机、阅历深浅、胸襟气度、风范操守、文化素养、行为习惯……从一个人的目光里，我们可以读出他的心灵，看到他更为深层次的内涵。怪不得人们常说，眼睛是心灵的窗户。不过，眼睛确实是一个人最有神韵的地方。

有的人相信名片上的官衔，有的人甚至妄言，服装是一个人的"第二名片"。实际上，这两者都是最容易伪造的。而一个人的目光才是高度"防伪"的。一个人可以很容易改变他的服装，但却难以改变他的目光。据《世说新语·容止》记载，当年曹操要见匈奴使臣，他自以为形陋不足以向远方强悍之国显示天威，特叫崔季珪代替他，自己则握刀立旁做侍从。事后有人问使臣："魏王如何？"匈奴使者回答说，魏王形态仪表倒也不凡，但是旁边那位目光炯炯有神的握刀人才是真英雄。

善良的人们，要把握住自己的目光，去辨真伪，发现美，择良善，并发出自己纯净、善良的目光。我们每一个人不仅生活在自然的各种光照之下，同时也生活在社会的众多目光之中。这个世界若是更多些真、善、美的目光，就会变得更加美好。

问题：

（1）请结合文本，简要概括目光所反映出的一个人的特性。（4分）

（2）文章用"真假魏王"的例子旨在说明什么？请简要分析。（10分）

【参考答案】

（1）"一个人的目光"可以反映他的内心世界，可以反映他的综合气质。

（2）"真假魏王"的例子在说明，一个人的眼神可以反映一个人的综合气质，气质是不易造假的。而所谓的服装、头衔却可以造假，并不能真正成为一个人的"名片"，并不能真正反映一个人的特性。

【例8】（2016年下·中学）

影视产品挤压纸媒读物是当下一个明显趋势，正推动文化生态的剧烈演变。前者传播快，受众广，声色并茂，还原如真，具有文字所缺乏的诸多优越，不能不使写作者们疑惑：文学是否已成为夕阳？

没错，如果文字只是用来记录实情、实景、实物、实事，这样的文学确实已遭遇强大对手，落入螳臂挡车之势，出局似乎是迟早的事。不过，再想一想就会发现，文学从不限于实录，并非某种分镜头脚本。

优秀的文学实外有虚，实中寓虚，虚实相济，虚实相生，常有镜头够不着的地方。钱锺书先生早就说过：任何比喻都是画不出来的（大意）。说少年被"爱神之箭"射中，你怎么画？画一支血淋淋的箭穿透心脏？今人同样可以质疑：说恋爱者在"放电"，你怎么画？画一堆变压器、线圈、插头？

画不出来，就是拍摄不出来，就是意识的非图景化。其实，不仅比喻，文学中任何精彩的修辞，任何超现实的个人感觉，表现于节奏、色彩、韵味、品相的相机把握，引导出缺略、跳跃、拼接、置换的变化多端，使一棵树也可能有上千种表达，总是令拍摄者为难，没法用镜头来精确地追踪。文字的感觉化之外还有文字的思辨化。钱先生未提到的是：人是高智能动物，对事物总是有智性理解，有抽象认知，有归纳、演绎、辩证、玄思等各种精神高蹈。所谓"白马非马"，具体的白马或黑马或可入图，抽象的"马"却不可入图；即便拿出一个万马图，但"动物""生命""物质""有"等更高等级的相关概念，精神远行的诸多妙门，还是很难图示和图解，只能交付文字来管理。若没有文字，脑子里仅剩一堆乱糟糟的影像，人类的意识活动岂不会滑入幼儿化、动物化、白痴化？

一条是文字的感觉承担，一条是文字的思辨负载，均是影视镜头所短。有了这两条，写作者大可放下心来，即便撞上屏幕上的声色爆炸，汉语写作的坚守、发展、实验也并非多余。恰恰相反，文字与图像互为基因，互为隐形推手。一种强旺的文学成长，在这个意义上倒是优质影视生产不可或缺的重要条件。

问题：

（1）文中画线处"镜头够不着的地方"指的是什么？请简要概括。（4分）

（2）如何理解文中认为的"文字与图像互为隐形推手"？请结合文本具体分析。（10分）

【参考答案】

（1）"镜头够不着的地方"是指文学的实外之虚，以及修辞和超现实的个人感觉。

（2）"文字与图像互为隐形推手"指的是：

①文字的感觉承担、思辨负载，可以弥补影视镜头所短；

②图像的声色并茂、还原如真，可以弥补文字的缺憾。

第四节 写作能力

【考点梳理】

一、审题

1. 文体要求：如果有文体要求，则按要求进行写作；如果没有文体要求，推荐使用议论文体，或者选用自己最擅长的文体。

2. 字数要求：考场写作必须达到规定的字数要求，字数不足会扣分，字数一般多于规定字数的200字左右，比较合适。

3. 题目要求：如果题干中要求"以×××为题"，那么题目不能更改，只能依据题目要求进行写作。如果是"以×××为话题"或"题目自拟"，则需要自行拟定题目。教师资格证考试考场写作必须书写作文题目，否则扣分。

4. 审题例释

（1）（2015年下·中学）阅读下面材料，按要求作文。

许多植物自身都有对自然界灵敏的反应，并且不断调整自身的生存状态。如干旱可让植物的根深扎于泥土中；风力大的地区的植物长得更牢固；肥沃的土地上生长快的植物往往材质松软，贫瘠的土地上生长慢的植物常常材质坚硬。植物如此，人也一样。

要求：用规范的现代汉语写作，角度自选，立意自定，标题自拟，不少于1000字。

（2）（2015年上·中学）阅读下面材料，根据要求写一篇论说文。

山有山的高度，水有水的深度，没必要攀比，每个人都有自己的长处；风有风的自由，云有云的温柔，没必要模仿，每个人都有自己的个性。你认为快乐的，就去寻找；你认为值得的，就去守候；你认为幸福的，就去珍惜。 没有不被评说的事，没有不被猜测的人。不要太在乎别人的看法，不要太盲目追求一些东西，做最真实、最朴实的自己，依心而行，无憾今生。

要求：用规范的现代汉语写作，自定主题，自拟题目，不少于1000字。

（3）（2015年上·中学）阅读下面材料，根据要求写一篇议论文。

教育家苏霍姆林斯基曾说过，教育的理想就在于使所有儿童都成为幸福的人。

幸福是现代教育的终极价值，"有灵魂的教育"不仅要将孩子培养成为有用之人，而且应教他们追求幸福，将他们培育成幸福之人。

要求：用规范的现代汉语写作，自定立意，自拟题目，不少于1000字。

（4）（2014年上·中学）请以"我的梦想"为题写一篇记叙文或者议论文，字数不少于1000字。

【审题提示】审题时除了要注意文体、题目和字数的要求以外，还要注意这些要求出现在哪里。如第（2）题，对文体的要求出现在了题干中，而没有出现在"要求"里面，很多考生因此而审题错误。

通过完整阅读题目，可以得知：题目（1）要求自拟题目，字数不少于1000字，文体和角度均自行选择即可。题目（2）要求自拟题目，字数不少于1000字，文体为论说文（即议论文）。题目（3）要求自拟题目，不少于1000字，文体为议论文。（4）是一篇命题作文，字数不少于1000字，文体应为记叙文。

【提示1】综合素质——幼儿园，历年真题题目基本要求：

2018年上——论说文——不少于800字——标题自拟

2017年下——论述文——不少于800字——标题自拟

2017年上——论说文——不少于800字——标题自拟

2016年下——议论文——不少于800字——标题自拟

2016年上——自选文体——不少于800字——标题自拟

2015年下——自选文体——不少于800字——标题自拟

2015年上——自选文体——不少于800字——标题自拟

2014年下——自选文体——不少于800字——标题自拟

2014年上——自选文体——不少于800字——标题自拟

2013年下——议论文——不少于1000字——标题自拟

2013年上——自选文体（诗歌、剧本除外）——不少于800字——标题自拟

【提示2】综合素质——小学，历年真题题目基本要求：

2018年上——论说文——不少于800字——标题自拟

2017年下——自选文体——800字左右——标题自拟

2017年上——论说文——不少于800字——标题自拟

2016年下——自选文体——不少于800字——标题自拟

2016年上——自选文体——不少于800字——标题自拟

2015年下——自选文体——不少于800字——标题自拟

2015年上——自选文体——不少于800字——标题自拟

2014年下——自选文体——不少于800字——标题自拟

2014年上——自选文体——不少于800字——标题自拟

2013年下——议论文——不少于800字——标题自拟

2013年上——论说文——不少于800字——标题自拟

【提示3】综合素质——中学，历年真题题目基本要求：

2018年上——论说文——不少于1000字——标题自拟

2017年下——论说文——不少于1000字——标题自拟

2017年上——论说文——不少于1000字——标题自拟

2016年下——论说文——不少于1000字——标题自拟

2016年上——论说文——不少于1000字——标题自拟

2015年下——自选文体——不少于1000字——标题自拟

2015年上——论说文——不少于1000字——标题自拟

2014年下——议论文——不少于1000字——标题自拟

2014年上——议论文或记叙文——不少于1000字——标题给定

2013年下——议论文——不少于1000字——标题自拟

2013年上——自选文体——不少于1000字——标题自拟

二、立意

立意之"意"是指文本的主题，即一篇文章的中心思想。立意的方法步骤一般是：

1.扩展

考试中，除命题作文以外，往往是自选角度，自定立意。要确定一个好的立意，首先要对题目中的材料进行多角度的分析和设计。例如，我们选定以舍身救助学生的女教师为写作选题，我们可以从爱心、责任、奉献、无私、榜样等角度进行立意。要尽可能多地去挖掘材料给定的信息，尽可能多地去思考材料涉及的角度。

2.择优

通俗地说，就是从众多的立意中，选取自己最熟悉、最有话可说、最想表达的那个立意。作家魏巍在写《谁是最可爱的人》时说，"原也想说好几个意思"，在初稿中力求"面面俱到"，想告诉人家这个，又想告诉人家那个，结果是问题提得不尖锐、不明确，更别说深入地解决问题。后来经过认真仔细的辨析、筛选，只写了一个中心立意，即朝鲜战场上的那些为保家卫国同美帝国主义顽强斗争的志愿军战士们，他们才是我们最可爱的人。"

考场作文也是一样，要抓住一个立意，全面而深入地去论述或表达，最忌面面俱到，什么都想说，最后什么都没说清楚。

3.深化

把已经选定出的立意进行再度提炼、深化，以使该立意足够深刻、内涵丰富。做到这样，不仅深化了主题，而且可以为行文提供多种设计方案。

【例1】阅读下列材料，按要求作文。（2018年上·中学）

2016年里约奥运会上，中国女排在前期战局不利、对手强大的情况下，艰苦拼搏，最终战胜塞尔维亚队，又一次登上世界女排的顶峰。国人沸腾，自然而然地称赞"女排精神"，记者采访女排主教练郎平，希望她谈谈"女排精神"，她回答："不要因为我们赢了一场就谈女排精神，也要看到我们努力的过程。女排精神一直在，单靠精神不能赢球，还必须技术过硬。"

综合材料内容，联系社会生活，写一篇论说文。

要求：用规范的现代汉语写作，角度自选，立意自定，标题自拟，不少于1000字。

【立意分析】

从题干中，我们可以发现几个关键词：精神、结果、过程、技术。这些关键词就是我们选择立意的落脚点。一方面，我们可以依据其中一点进行立意，另一方面也可选取这些关键词之间的关系作为立意的角度。

如，可以论述"结果"与"过程"的关系，因为不懈的付出才能得到好的结果。还可以结合教育的角度，教师的工作是"台上一分钟，台下十年功"。我们既要看重结果，更要注重背后的拼搏和努力。

此外，本题还可以从"精神"和"技术"的关系入手，进行选题和立意。女排之所以获得成功，一方面是有女排精神，更关键的是有过硬的技术。结合教育角度，一个老师既要有职业道德和职业精神，更要有过硬的专业技能。

【例2】阅读下列材料，按要求作文。（2018年上·幼儿园）

近日，南京地铁运营公司发布检修数据，发现95%的自动扶梯右侧梯级链磨损严重，这再次引发公众对于自动扶梯"右立左行"规则的反思。

有人认为：安全重于效率，为了安全应该改变"右立左行"的规则。

有人认为：在效率至上的年代，高效就是一切。磨损严重就要加强检修，别把问题甩给大众。

有人认为：没有哪一法律允许在高速路拥挤时，废除应急车道来提高效率，规则的存在是有道理的。

综合上述材料所引发的联想和感悟，写一篇论说文。

要求：用规范的现代汉语写作，角度自选，立意自定，标题自拟，字数不少于800。

【立意分析】

从材料中，我们发现了三个可以作为立意的关键词，即安全、效率、规则。一方面，可以针对其中一点进行立意和行文，另一方面可以选择任两者之间的关系展开论述。

如，选择"安全"与"效率"的关系进行立意。在效率至上的时代，效率的确是非常关键的，但是安全涉及每一个公民的生命健康，必须对安全隐患零容忍，所以安全重于效率。

选择"效率"与"规则"的关系进行立意。无规则不成方圆，重视规则，是对公民生命健康的基本保障，没有安全，再高的效率也无助于社会的进步。

三、拟题

题目是文章的眼睛，拟定作文题目的方法有很多，但从考试的角度来讲，题目要突出主题，突出立意，突出中心。题目一定要反映出文章的体裁，切不可起一些类似散文或者记叙文的题目。

一般有两种写法：第一种指明文章论述范围，比如《论骨气》《说勇气》等；第二种题目就是论点，这种写法很特别也很醒目，比如《团结就是力量》《重理轻文可休矣》等。

常用的拟题方法还有以下几种：

（1）"让"字题

1. 让榜样之光照亮前路

2. 让脚印在时间深处闪光

3. 让青春梦想飞得更高远

4. 让历史照亮人类的明天

（2）"是"字题

1. 做人是做事的前提

2. "平衡"是一种大智慧

3. 家国情怀是立身养德之本

4. 平等是对生命最好的馈赠

（3）"以（用）"字题

1. 用公共理性铲除邪教土壤

2. 用刚性制度托起诚信中国

3. 用规则文明突破"关系藩篱"

（4）动宾式标题

1. 拆除心中那堵"墙"

2. 打破"标签化"思维

3. 打开隔绝陌生人的围墙

4. 做守望民族精神的代言人

5. 铸就文质彬彬的礼乐中国

（以上标题来自《人民日报》）

四、行文

（一）议论文

1. 基本结构

开头：提出论点，必须旗帜鲜明地点出文章的中心思想。

主体：分论点论述，一般使用两至三个案例对中心论点进行论证。案例之间，要多使用关联词进行过渡，使行文较为自然、流畅。

结尾：回应中心或升华主题。

2. 范文示例

谈骨气

吴 晗

我们中国人是有骨气的。（首段，点出中心论点）

战国时代的孟子，有几句很好的话："富贵不能淫，贫贱不能移，威武不能屈，此之谓大丈夫。"意思是说，高官厚禄收买不了，贫穷困苦折磨不了，强暴武力威胁不了，这就是所谓大丈夫。大丈夫的这种种行为，表现出了英雄气概，我们今天就叫做有骨气。（运用名人名言，解释中心论点）

我国经过了奴隶社会、封建社会的漫长时期，每个时代都有很多这样有骨气的人，我们就是这些有骨气的人的子孙，我们是有着优良革命传统的民族。

当然，社会不同，阶级不同，骨气的具体含义也不相同。这一点必须认识清楚。但是，就坚定不移地为当时的进步事业服务这一原则来说，我们祖先的许多有骨气的动人事迹，还有它积极的教育意义，是值得我们学习的。

南宋末年，首都临安被元军攻入，丞相文天祥组织武装力量坚决抵抗，失败被俘后，元朝劝他投降，他写了一首诗，其中有两句是："人生自古谁无死，留取丹心照汗青。"意思是人总是要死的，就看怎样死法，是屈辱而死呢，还是为民族利益而死？他选取了后者，要把这片忠心记录在历史上。文天祥被拘囚在北京一个阴湿的地牢里，受尽了折磨，元朝多次派人劝他，只要投降，便可以做大官，但他坚决拒绝，终于在公元1283年被杀害了。

孟子说的几句话，在文天祥身上都表现出来了。他写的有名的《正气歌》，歌颂了古代有骨气的人的英雄气概，并且以自己的生命来抗拒压迫，号召人民继续起来反抗。

另一个故事是古代有一个穷人，饿得快死了，有人丢给他一碗饭，说："嗟，来食！"（喂，来吃！）饿人拒绝了"嗟来"的施舍，不吃这碗饭，后来就饿死了。不食嗟来之食这个故事很有名，传说了千百年，也是有积极意义的。那人摆着一副慈善家的面孔,吆喝一声"喂,来吃!"这个味道是不好受的。吃了这碗饭,第二步怎样呢?显然,他不会白白施舍,吃他的饭就要替他办事。那位穷人是有骨气的:看你那副脸孔、那个神气,宁可饿死,也不吃你的饭。(开头"另一个故事"与下文"还有个例子",均为关联词,使论据与论据之间联系紧密,自然过渡。)

不食嗟来之食,表现了中国人民的骨气。

还有个例子。民主战士闻一多是在1946年7月15日被国民党枪杀的。在这之前,朋友们得到要暗杀他的消息,劝告他暂时隐蔽,他毫不在乎,照常工作,而且更加努力。明知敌人要杀他,在被害前几分钟还大声疾呼,痛斥国民党特务,指出他们的日子不会很长久了,人民民主一定得到胜利。毛主席在《别了,司徒雷登》一文中指出:"许多曾经是自由主义者或民主个人主义者的人们,在美国帝国主义者及其走狗国民党反动派面前站起来了。闻一多拍案而起,横眉怒对国民党的手枪,宁可倒下去,不愿屈服。"高度赞扬他表现了我们民族的英雄气概。

孟子的这些话,虽然是在两千多年以前说的,但直到现在,还有它积极的意义。当然我们无产阶级有自己的英雄气概,有自己的骨气,这就是绝不向任何困难低头,压不扁,折不弯,顶得住,吓不倒,为了社会主义、共产主义建设的胜利,我们一定能够克服任何困难,奋勇前进。(回应开头,深化中心论点)

【技巧点拨】

议论文常用关联词及句式

(一)并列关系

一方面……另一方面……

有时候……有时候……

既……又(也、又、还、同时)……

(二)选择关系

是……还是……

或者……或者……

不是……就是……

要么……要么……

与其……不如……

宁可……也(决)不……

(三)递进式

不仅……而且……

……尚且如此,更何况……

(四)转折式

当然/诚然……

可是/但……

虽然如此,但……

不是……而是……

（五）因果式

因为（由于）……所以（因此、因而）……

之所以……是因为……

既然（既）……就（便、则、那么）……

（六）条件关系

只要……就……

凡是……都……

不管……总……

只有……才……

无论（不论、不管、任凭）……都（也还）……

（七）总结观点

综上所述……

总而言之……

由此可见……

因此……

（八）举反例时常用：

反观那些……的人，

这些人即使……也……

相反，有些人……他们……

有些人认为……其实真正的……不是……而是……

（九）概述材料：

这个故事，让我深刻地认识到：……

这个小故事引起了我们深深的思索：……

这两个事例告诉我们……

类似这样的事例还有很多，我们应该从中得到一些启示……

（十）引用名言时常用：（1）……说得好："……"

（2）俗语"……"，说的就是这个意思。

（3）……曾经说过："……"

（二）记叙文或散文

1. 基本结构

开头：点明全文主题，如自己要写的人或事。

主体：按照一定的顺序，如时间顺序或事情的发生发展顺序，讲述两至三件事情。在记叙过程中，要加入适当的细节描写，如语言描写、动作描写、神态描写等。

结尾：回应主题或升华主题。

2. 范文示例

【例1】 我的老师

魏 巍

最使我难忘的,是我小学时候的女教师蔡芸芝先生。（开头直入主题）

回想起来,她那时有十八九岁。嘴角右边有榆钱大小一块黑痣。在我的记忆里,她是一个温柔和美丽的人。

她从来不打骂我们。仅仅有一次,她的教鞭好像要落下来,我用石板一迎,教鞭轻轻地敲在石板边上,大伙笑了,她也笑了。我用儿童的狡猾的眼光察觉,她爱我们,并没有存心要打的意思。

在课外的时候,她教我们跳舞,我还记得她把我扮成女孩子表演跳舞的情景。

在假日里,她把我们带到她的家里和朋友的家里。在她的朋友的园子里,她还让我们观察蜜蜂,也是在那时候,我认识了蜂王,并且平生第一次吃了蜂蜜。

她爱诗,并且爱用歌唱的音调教我们读诗。直到现在我还记得她读诗的音调,还能背诵她教我们的诗:

圆天盖着大海,

黑水托着孤舟,

远看不见山,

那天边只有云头,

也看不见树,

那水上只有海鸥……

今天想来,她对我的接近文学和爱好文学,是有着多么有益的影响!

像这样的教师,我们怎么会不喜欢她,怎么会不愿意和她亲近呢？我们见了她不由地就围上去。即使她写字的时候,我们也默默地看着她,连她握铅笔的姿势都急于模仿。

有一件小事,我不知道还值不值得提它,但回想起来,在那时却占据过我的心灵。我父亲那时候在军阀部队里,好几年没有回来,我跟母亲非常牵挂他,不知道他的死活。我的母亲常常站在一张褪了色的神像面前焚起香来,把两个有象征记号的字条卷着埋在香炉里,然后磕了头,抽出一个来卜问吉凶。我虽不像母亲那样,也略略懂了些事。可是在孩子群中,我的那些小"反对派"们,常常在我的耳边猛喊:"哎哟哟,你爹回不来了哟,他吃了炮子儿啰!"那时的我,真好像父亲死了似的那么悲伤。这时候,蔡老师援助了我,批评了我的"反对派"们,还写了一封信劝慰我,说我是"心清如水的学生"。一个老师排除孩子世界里的一件小小的纠纷,是多么平常,可是回想起来,那时候我却觉得是给了我莫大的支持!在一个孩子的眼睛里,他的老师是多么慈爱,多么公平,多么伟大的人啊!

每逢放假的时候,我们就更不愿离开她。我还记得,放假前我默默地站在她的身边,看她收拾东西的情景。蔡老师!我不知道你当时是不是察觉,一个孩子站在那里,对你是多么的依恋!至于暑假,对于一个喜欢他的老师的孩子来说,又是多么漫长!记得在一个夏季的夜里,席子铺在当屋,旁边燃着蚊香,我睡熟了。不知道睡了多久,也不知道是夜里的什么时候,我忽然爬起来,迷迷糊糊地往外就走。母亲喊住我:

"你要去干什么？"

"找蔡老师……"我模模糊糊地回答。

"不是放暑假了么？"

哦,我才醒了。看看那块席子,我已经走出六七尺远。母亲把我拉回来,劝说了一会,我才睡熟了。我是多么想念我的蔡老师啊!至今回想起来,我还觉得这是我记忆中的珍宝之一。一个孩子的纯真的心,就是那些在热恋中的人们也难比啊！什么时候，我能再见一见我的蔡老师呢？

可惜我没有上完初小，就转到县立五小上学去了，从此，我就和蔡老师分别了。（结尾回到主题）

【例2】   背影

朱自清

我与父亲不相见已二年余了，我最不能忘记的是他的背影。（开头直入主题）

那年冬天，祖母死了，父亲的差使也交卸了，正是祸不单行的日子。我从北京到徐州，打算跟着父亲奔丧回家。到徐州见着父亲，看见满院狼藉的东西，又想起祖母，不禁簌簌地流下眼泪。父亲说："事已如此，不必难过，好在天无绝人之路！"

回家变卖典质，父亲还了亏空；又借钱办了丧事。这些日子，家中光景很是惨淡，一半为了丧事，一半为了父亲赋闲。丧事完毕，父亲要到南京谋事，我也要回北京念书，我们便同行。

到南京时，有朋友约去游逛，勾留了一日；第二日上午便须渡江到浦口，下午上车北去。父亲因为事忙，本已说定不送我，叫旅馆里一个熟识的茶房陪我同去。他再三嘱咐茶房，甚是仔细。但他终于不放心，怕茶房不妥帖；颇踌躇了一会。其实我那年已二十岁，北京已来往过两三次，是没有什么要紧的了。他踌躇了一会，终于决定还是自己送我去。我再三劝他不必；他只说："不要紧，他们去不好！"

我们过了江，进了车站。我买票，他忙着照看行李。行李太多，得向脚夫行些小费才可过去。他便又忙着和他们讲价钱。我那时真是聪明过分，总觉他说话不大漂亮，非自己插嘴不可，但他终于讲定了价钱；就送我上车。他给我拣定了靠车门的一张椅子；我将他给我做的紫毛大衣铺好座位。他嘱我路上小心，夜里要警醒些，不要受凉。又嘱托茶房好好照应我。我心里暗笑他的迂；他们只认得钱，托他们只是白托！而且我这样大年纪的人，难道还不能料理自己么？我现在想想，我那时真是太聪明了。

我说道："爸爸，你走吧。"他望车外看了看，说："我买几个橘子去。你就在此地，不要走动。"我看那边月台的栅栏外有几个卖东西的等着顾客。走到那边月台，须穿过铁道，须跳下去又爬上去。父亲是一个胖子，走过去自然要费事些。我本来要去的，他不肯，只好让他去。我看见他戴着黑布小帽，穿着黑布大马褂，深青布棉袍，蹒跚地走到铁道边，慢慢探身下去，尚不大难。可是他穿过铁道，要爬上那边月台，就不容易了。他用两手攀着上面，两脚再向上缩；他肥胖的身子向左微倾，显出努力的样子。这时我看见他的背影，我的泪很快地流下来了。我赶紧拭干了泪。怕他看见，也怕别人看见。我再向外看时，他已抱了朱红的橘子往回走了。过铁道时，他先将橘子散放在地上，自己慢慢爬下，再抱起橘子走。到这边时，我赶紧去搀他。他和我走到车上，将橘子一股脑儿放在我的皮大衣上。于是扑扑衣上的泥土，心里很轻松似的。过一会儿说："我走了，到那边来信！"我望着他走出去。他走了几步，回过头看见我，说："进去吧，里边没人。"等他的背影混入来来往往的人里，再找不着了，我便进来坐下，我的眼泪又来了。

近几年来，父亲和我都是东奔西走，家中光景是一日不如一日。他少年出外谋生，独力支持，做了许多大事。哪知老境却如此颓唐！他触目伤怀，自然情不能自已。情郁于中，自然要发之于外；家庭琐屑便往往触他之怒。他待我渐渐不同往日。但最近两年不见，他终于忘却我的不好，只是惦记着我，惦记着他的儿子。我北来后，他写了一信给我，信中说道："我身体平安，惟膀子疼痛厉害，举箸提笔，诸多不便，大约大去之期不远矣。"我读到此处，在晶莹的泪光中，又看见那肥胖的、青布棉袍黑布马褂的背影。唉！我不知何时再能与他相见！

（回应主题）

【例3】   母亲
                           肖复兴

世上有一部永远读不完的书，那便是母亲……

那一年，我的生母突然去世，我不到八岁，弟弟才三岁多一点儿，我俩朝爸爸哭着要妈妈……直到有一天，爸爸独自一人回了一趟老家，他回来的时候，给我们带回了她，后面还跟着一个小姑娘。爸爸指着她，对我和弟弟说："快，叫妈妈！"弟弟吓得躲在我身后，我噘着小嘴，任爸爸怎么说就是不吭声。"不叫就不叫吧！"她说着，伸出手要摸摸我的头，我扭着脖子闪开，就是不让她摸。

望着这陌生的娘俩儿，我想起了那首无数人唱过的凄凉小调："小白菜呀，地里黄呀，两三岁呀，没有娘呀……"我不知道那是一种什么心绪，总是用忐忑不安的眼光偷偷地看她和她的女儿。

在以后的日子里，我从来不喊她妈妈。有一天，我把妈妈生前的照片翻出来挂在家里最醒目的地方，以此向后娘示威。怪了，她不但不生气，而且常常踩着凳子上去擦照片上的灰尘。有一次，她正擦着，我突然向她大声喊着："你别碰我的妈妈。"好几次夜里，我听见爸爸在和她商量："把照片取下来吧！"而她总是说："不碍事儿，挂着吧！"头一次我对她产生了一种说不出的好感，但我还是不愿叫她妈妈。

孩子没有一个是省油的灯，大人的心操不完。我们大院有块平坦、宽敞的水泥空场。那是我们孩子的乐园，我们没事便到那儿踢球、跳皮筋，或者漫无目的地疯跑。一天上午，我被一辆突如其来的自行车撞倒，重重地摔在水泥地上，大夫告诉我："多亏了你妈呀！她一直背着你跑来的，生怕你留下后遗症，长大了可得好好孝顺她呀……"

她站在一边不说话，看我醒过来便伏下身摸摸我的后脑勺，又摸摸我的肚子。我不知怎么搞的，第一次在她面前流泪了。

"还疼？"她立刻紧张地问我。

我摇摇头，眼泪却止不住。

"不疼就好，没事就好！"

回家的时候，天已经全黑了。从医院到家的路很长，还要穿过一条漆黑的小胡同，我一直伏在她的背上。我知道刚才她就是这样背着我，跑了这么长的路往医院赶的。

以后的许多天里，她不管是见爸爸还是见邻居，总是一个劲埋怨自己"都赖我，没看好孩子！千万别落下病根呀……"，好像一切过错不在那硬梆梆的水泥地，不在我太调皮，而全在她。一直到我活泼乱跳一点儿也没事了，她才舒了一口气。

没过几年，三年大饥荒就来了，只是为了省出家里一口人吃饭，她把自己的亲闺女，那个老实、听话、像她一样善良的小姐姐嫁到了内蒙古。那年小姐姐才18岁，我记得特别清楚，那一天，天气很冷，爸爸看小姐姐穿得太单薄了，就把家里唯一的一件粗线毛大衣给小姐姐穿上，她看见了，一把扯了下来："别，还是留给她弟弟吧，啊！"车站上，她一句话也没说，只是在火车开动的时候，向女儿挥了挥手。寒风中，我看见她那像枯枝一样的手臂在抖动，回来的路上她一边走一边叨叨："好啊，好啊，闺女大了，早寻个人家好啊，好！"我实在是不知道人生的滋味儿，不知道她一路上叨叨的这几句话是在安抚她自己那流血的心。她是母亲，她送走自己的亲生闺女，为的是两个并非亲生的孩子，世上竟有这样的后母？

望着她那日趋隆起的后背，我的眼泪像泉水一样往外涌。"妈妈！"我第一次这样称呼了她，她站住了，回过头来，愣愣地看着我不敢相信是真的，我又叫一声"妈妈"，她竟"呜"的一声哭了，哭得像个孩子。

多少年的酸甜苦辣，多少年的委屈，全都在这一声"妈妈"中溶解了。

母亲啊，您对孩子的要求总是这么少……

这一年，爸爸因病去世了，妈妈先是帮人家看孩子，以后又在家里弹棉花，攥线头，她就是用弹棉花攥线头挣来的钱供我和弟弟上学。望着妈妈每天满身、满脸、满头的棉花毛毛，我常想亲娘又怎么样！从那以后的许多年里，我们家的日子虽然过得很清苦，但是，有妈妈在，我们仍然觉得很甜美，无论多晚回家，那小屋里的灯总是亮的，橘黄色的灯光里满是温馨。只要妈妈在，那小屋便是我们的港湾。

可是，我完全没有想到，就在我刚大学毕业的时候，妈妈却突然地倒下了，而且再也没有起来。

妈妈，请您的在天之灵能原谅我，原谅我儿时的不懂事，而我永远也不能原谅自己。我知道在这个世界上，我什么都可以忘记，却永远不能忘记您给予我的一切……

世上有一部永远写不完的书，那便是母亲！

【闯关训练】

1. 下列选项中，与"兵马：粮草"逻辑联系相同的是（   ）。

   A. 工人：工资　　　　　　　　B. 植物：雨水

   C. 电视：遥控器　　　　　　　D. 发动机：燃油

2. 俗话说，"舍不得孩子套不住狼"。下列各项中，对此句理解不正确的是（   ）。

   A. 想套得住狼，就要舍得孩子　　B. 只要舍得孩子，就能套得住狼

   C. 舍得孩子，也许能套得住狼　　D. 只有舍得孩子，才能套得住狼

3. 下列选项中，与"3+4+5→151227""5+3+2→101525""8+2+4→321648"这一数字游戏规律相同的是（   ）。

   A. 7+6+5→423585　　　　　　B. 7+6+5→423577

   C. 7+6+5→354277　　　　　　D. 7+6+5→354285

4. 在 Word 中，下列操作不能实现的是（   ）。

   A. 在页眉中插入日期　　　　　B. 建立奇偶内容不同的页眉

   C. 在页眉中插入分页符　　　　D. 在页眉中插入剪贴画

5. 阅读下列材料，按要求回答问题。

传统戏曲表现为两种形态。一种属于文化形态，主要存在于民间，因而可以称之为民间戏曲。这种民间戏曲具有质朴的、非艺术化的倾向，这种质朴而非艺术化的倾向，表达的是一种文化的参与和共融，而非纯艺术的审美咀嚼。另一种则属于艺术形态，是士大夫文人在民间戏曲的基础上，不断丰富其表现手段，使其更趋向雅致，具有了较高的审美性和审美价值，形成我们现在所看到的戏曲艺术。而我们常常所说的戏曲现代化，更多的是戏曲艺术的现代化。但在戏曲现代化的过程中，人们往往把注意力集中在戏曲现代题材和思想内容的表现上，而忽视了戏曲艺术作为一种艺术样式所具有的本质特征。我们认为戏曲艺术的现代化决不仅仅为戏曲题材是否属于现代的生活，戏曲的思想内容是否曲折生动感人的。换言之，一方面，现代生活题材当然是现代戏曲艺术应该表现的内容之一甚至是重要的内容之一，但通过古代生活题材同样也可以反映当代人的思想意识和精神生活。张庚先生对此有明确的认识，认为戏曲现代化的重心就是如何"以中国人的审美标准和方式，表现现代生活与现代意识"，在历史剧中贯穿着作者当时的时代精神，所以"也

不一定只有描写当代生活的戏才配称为现代化的戏曲。现代人写的历史剧一样也能成为很好的现代戏"。而另一方面，戏曲艺术的本体在于其形式的表达，即戏曲艺术之所以成为戏曲艺术，在于它独特的戏曲表达形式，也就是说，不在于其表达的思想内容是什么，而在于其如何表达这些思想内容，正是在这个意义上，克乃夫·贝尔认为"美"是"有意味的形式"的著名观点解释了艺术美的来源。因而，戏曲艺术的审美价值就在于其可以反复欣赏的独特的形式美，是形式与内容两者和谐、有机的统一。作为一种古老的传统艺术，戏曲在现代的形式意义尤其显著。而时下戏曲艺术的现代追求在"形式美"上做了一些尝试和努力，但力度显见不足，也缺乏系统性，其更多之着眼在于强调反映现代生活和现代意识，甚至把内容也局限在主旋律的范畴之内，而应该重视的形式、艺术的继承传统和现代化革新却步履艰难，这正是戏曲艺术现代化的主要困境所在。

无疑，关注和回归民间是摆脱这种困境、实现现代转型的根本，戏曲的发展有雅化的明显趋势，但同时也在失去其赖以生存的土壤，那样的话戏曲只能成为空中楼阁，成为少数人乐道的雾里花。戏曲是一种大众艺术、大众文化，它的根、它的脉、它的代谢机制都在民间，戏曲艺术的每次发展、繁荣，民间大众都发挥了积极、能动的作用，是改革、创新的主体，是戏曲发展的推动力，是戏曲一次次转型和新旧代谢的资源库，每一次革新都有深厚的群众基础。然而，反观当代有一种越来越不尊重和漠视民间的趋势，这不仅让戏曲艺术表现形式的革新失去可资借鉴的力量，同时也破坏了具有悠久历史的戏曲文化生态链，让戏曲与广大民众愈来愈隔膜，这正是我们戏曲现代化过程中最大的一个缺失，也是学界不得不正视的一个问题。

当然，民间戏曲决不会因为我们忽视而自动消亡，因为它与民间的生活息息相关，甚至它就是民间生活的一部分，所以它的生命绵延不绝。学界的一些有识之士也逐渐认识到了民间戏曲的价值，人们会发现，某些方面民间戏曲在追求其现代转型的道路上走得更远更稳，在一些地区，它甚至已经融进了人们的现代精神文化生活，成为他们文化生活不可或缺的一部分。我们有充分的理由相信，民间的重新发现和本质回归，对21世纪孜孜以求的戏曲人来讲有特别重要的意义，会是实现传统戏曲现代转型和步出困境的一把密匙。

问题：

（1）戏曲现代化过程中应重点关注哪两个方面？请结合文本，作简要说明。

（2）文章认为应如何走出戏曲艺术现代化的困境？请简要分析。

6.阅读下列材料，按要求作文。

当年济南老火车站被拆，是这座历史文化名城长久的痛，这一建于100多年前的哥特式老建筑，被誉为"20世纪初世界上优秀的交通建筑，是当时中国可与欧洲著名火车站相媲美的建筑作品"。最近，当地媒体就复建展开新一轮调查投票，想弥补当年的遗憾。

综合上述材料所引发的思考和感悟，写一篇不少于800字的论述文。

要求：用规范的现代汉语写作。角度自选，立意自定，标题自拟。

【参考答案】

1.【答案】D。

2.【答案】B。

3.【答案】C。

4.【答案】C。

5.【参考答案】

（1）戏曲现代化过程应当关注两点：

①以中国人的审美标准和方式，表现现代生活与现代意识；

②在历史剧中贯穿着作者当时的时代精神。

（2）走出艺术现代化困境应当：

①关注和回归民间是摆脱这种困境、实现现代转型的根本；

②民间大众发挥积极、能动的作用，是戏曲发展的推动力；

③民间戏曲融进了人们的现代精神文化生活，成为他们文化生活不可或缺的一部分。

6.评分标准

一等（50—38）中心突出，内容丰富，情真意切，结构严谨，文体明确，语言优美，书写工整。

二等（37—25）符合题意，中心明确，内容充实，感情真实，结构完整，语句通顺，书写工整。

三等（24—12）基本符合题意，中心基本明确，内容单薄，结构基本完整，语言基本通顺，字迹潦草。

四等（11—0）偏离题意，中心不明或立意不当，内容空洞，感情虚假，结构混乱，语病较多，字迹不清。

附录 1

《综合素质》（幼儿园）考试大纲

一、考试目标

主要考查申请教师资格人员的下列知识、能力和素养：

1. 具有先进的教育理念。
2. 具有良好的法律意识和职业道德。
3. 具有一定的文化素养。
4. 具有阅读理解、语言表达、逻辑推理、信息处理等基本能力。

二、考试内容模块与要求

（一）职业理念

1. 教育观

理解国家实施素质教育的基本要求。

掌握在幼儿教育中实施素质教育的途径和方法。

理解幼儿教育作为人生发展的奠基教育的重要性及其特点，能够以正确的教育价值观分析和评判教育现象。

2. 儿童观

理解"人的全面发展"的思想。

理解"育人为本"的含义，爱幼儿，尊重幼儿，相信每一个幼儿都具有发展潜力，维护每一个幼儿的人格与权利。

运用"育人为本"的幼儿观，在保教实践中公正地对待每一个幼儿，不因性别、民族、地域、经济状况、家庭背景和身心缺陷等歧视幼儿。

设计或选择丰富多样、适当的保教活动方式，因材施教，以促进幼儿的个性发展。

3. 教师观

了解教师专业发展的要求；

具备终身学习的意识。

理解教师职业的责任与价值，具有从事幼儿教育工作的热情与决心。

（二）教育法律法规

1. 有关教育的法律法规

了解国家主要的教育法律法规，如《中华人民共和国教育法》《中华人民共和国义务教育法》《中华人民共和国教师法》《中华人民共和国未成年人保护法》《幼儿园工作规程》等。

了解《国家中长期教育改革和发展规划纲要(2010—2020年)》的相关内容。

了解联合国《儿童权利公约》的相关内容。

2. 教师权利和义务

熟悉教师的权利和义务，熟悉国家有关教育法律法规所规范的教师教育行为，依法从教。

依据国家教育法律法规，分析评价幼儿教学实践中的实际问题。

3. 幼儿保护

熟悉幼儿权利保护的相关教育法规，保护幼儿的合法权利。

依据国家教育法律法规，分析评价幼儿教育工作中幼儿权利保护等实际问题。

（三）教师职业道德规范

1. 教师职业道德

了解《中小学教师职业道德规范》（2008年修订），掌握教师职业道德规范的主要内容。

理解《中小学班主任工作条例》的精神。

分析评价保教实践中教师的道德规范问题。

2. 教师职业行为

熟悉教师职业行为规范的要求，熟悉幼儿园教师的职业特点。

理解教师职业行为规范的主要内容，在教育活动中运用行为规范恰当地处理与幼儿、幼儿家长、同事以及教育管理者的关系。

在保教活动中，依据教师职业行为规范，爱国守法、爱岗敬业、关爱学生、教书育人、为人师表。

（四）文化素养

具有一定的文化常识。

了解中外科技发展史上的代表人物及其主要成就，熟悉常见的幼儿科普读物。

了解中外文学史上重要的作家作品，尤其是常见的儿童文学作品。

（五）基本能力

1. 阅读理解能力

理解阅读材料中重要概念的含义。

理解阅读材料中重要句子的含义。

具有筛选并整合图画、文字、视频等阅读材料信息，并运用于保教工作的能力。

归纳内容要点，概括中心意思。

分析概括作者在文中的观点态度。

2. 逻辑思维能力

了解一定的逻辑知识，熟悉分析、综合、概括的一般方法。

掌握比较、演绎、归纳的基本方法，准确判断、分析各种事物之间的关系。

准确而有条理地进行推理、论证。

3. 信息处理能力

具有运用工具书检索信息、资料的能力。

具有运用网络检索、交流信息的能力。

具有对信息进行筛选、分类、存储和应用的能力。

具有根据保教工作的需要，设计、制作课件的能力。

4. 写作能力

掌握文体知识，能根据需要按照选定的文体写作。

能够根据文章中心组织、剪裁材料。

具有布局谋篇，有效安排文章结构的能力。

语言表达准确、鲜明、生动，能够运用多种修辞手法增强表达效果。

三、试卷结构

模 块	比 例	题 型
职业理念	15%	单项选择题 材料分析题
教育法律法规	10%	
教师职业道德规范	15%	
文化素养	12%	
基本能力	48%	单项选择题 材料分析题 写作题
合 计	100%	单项选择题：约39% 非选择题：约61%

四、题型示例

1. 单项选择题

（1）小明在课堂上突然大叫，有的同学也跟着起哄。下列处理方式，最恰当的一项是（　　）。

A. 马上制止，让小明站到讲台边　　　　B. 不予理睬，继续课堂教学

C. 稍作停顿，批评训斥学生　　　　　　D. 幽默化解，缓和课堂气氛

（2）"五岳"是我国的五大名山，下列不属于"五岳"的一项是（　　）。

A. 泰山　　　　　B. 华山　　　　　C. 黄山　　　　　D. 衡山

（3）阅读下面文段，回答问题。

子曰："学而不思则罔①，思而不学则殆②。"（《论语·为政》）

【注释】①罔：迷惑、糊涂。②殆：疑惑、危险。

下列对孔子这段话的理解，不正确的一项是（　　）。

A. 在孔子看来，学和思二者不能偏废，主张学与思相结合。

B. 孔子指出了学而不思的局限，也道出了思而不学的弊端。

244

C. 光学习不思考会越学越危险，光思考不学习会越来越糊涂。

D. 孔子学与思相结合的思想，在今天仍有其值得肯定的价值。

2. 材料分析题

阅读下面材料，回答问题。

学生王林在学校因同学给他起外号，将同学的鼻子打出了血。班主任徐老师给王林的爸爸打电话，让他下午到学校来。放学时，王林的爸爸刚来到校门口，等在那里的徐老师当着众人的面，第一句话就是："这么点儿大的孩子都管不好，还用我教你吗？"

问题：

请从教师职业道德规范的角度，对徐老师的做法进行评价。

3. 写作题

请以"我为什么要当教师"为题，写一篇论述文。要求观点明确，论述具体，条理清楚，语言流畅。不少于800字。

附录 2

《综合素质》（小学）考试大纲

一、考试目标

主要考查申请教师资格人员的下列知识、能力和素养：

1. 具有先进的教育理念。
2. 具有良好的法律意识和职业道德。
3. 具有一定的文化素养。
4. 具有阅读理解、语言表达、逻辑推理、信息处理等基本能力。

二、考试内容模块与要求

（一）职业理念

1. 教育观

理解国家实施素质教育的基本要求。

掌握在学校教育中开展素质教育的途径和方法。

依据国家实施素质教育的基本要求，分析和评判教育现象。

2. 学生观

理解"人的全面发展"的思想。

理解"以人为本"的含义，在教育教学活动中做到以学生的全面发展为本。

运用"以人为本"的学生观，在教育教学活动中公正地对待每一个学生，不因性别、民族、地域、经济状况、家庭背景和身心缺陷等歧视学生。

设计或选择丰富多样、适当的教育教学活动方式，因材施教，以促进学生的个性发展。

3. 教师观

了解教师专业发展的要求。

具备终身学习的意识。

在教育教学过程中运用多种方式和手段促进自身专业发展。

理解教师职业的责任与价值，具有从事教育工作的热情与决心。

（二）教育法律法规

1. 有关教育的法律法规

了解国家主要的教育法律法规，如《中华人民共和国教育法》《中华人民共和国义务教育法》《中华人民共和国教师法》《中华人民共和国未成年人保护法》《中华人民共和国预防未成年人犯罪法》《学生伤害事故处理办法》等。

了解《国家中长期教育改革和发展规划纲要（2010—2020年）》的相关内容。

2. 教师权利和义务

理解教师的权利和义务，熟悉国家有关教育法律法规所规范的教师教育行为，依法从教。

依据国家教育法律法规，分析评价教师在教育教学实践中的实际问题。

3. 学生权利保护

了解有关学生权利保护的教育法规，保护学生的合法权利。

依据国家教育法律法规，分析评价教育教学活动中的学生权利保护等实际问题。

（三）教师职业道德规范

1. 教师职业道德

了解《中小学教师职业道德规范》（2008年修订），掌握教师职业道德规范的主要内容，尊重法律及社会接受的行为准则。

理解《中小学班主任工作条例》的文件精神。

分析评价教育教学实践中教师的道德规范问题。

2. 教师职业行为

了解教师职业行为规范的要求。

理解教师职业行为规范的主要内容，在教育活动中运用行为规范恰当地处理与学生、学生家长、同事以及教育管理者的关系。

在教育教学活动中，依据教师职业行为规范，爱国守法、爱岗敬业、关爱学生、教书育人、为人师表。

（四）文化素养

了解中外科技发展史上的代表人物及其主要成就。

了解一定的科学常识，熟悉常见的科普读物。

了解一定的文学知识和文化常识。

了解中外文学史上重要的作家作品。

了解一定的艺术鉴赏知识。

了解艺术鉴赏的一般规律，并能有效地运用于教育教学活动。

（五）基本能力

1. 阅读理解能力

理解阅读材料中重要概念的含义。

理解阅读材料中重要句子的含义。

筛选并整合图表、文字、视频等阅读材料中的主要信息及重要细节。

分析文章结构，把握文章思路。

归纳内容要点，概括中心意思。

分析概括作者在文中的观点态度。

2. 逻辑思维能力

了解一定的逻辑知识，熟悉分析、综合、概括的一般方法。

掌握比较、演绎、归纳的基本方法，准确判断、分析各种事物之间的关系。

准确而有条理地进行推理、论证。

3. 信息处理能力

具有运用工具书检索信息、资料的能力。

具有运用网络检索、交流信息的能力。

具有对信息进行筛选、分类、存储和应用的能力。

具有运用教育测量知识进行数据分析与处理的能力。

具有根据教育教学的需要，设计、制作课件的能力。

4. 写作能力

掌握文体知识，能根据需要按照选定的文体写作。

能够根据文章中心组织、剪裁材料。

具有布局谋篇，有效安排文章结构的能力。

语言表达准确、鲜明、生动，能够运用多种修辞手法增强表达效果。

三、试卷结构

模块	比例	题型
职业理念	15%	单项选择题 材料分析题
教育法律法规	10%	
教师职业道德规范	15%	
文化素养	12%	
基本能力	48%	单项选择题 材料分析题 写作题
合　计	100%	单项选择题：约39% 非选择题：约61%

四、题型示例

1. 单项选择题

（1）小明在课堂上突然大叫，有的同学也跟着起哄。下列处理方式，最恰当的一项是（　　）。

A. 马上制止，让小明站到讲台边　　　B. 不予理睬，继续课堂教学

C. 稍作停顿，批评训斥学生　　　　　D. 幽默化解，缓和课堂气氛

（2）"五岳"是我国的五大名山，下列不属于"五岳"的一项是（　　）。

A. 泰山　　　　　　B. 华山　　　　　　C. 黄山　　　　　　D. 衡山

（3）阅读下面文段，回答问题。

子曰："学而不思则罔①，思而不学则殆②。"（《论语·为政》）

【注释】①罔：迷惑、糊涂。②殆：疑惑、危险。

下列对孔子这段话的理解，不正确的一项是（　　）。

A. 在孔子看来，学和思二者不能偏废，主张学与思相结合。

B. 孔子指出了学而不思的局限，也道出了思而不学的弊端。

C. 光学习不思考会越学越危险，光思考不学习会越来越糊涂。

D. 孔子学与思相结合的思想，在今天仍有其值得肯定的价值。

2. 材料分析题

阅读下面材料，回答问题。

学生王林在学校因同学给他起外号，将同学的鼻子打出了血。班主任徐老师给王林的爸爸打电话，让他下午到学校来。放学时，王林的爸爸刚来到校门口，等在那里的徐老师当着众人的面，第一句话就是："这么点儿大的孩子都管不好，还用我教你吗？"

问题：

请从教师职业道德规范的角度，对徐老师的做法进行评价。

3. 写作题

请以"我为什么要当教师"为题，写一篇论述文。要求观点明确，论述具体，条理清楚，语言流畅。不少于800字。

附录 3

《综合素质》（中学）考试大纲

一、考试目标

主要考查申请教师资格人员的下列知识、能力和素养：

1. 具有先进的教育理念。
2. 具有良好的法律意识和职业道德。
3. 具有一定的文化素养。
4. 具有阅读理解、语言表达、逻辑推理、信息处理等基本能力。

二、考试内容模块与要求

（一）职业理念

1. 教育观

理解国家实施素质教育的基本要求。

掌握在学校教育中开展素质教育的途径和方法。

依据国家实施素质教育的基本要求，分析和评判教育现象。

2. 学生观

理解"人的全面发展"的思想。

理解"以人为本"的含义，在教育教学活动中做到以学生的全面发展为本。

运用"以人为本"的学生观，在教育教学活动中公正地对待每一个学生，不因性别、民族、地域、经济状况、家庭背景和身心缺陷等歧视学生。

设计或选择丰富多样、适当的教育教学活动方式，因材施教，以促进学生的个性发展。

3. 教师观

了解教师专业发展的要求。

具备终身学习的意识。

在教育教学过程中运用多种方式和手段促进自身的专业发展。

理解教师职业的责任与价值，具有从事教育工作的热情与决心。

（二）教育法律法规

1. 有关教育的法律法规

了解国家主要的教育法律法规，如《中华人民共和国教育法》《中华人民共和国义务教育法》《中华人民共和国教师法》《中华人民共和国未成年人保护法》《中华人民共和国预防未成年人犯罪法》《学生伤害事故处理办法》等。

了解《国家中长期教育改革和发展规划纲要（2010—2020年）》的相关内容。

2. 教师权利和义务

理解教师的权利和义务，熟悉国家有关教育法律法规所规范的教师教育行为，依法从教。

依据国家教育法律法规，分析评价教师在教育教学实践中的实际问题。

3. 学生权利保护

了解有关学生权利保护的教育法规，保护学生的合法权利。

依据国家教育法律法规，分析评价教育教学活动中的学生权利保护等实际问题。

（三）教师职业道德规范

1. 教师职业道德

了解《中小学教师职业道德规范》（2008年修订），掌握教师职业道德规范的主要内容，尊重法律及社会接受的行为准则。

理解《中小学班主任工作条例》文件精神。

分析评价教育教学实践中教师的道德规范问题。

2. 教师职业行为

了解教师职业行为规范的要求。

理解教师职业行为规范的主要内容，在教育活动中运用行为规范恰当地处理与学生、学生家长、同事以及教育管理者的关系。

在教育教学活动中，依据教师职业行为规范，爱国守法、爱岗敬业、关爱学生、教书育人、为人师表。

（四）文化素养

了解中外历史上的重大事件。

了解中外科技发展史上的代表人物及其主要成就。

了解一定的科学常识，熟悉常见的科普读物，具有一定的科学素养。

了解重要的中国传统文化知识。

了解中外文学史上重要的作家作品。

了解一定的艺术鉴赏知识。

了解艺术鉴赏的一般规律，并能有效地运用于教育教学活动。

（五）基本能力

1. 信息处理能力

具有运用工具书检索信息、资料的能力。

具有运用网络检索、交流信息的能力。

具有对信息进行筛选、分类、管理和应用的能力。

具有运用教育测量知识进行数据分析与处理的能力。

具有根据教育教学的需要，设计、制作课件的能力。

2. 逻辑思维能力

了解一定的逻辑知识，熟悉分析、综合、概括的一般方法。

掌握比较、演绎、归纳的基本方法，准确判断、分析各种事物之间的关系。

准确而有条理地进行推理、论证。

3. 阅读理解能力

理解阅读材料中重要概念的含义。

理解阅读材料中重要句子的含义。

筛选并整合图表、文字、视频等阅读材料的主要信息及重要细节。

分析文章结构，把握文章思路。

归纳内容要点，概括中心意思。

分析概括作者在文中的观点态度。

根据上下文合理推断阅读材料中的隐含信息。

4. 写作能力

掌握文体知识，能根据需要按照选定的文体写作。

能够根据文章中心组织、剪裁材料。

具有布局谋篇，安排文章结构的能力。

语言表达准确、鲜明、生动，能够运用多种修辞手法增强表达效果。

三、试卷结构

模　块	比　例	题　型
职业理念	15%	单项选择题 材料分析题
教育法律法规	10%	
教师职业道德规范	15%	
文化素养	12%	
基本能力	48%	单项选择题 材料分析题 写作题
合　计	100%	单项选择题：约39% 非选择题：约61%

四、题型示例

1. 单项选择题

（1）小明在课堂上突然大叫，有的同学也跟着起哄。下列处理方式，最恰当的一项是（　　）。

A. 马上制止，让小明站到讲台边　　　　B. 不予理睬，继续课堂教学

C. 稍作停顿，批评训斥学生　　　　　　D. 幽默化解，缓和课堂气氛

（2）"五岳"是我国的五大名山，下列不属于"五岳"的一项是（　　）。

A. 泰山　　　　　　B. 华山　　　　　　C. 黄山　　　　　　D. 衡山

（3）阅读下面文段，回答问题。

子曰："学而不思则罔①，思而不学则殆②。"（《论语·为政》）

【注释】①罔：迷惑、糊涂。②殆：疑惑、危险。

下列对孔子这段话的理解，不正确的一项是（　　）。

A. 在孔子看来，学和思二者不能偏废，主张学与思相结合。

B. 孔子指出了学而不思的局限，也道出了思而不学的弊端。

C. 光学习不思考会越学越危险，光思考不学习会越来越糊涂。

D. 孔子学与思相结合的思想，在今天仍有其值得肯定的价值。

2. 材料分析题

阅读下面材料，回答问题。

学生王林在学校因同学给他起外号，将同学的鼻子打出了血。班主任徐老师给王林的爸爸打电话，让他下午到学校来。放学时，王林的爸爸刚来到校门口，等在那里的徐老师当着众人的面，第一句话就是："这么点儿大的孩子都管不好，还用我教你吗？"

问题：

请从教师职业道德规范的角度，对徐老师的做法进行评价。

3. 写作题

请以"我为什么要当教师"为题，写一篇论述文。要求观点明确，论述具体，条理清楚，语言流畅。不少于1000字。